KB063229

사회를 읽는
주제통합 영어 수업

사회를 읽는
주제통합
영어 수업

김치원 지음

에듀니티

여는 글

당연하지만
당연하지 않은 것들

그때는 알지 못했죠
우리가 무얼 누리는지
거릴 걷고 친구를 만나고
손을 잡고 껴안아주던 것
우리에게 너무 당연한 것들

처음엔 쉽게 여겼죠
금세 또 지나갈 거라고
봄이 오고 하늘 빛나고
꽃이 피고 바람 살랑이면은
우린 다시 돌아갈 수 있다고

라디오에서 흘러나오는 이적의 노래 '당연한 것들'.

저는 하던 일을 잠시 멈추고 감상에 잠겼습니다. 코로나19로 지칠 대로 지쳐 있던 사람들에게 위로가 되었다는 이 노래가 제게도 많은 위안이 되었던 것이죠. 마스크를 쓰지 않고는 외출할 수도 없고, 보고 싶은 친구는 물론 가족까지도 마음대로 만날 수 없는 상황이 참 답답했습니다. 그래서 한동안 힘들 때마다 이 노래를 들었습니다.

그러다 문득 이런 생각이 들었습니다. 당연했지만 그렇지 않게 되어버린 것이 우리네 교육 현장에도 있다고 말입니다. 코로나가 아니라 우리 시대가 그렇게 만들어버린 것들입니다.

#1
학생들이 배울 과목은 학교가 결정한다.

지금까지 고등학교 학생들이 배울 과목은 학교가 결정했습니다. 하지만 선택형 교육과정(2015 개정 교육과정)과 고교학점제의 도입으로 상황이 바뀌었습니다. 이제 교사는 학생이 선택한 과목을 준비해 가르쳐야 합니다. 상황에 따라서는 교사의 전공이 아닌 과목도 학생이 원한다면 새롭게 공부해서 가르쳐야 하는 시대가 열린 것입니다.

#2
구글 번역기는 영어 교사를 이길 수 없다.

2006년, 구글은 처음으로 번역 서비스를 시작했습니다. 영어 작문 과제를 내주면 학생들은 번역기를 돌려서 과제를 제출하기도 했습니다. 그런 과제는 한눈에 봐도 알 수 있었습니다. 2016년, 10년 만에 구글은 딥러닝 기술을 활용한 신경망 기계번역 서비스를 내놓았습니다. 번역의 완성도는 여전히 부족합니다. 하지만 이제 저는 번역기를 이용한 과제와 그렇지 않은 것을 분간하기 어렵게 되었습니다. 구글은 이제 문장뿐만 아니라 영어 파일 전체를 통으로 번역해주기까지 합니다.

#3
학생들은 교사를 통해 지식과 인생을 배운다.

예전에는 교사라는 말보다 스승이라는 말을 더 자주 들을 수 있었습니다. 교사가 지식을 가르칠 뿐만 아니라 인생의 나침반 역할까지 했었기 때문입니다. 하지만 이제 학생들은 교사 없이도 지식을 배울 수 있습니다. 교사를 인생의 스승이라고 생각하는 학생들도 찾아보기 어렵습니다.

이 책은 이제는 당연하지 않게 되어버린 것들에 대한 고민과 실천의 산물입니다. 코로나19 상황은 백신을 통해 집단 면역 체제를 갖추면 해결될 것이라고 합니다. 하지만 고교학점제와 4차 산업혁명은 영어 교사에게는 피할 수 없는 숙명입니다. 지금까지 학교에서 가르치는 영어는 소통의 도구라기보다 시험의 도구였습니다. 지난 시간 동안 저 역시 영어를 성공의 도구로 가르쳐왔습니다. 책에 소개한 수업들은 언제부터인가 학생들을 입시 기계로 만들고 있었던 저 자신에 대한 뼈아픈 반성에서 비롯되었습니다.

이 책은 교사의 철학과 삶을 담아내는 영어 수업이 왜 필요한지를 두 가지 관점에서 서술하는 것으로 시작됩니다. 1장에는 고교학점제와 4차 산업혁명이 가져오고 있는 영어 교육계의 변화에 대한 고민이 담겨 있습니다. 변화는 불안을 가져오기도 하지만 희망을 낳기도 합니다. 저는 '주제통합 영어 수업'이라는 이름으로 희망을 이야기해볼 생각입니다. 2장에서는 이 수업을 시작하게 된 계기와 수업 철학 및 방법론을 말씀드릴 예정입니다. 3장에서는 교사의 고민과 삶의 주제를 담아낸 수업이 실제로 어떻게 가능할 수 있는지를 제 경험에 비추어 말씀드려보겠습니다. 다섯 가지 색깔을 가진 수업들입니다. 상처, 죽음, 가치, 집단지성, 참여. 이 단어들은 한동안 제 마음속에서 좀처럼 사라지지 않았던 탐구 주제입니다. 수업 이야기에는 학습지를 내려받을 수 있는 QR 코드와 참고 자료, 교과 세부능력 및 특기사항을 함께 실어 참고하실 수 있도록 하였습니다.

이 책이 자기만의 빛깔이 있는 영어 수업을 통해 더 나은 삶을 말하고 싶은 선생님들께 작은 도움이 될 수 있기를 바랍니다.

추천의 글 1

학생의 삶을 담는 영어 수업,
한 교사의 정성과 진심을
여러분께 전합니다.

2012년 겨울, 교육대학원 수업에서 이 책의 저자 김치원 선생님을 처음 만났습니다. 김 선생님께서는 수업 시간에 질문을 하거나 발표를 할 때 매우 적극적이셨는데, 당시에 저는 '아, 공부를 열심히 하시는 선생님이시구나!' 정도로 생각했었습니다. 학기가 무르익어가면서 김 선생님께서는 수업 주제에 관련된 객관적인 정보를 습득하는 데도 열심이셨지만 수업자인 저의 관점과 의견도 귀 기울여 들으셨던 것으로 기억합니다. 학생과 수업자가 연결을 이룰 때 둘 다 수업에 진심으로 참여하게 되는데, 당시에 김 선생님께서는 학생으로서 그런 갈망을 가지셨던 것 같습니다.

결이 조금 다르기는 하겠지만, 저는 중·고등학교에 다니는 어린 학생들도 교과 지식만으로 접근하지 않고 자신들의 생각과 삶에 관심을 보이는 교사의 수업에 더 열심히 참여할 것이고, 학생들도 이런 식으로 교사에게 다가가길 원할 것이라는 교훈을 얻었습니다. 그러고는 이듬해 김 선생님의 석사학위논문을 지도하면서 선생님께서 학교 교육을 통해 무엇을 이루고 싶어 하시는지를 조금 더 알게 되었습니다. 선생님께서 제자들에게 기대하시는 것은 영어 문제를 잘 풀고 원어민처럼 영어를 잘 듣고 유창하게 말하는 것만은 아니라는 점, 자신의 삶을 사랑하고 스스로 성장을 이루어내려는 마음의 힘일 것 같다는 제 확신이 좀 더 커졌습니다.

당시에 김 선생님과 저는 긍정심리학, 사회정서학습 등의 공통 관심사를 가지고 학생들의 성장과 일상의 문제 해결 능력 그리고 삶의 기술을 돕는 방법을 어떻게 하면 학교 현장에서 실천할 수 있을지를 고민했습니다. 저는 대학에서 수업을 하고 주로 학술연구를 하는 사람이어서 중·고등학교 현장의 생생한 목소리를 들을 기회가 많지 않은데, 김 선생님께서 석사학위과정을 마치신 이후에 두어 번 더 만나서 그런 고민을 공유할 기회가 있었습니다. 중학교에 계셨던 김 선생님과 몇 분의 동료 선생님들 그리고 저는 "어떻게 하면 우리 아이들이 자신과 타인을 잘 이해하면서 좋은 삶을 이루어 갈 수 있을까?", "어떻게 해야 학교 교육이 우리 아이들의 삶과 온전하게 연결될 수 있을까?", "수업을 해야 하는 나는 우리 아이들과 어떻게 상호작용해야 하는 걸까?" 이런저런 생각을 나누기도 했었습니다. 서로 다른 장소에 있었음에도 우리가 비슷한 고민과 비전을 가지고 있었다는 것을 알게 되자 우리의 마음은 훈훈해졌습니다. 그러고는 또 긴 시간이 지나갔습니다.

저자는 다양한 교사공동체 활동을 통해 교사와 학생의 성장을 함께 이끌어내는 데 도움이 되는 수업 방법, 교육과정 재구성 방안, 내용 중심 영어 수업에 대해 고민하고 실천하는 일을 꾸준히 해왔습니다. 저는 이 책의 원고를 보면서 그 긴 시간 동안에 저자가 학교 교육에 대해서, 중등학교 영어 수업에 대해서 끊임없이 얼마나 많은 고민을 하셨을까 감히 짐작을 할 수 있었습니다. 이 책은 고교학점제의 도입, 4차 산업혁명, 코로나19로 인한 온라인 교육환경의 활성화 등 교육 현장의 변화에 대처해야 하는 교사의 어려움을 독자들과 함께 해결해보려는 저자의 진심을 담고 있습니다. 그런데 저를 더 숙연하게 만든 것은 저자가 자신의 수업에 대한 철저한 반성을 토대로 이 책을 집필하였다는 점입니다. 학생들이 감명을 받고 학생들의 삶에 의미를 줄 수 있는, 그래서 학생들의 삶이 바뀌는 데 도움이 되는 수업을 과연 했었는지에 대한 뼈아픈 반성을 하셨다는 대목에서 이 땅의 많은 교사들의 마음을 대변한다고 저는 생각했습니다. 학생들의 입시를 준비시키고 영어의 기능을 가르쳐야 하는 현실적 요구를 저버릴 수도 없지만 학생들의 삶과 어떤 연결도 이루지 못한 채 수업을 끝낼 수는 없다는 교사들의 마음이 저자의 글을 통해 잘 드러났기 때문입니다.

이 책에서 저자는 독자들의 마음을 감상적으로 흔들거나 어느 하나의 가치나 정책으로 이끄는 밴드왜건band wagon 식의 주장을 하지 않습니다. 그 대신에 무엇을 어떻게 할 수 있을지에 대해 매우 구체적이고 현실적이며 실효성 있는, 무엇보다도 저자 자신이 실제로 실행해본 방법을 안내하고 있습니다. 제가 이 책을 읽어보시길 권해드리는 이유가 바로 이것입니다. 저자는 그의 교직경력 내내 연구하고 실천해온 수업을 마치 시범하듯이, 이야기를 들려주거나 영상을 보여주듯이 독자들에게 들려주고 보여줍니다. 선생님의 수업은 주제통합수업을 해야 하니까 무리하게 만들어낸 것이 아니라 교사와 학생, 그리고 시간과 공간을 공유하며 살고 있는 주변 사람들이 각자의 삶에서 제기한 질문과 관심에서 출발한 것입니다. 뿐만 아니라 이 책은 영어 수업을 위한 교육과정 재구성의 방법을 매우 친절하고 상세하게 설명하고 있고, 수업에서 즉시 활용할 수 있는 학습지와 활동과제, 수업 과정안을 포함하고 있으며, 일부 참고문헌에 대해서는 그 내용을 따로 소개하고 있습니다. 저자가 문장 하나 하나에 많은 정성과 진심을 꾹꾹 담아 쓰셨으니 독자들에게 그 정성과 진심이 온전히 전해질 것이라 믿어 의심치 않습니다.

이 책에서 저자는 학생과 교사가 상호작용하고 함께 성장할 수 있는 주제통합수업, 내용 중심 영어 수업의 기획 방안과 교육과정 재구성 방안을 소개하는 데 그치지 않고, 계속해서 독자 여러분과 함께 모색하고 개선해나가고자 합니다. 많은 독자들이 저자 김치원 선생님과 함께 각자의 이야기와 학교 현장에서 실천한 수업 사례,

그리고 학생들과 교사 여러분의 삶이 변화한 결과를 가지고 계속해서 이 책의 후속편을 세상에 내놓으실 수 있기를 희망합니다.

- **신현숙**

(전남대 교육학과 교수, 『사회정서학습 프로그램』 저자, 『교사와 학생이 함께하는 참여수업』 역자)

추천의 글 2

끝없는 영어 단어 암기, 1분 30초 안에 정확하게 마쳐야 하는 영어 독해 문제 풀이가 아니라, 영어를 매개로 우리 삶의 문제에 대해 이야기하고 자신의 감정과 생각을 솔직하게 표현할 수 있는 수업은 불가능한 것일까? 이 책은 현직 고등학교 교사인 저자가 자신의 삶에서 건져 올린 '살아 있는' 질문과 주제를 중심으로 엮은 영어 수업 사례와 수업 디자인 과정을 담고 있다. 4 Skills(듣기, 말하기, 읽기, 쓰기)를 중심으로 한 '기능'의 습득을 위한 영어 수업을 넘어, 학생들이 '영어'라는 창을 통해 세상을 새로운 시각으로 바라보고 자신의 삶을 가꾸는 수업을 꿈꾸는 선생님들께 이 책을 권한다. 끝으로, 학교 현장에서 자신의 '철학과 영혼'을 담은 수업을 묵묵히 실천하고 있는 영어 선생님들께 깊은 감사와 연대의 마음을 보낸다.

- **정미란**(광주광역시 교육청 장학사)

동료이자 선배 교사인 김치원 선생님을 만난 것은 교사로 부임한 첫해의 일이다. 학생들을 대하는 관점, 수업에 담긴 의미, 유창한 영어 실력은 말할 것도 없고 동료 교사에 대한 진심 어린 관심까지, 배울 점이 참 많았다. 굳건한 교육철학 위에서 여러 교육방법론에 열린 자세로 임하는 선생님의 수업은 당신이 책 서두에 언급한 '인생을 가르치는 스승'과 진배없다. 학생들이 스스로 영어에 대한 자세를 정립하도록 하고, 자신들의 삶과 연관 지어 조금 더 차원 높은 문제를 생각해보게 만드는, 그리고 그것을 통해 인생을 배우는 수업들이 생생한 대화로 펼쳐진다. 진솔하게 써내려간 그의 이야기를 통해 '앞으로 우리가 영어 교사로서 무엇을, 어떻게 하면 좋을까?'라는 물음에 답할 수 있을 것이라고 믿어 의심치 않는다.

- **김한수**(장덕고등학교 교사)

10여 년 전 초임지로 발령받은 중학교에서 이 책의 저자인 김치원 선생님과 함께 동학년 아이들의 영어를 가르치게 되었습니다. 예비 교사로서 막연하게 그려오던 수업과 실제 학교 수업의 괴리에 당황하던 저에게 친절히 선생님의 학습지를 건네주시며 "선생님 자신만의 방식을 찾는 데 참고만 하세요"라고 말하시던 선생님의 사려 깊은 모습이 떠오릅니다. 그 이후로 한 해 동안 신규 교사가 자신의 것을 만들어가며 성장할 수 있게 많은 기회와 도움을 주셨습니다. 일방적인 지도가 아니라 자발적으로 마음이 동해 움직일 수 있도록 배려해주셨던 것이 감사했습니다. 그중 일본군 '위안부'를 주제로 함께 융합수업을 해보자고 제안해주셨던 기억이 떠오릅니다. 동료이자 선배 교사를 이미 깊이 신뢰하고 있던 초임 교사에게는 반갑기 그지없던 제안이었습니다. 원어민 교사와 조용한 인쇄실에 들어가 손수 만든 대본을 함께 읽으며 녹음하셨던 모습, 그렇게 정성을 쏟아 시작한 융합수업이 진행되자 학생들이 이전과 다르게 수업에 열정적으로 참여하는 모습을 모두 지켜보았습니다. 또한, 여러 차시로 진행되는 수업을 함께 하면서 아이들의 삶에 조금 더 의미 있는 수업을 하고 있다는, 교육자로서의 보람도 느끼게 됐지요. 학기가 마무리된 후에는 교과서를 넘어선 주제통합수업에 동의하고 참여해주셔서 진심으로 고마웠다고 말하셨던 모습까지도 여전히 기억에 생생하게 남아 있습니다. 함께 아이들을 즐겁게 가르쳤던 그 신기한 경험은 초임교사가 아닌 지금까지도 제가 수업을 디자인할 때 나침반과 같은 역할을 하고 있습니다.

김치원 선생님은 더 나은 수업을 위해 끊임없이 연구할 뿐만 아니라 주변의 동료 교사들도 함께 성장할 수 있도록 돕고 이끄는 힘과 영향력을 가지고 있습니다. 이 책에는 그러한 김치원 선생님의 노력과 고민이 잘 담겨 있습니다. 아이들의 삶에 조금 더 의미 있게 다가갈 수 있는 수업을 꿈꾸고 실천해오신 김치원 선생님의 수업 나눔이 더 많은 교사들에게 공유될 수 있기를 바랍니다.

- **송형석**(상일여자고등학교 교사)

마치 실제 수업에 참여하고 있는 듯한, 이 생동감 넘치는 수업

이야기들을 읽고 난 뒤의 첫 느낌은 부러움이었다. 이런 훌륭한 수업을 이끌 수 있는 선생님과 그 수업에 참여할 수 있었던 학생들이라니……. 헤아릴 수 없는 시간 동안의 많은 고민이 고스란히 담겨 있고, 수많은 시행착오 끝에 완성되었을 이 수업을 아낌없이 나눠주신 김치원 선생님과 그 과정을 함께해주신 동료 선생님, 학생들에게 진심으로 감사하다. 그리고 묻는다. 과연 이 책이 비단 영어 교사만을 위한 것인가? 4차 산업혁명과 고교학점제 도입으로 교육환경이 급변하고 있는 오늘날, 교사로서 변화를 고민하고 있는 우리 모두에게 이 책을 추천한다.

-**정화용**(광주여자고등학교 교사)

미래사회에 교육에는 많은 변화가 일어날 것이라고 합니다. 저는 기술이 발전함에 따라 가장 빠르게 학교에서 사라질 수 있는 과목이 외국어라는 이야기를 들었습니다. 영화 〈승리호〉에 나오는 것처럼 동시통역기가 발달하면 세계 사람들은 즉각적인 소통이 가능하게 될 것입니다. 그런 세상이 온다면 굳이 영어 공부를 해야 할 필요가 있을까 하는 생각이 듭니다. 저는 학창 시절에 수많은 영어 단어와 문법을 어쩔 수 없이 외워야 했고, 문제 풀이 연습을 하면서 힘든 시간을 보내야 했습니다. 그래서 그런지 영어 수업이 사라질 것이라는 전망을 듣고는 정말 그럴 수도 있겠다 싶었습니다. 하지만 김치원 선생님과 수업 나눔 모임 활동을 하고 나서, 제 생각에 변화가 일어났습니다. 동시통역기가 아무리 발달해도 영어 수업은 사라지지 않을 수 있다는 생각을 갖게 된 것입니다.

제가 후배였던 김치원 선생님을 동료 교사로 다시 만나게 된 것은 2015년, J 고등학교에서였습니다. 막 육아휴직을 끝내고 수업에 대한 자신감이 부족했던 도덕 교사인 저는 국어, 과학, 영어 과목의 선생님들과 함께 수업 나눔을 시작했습니다. 같은 과목도 아닌 다른 과목끼리의 수업 나눔은 당시에는 생소했지만 과목은 달라도 수업의 본질은 같은 것이기에 서로의 과목에서 배우고, 각자의 과목에서 풀어내보자고 의기투합했습니다. 저희는 서로의 수업을 평상시에 오픈하여 참관하고, 그 수업에서 배울 점을 이야기하였습니다. 김치원 선생님의 영어 수업은 이제껏 제가 생각했던 영어 수업과는 달랐습니다. 선생님의 수업에는 그의 '삶'과 '가치'가 함께 드러나 있었습니다. 인류의 보편적 가치인 인간의 존엄성, 자유와 평등이 영어 수업의 주제로서 다루어지고 있었습니다. 그리고 그 주제 속에서 학생들 자신의 삶과 가치를 고민해볼 수 있는 수업이 있었습니다. 도덕 교사인 저도 선생님의 수업 주제와 방법들을 보면서 배우고 제 수업에 활용할 수 있는 것을 찾아내어 적용했습니다. 이듬해엔 선생님과 함께 '유전자변형식품GMO'을 주제로 하여 영어, 윤리, 과학 등의 과목을 통합하여 인문학 프로젝트를 했습니다. 유전자변형식품으로 윤리 수업, 과학 수업 등은 하겠다지만 영어 과목이 어떻게 할 수 있을까 하는 의구심은 선생님의 12차시에 해당하는 수업 계획과 수업을 보고서 사라졌습니다.

다가오는 미래사회에 영어 수업이 '외국어'를 배우는 차원에 머물러 있다면 영어 수업은 뛰어난 통역 기술에 밀려 사라질지도 모릅니다. 하지만 영어 수업이 외국어뿐만 아니라 '삶'을 이야기하는 언어를 배우는 수업이 된다면 이야기는 달라질 것입니다. 저는 교육이 '인간'을 '인간답게' 살 수 있는 방법을 깨닫게 해야 한다고 생각해왔습니다. 선생님들께서도 이 책을 통해 그에 대한 실마리를 찾을 수 있길 기대합니다.

- **김수경**(광산중학교 교사)

"이곳에 귀하지 않은 삶은 없다." 추천사 부탁을 받고 문득 떠오른, 김치원 선생님이 담임을 맡고 있던 교실에 붙어 있던 글귀이다. 나의 삶이 귀하듯 너의 삶이 귀하고 과거에 살았던 그들의 삶, 다른 나라에 살고 있는 그들의 삶까지도 귀하다는 것. 김치원 선생님은 이 메시지를 아이들과 동료들에게 전달하기 위해 부단히도 따듯한 노력을 기울였다. 2018년, 짝꿍으로 만난 김치원 선생님은 동료 교사로서는 처음으로 나의 수업에 대해 궁금해했고 함께하자 했다. 그와 함께한 참여와 실천 프로젝트는 학년 초 수학여행 기획을 시작으로 수업으로까지 이어졌다. 아이들은 김치원 선생님과 함께한 내용을 내 수업 시간(국어)에 떠올렸고 나는 수업과 수업이 이렇게 이어질 수 있다고 아이들이 느낄 수 있음에 행복했다.

부처는, 좋은 도반은 수행의 절반이라고 이야기한 제자에게 절반이 아니고 전부라고 정정해주었다고 한다. 좋은 도반과의 만남으로 이제 그 말의 의미를 조금씩 알아가고 있는 중이다. 김치원 선생님 덕분에 감히 나도 누군가의 좋은 도반이 되고 싶다는 용기를 내어본다. 영어에 삶을 담아낸 김치원 선생님의 수업 여정이 고스란히 담긴 이 책의 출간이 진정으로 반갑고 고맙다.

- **배정원**(고실중학교 교사)

'물고기를 주기보다는 물고기 잡는 방법을 가르치는 교사', 그와 함께한 지 18년째입니다. 처음 그를 만났을 때 그의 유창한 영어 실력에 반했는데 18년을 지켜보니 그의 장기적 안목과 교육철학에 더욱 반하게 됩니다. 영어 점수만 높이는 근시안적 교육이 아닌, 영어를 통해 세계를 만나고 세계로 나갈 수 있도록 학생들을 돕는 그의 수업을 들여다보노라면 공교육의 희망이 보이는 것 같습니다. 또한, 타 교과 선생님들과 열린 수업을 계획하고 이를 실현해낸 그의 노하우가 더욱더 궁금해집니다. 마지막으로 그가 좋아하는 격언으로 추천사를 마무리하고 싶습니다. "If you want to walk fast, walk alone. If you want to walk far, walk together." 저는 김치원 교사와 함께 더 멀리 걸어가겠습니다. 저와 함께 그의 수업으로 들어가 보시죠.

- **이태무진**(일신중학교 교사)

차례

3장

삶을 가꾸는 주제통합 영어 수업

이 책에 나오는 학생과 교사의 이름은 모두 가명입니다. 단, 수업의 의미와 관련하여 실명이 거론되는 것이 중요하다고 판단되는 경우에만 예외로 했습니다. 본문 속 수업들은 한 교실에서 이루어진 수업들이 아닙니다. 여러 해 동안 많은 교실에서 일어난 일들 중에서 나눌만한 가치가 있는 장면들과 대화를 조합하여 재구성한 것들입니다. 모든 수업이 책에서 묘사되고 있는 것처럼 순탄하지는 않았음을 고백합니다. 수업 장면에서 소개되는 대화들은 학생들의 학습지, 산발적인 메모들, 그리고 완벽하지 못한 제 기억에 의존해서 복원된 것들입니다. 재구성 및 복원 과정에서 수업이 사실과 다르게 미화되는 것을 최대한 줄이기 위해 노력했습니다.

1장

흔들리는 영어 교육

1
고교학점제, 불안한 영어 교사들

105, 109, 74

위 숫자들의 의미가 무엇일까요?

제가 근무하고 있는 고등학교의 1학년 학생 288명 중에서 국어, 수학, 영어 과목을 신청한 학생 수입니다. 국어와 수학, 영어를 필수 이수 과목으로 정하고 모든 학생이 동일한 시수의 수업을 듣게 하는 시대가 지나간 것입니다.

"선생님, 내년에 2학년 학생들은 74명밖에 영어 수업을 듣지 않아서 영어 시수가 부족할 것 같아요. 영어과 자리가 줄어서 한 분이 학교를 떠나셔야 할 수도 있을 것 같은데, 어떻게 하면 좋을까요? 저희 학교 근무가 만기되신 분은 안 계시겠죠?"

교육과정 업무를 담당하신 선생님의 말씀은 충격적이었습니다. 학생 선택형 교육과정과 고교학점제의 도입으로 2학년과 3학년의 경우, 학생들이 원하는 수업을 선택해서 들어야 한다는 것은 알고 있었습니다. 하지만 이것으로 교사가 학교를 옮길 수도 있다는 생각은 해본 적이 없었습니다. 교육과정 담당 선생님의 말씀을 듣고 영어과 협의회를 긴급하게 열었습니다. 근무 만기가 되는 선생님은 없었습니다. 선생님들 모두 학생들의 선택 때문에 누군가는 학교를 떠나야 한다는 사실에 당혹감을 감추지 못했습니다. 떠나지 않은 방법은 영어 대신에 생활교양 과목을 가르치는 방법이 있다는 것을 말씀드리자 다들 난색을 표하십니다. 저희 학교의 생활교양 과목은 영어와 상관이 없는 심리학, 논리학, 그리고 교육학이기 때문입니다.

"이제 영어의 시대는 갔네요. 이제라도 다른 과목으로 바꿔야 할까요? 아니 과목을 바꿔도 학생들의 선택은 여전히 피할 수 없겠죠?" 수능시험 절대평가 전환 이후로 학교 현장에서 그 위상이 확연히 떨어진 영어 과목에 대한 자조 섞인 이야기들이 이곳저곳에서 나왔습니다.

최근에 제가 알고 지내던 영어 교사 세 분은 전과를 하셨습니다. 중고등학교 영어 교사가 과원이라 전과를 원하는 교사를 모집한다는 교육청 공문도 최근 들어 매년 볼 수 있습니다. 부분적으로 시행되고 있는 고교학점제가 2025년이 되면 전면적으로 시행될 것이라고 합니다. 그렇게 되면 상황은 더욱 어려워질 것입니다.

고교학점제는 학생이 대부분의 수업을 자신의 진로와 적성에 따라 자율적으로 결정하고, 졸업 학점을 모두 이수하면 졸업이 되는 새로운 제도입니다. 고등학교가 대학교처럼 바뀌는 것으로, 고등학생도 조만간 대학생처럼 학급별 시간표가 아닌 개인별 시간표를 갖게 되는 것입니다. 대학교 학점제가 고등학교 학점제와 다른 점은 교수의 수업 개설권을 인정해준다는 것입니다. 대학교의 경우 학생이 원하는 수업을 조사하여 매년 학교 교육과정을 조정하지는 않습니다. 고등학교는 학생들에게 예비조사를 하고 그것에 맞춰 매년 학교 교육과정을 수정합니다. 학교 교육과정이 계속 바뀌면 교사들은 혼란을 피할 수 없습니다. 매년 열리는 학교 교육과정 설명회에서 교사들이 학부모와 학생들을 대상으로 해당 교과의 필요성을 설명하고 자기 수업의 강점을 홍보해야 하는 시대가 온 것입니다.

교사들의 수업 개설권과 교육과정 편성권을 존중해주는 제도적 보완이 필요할 것 같은데, 교육부와 교육청에서 어떤 지점까지 보완해줄 수 있을지 의문입니다. 이런 점들을 생각하다 보면 불안해지곤 합니다.

'나는 학생들이 선택할 만큼 좋은 수업을 하고 있는가?'
'내 수업은 얼마나 특색 있는가?'

고교학점제의 전면 실시를 앞두고 저는 스스로에게 질문을 할 수밖에 없었습니다. 아마도 이런 질문은 저만의 것이 아닐 것입니다.

2

4차 산업혁명, 인공지능과 교사의 승산 없는 싸움

영어 교사를 불안하게 하는 것은 고교학점제뿐만이 아닙니다. 4차 산업혁명을 견인하고 있는 혁신적 기술들은 교사들이 따라갈 수 없을 만큼 빠른 속도로 발전하고 있습니다. 고도화된 정보통신 기술 인프라와 인공지능이 결합된 지능정보사회는 영어 교육 현장에 많은 변화를 가져오고 있으며 교사들을 더욱 불안하게 하고 있습니다.

교사들이 현장에서 가장 먼저 접할 수 있는 변화는 구글 번역기나 네이버 파파고로 대변되는 통·번역 기술의 눈부신 성장이 아닐까 싶습니다. 영화 〈승리호〉에서 그려지고 있는 다국어 통역기는 머지않아 다가올 미래를 단적으로 보여주고 있습니다. 영화에서 사람들은 각자 모국어로 말을 해도 다른 나라 사람들과 소통하는 데 아무런 문제가 없습니다. 통역기가 상대방의 언어로 바로 통역을 해주기 때문입니다. 물론 이런 기술은 아직까지 존재하지 않습니다. 하지만 인공지능 번역 전문 기업인 엘솔루의 발표를 보면 이런 기술도 곧 실현될 것 같습니다. 엘솔루는 신경망 기계 번역 기술과 딥러닝, 음성 인식 기술을 융합하여 국제회의에서도 문제없이 사용할 수 있는 동시통역기를 생산하여 상용화할 계획이라고 발표했습니다. 스마트폰 번역 앱이나 인이어in-ear 통역기의 도움으로 더 이상 외국어 공부가 필요 없는 날이 올 수도 있을 것이라는 생각이 들었습니다.

날로 발전하고 있는 통·번역 기술보다 더 위협적인 것은 인공지능이라고 할 수 있습니다. 2016년 3월, 이세돌 9단을 이긴 알파고AlphaGo는 인공지능에 대한 인간의 생각을 획기적으로 바꿔놓았습니다. 인공지능이 이제는 스스로 생각하고 학습할 수 있다는 것을 증명해낸 것입니다. '사고 기능'과 '학습 능력'은 인공지능이나 로봇과 구분되는 인간만의 고유한 능력이었습니다. 하지만 이제는 그 경계가 사라지고 있는 것이죠. 생각하고 배울 수 있는 능력을 갖춘 강한 인공지능Strong AI과 이를 적용한 로봇이 다양한 분야에서 사람들의 노동을 대체하리라는 것이 미래학자들의 공통적인 생각입니다. 그렇다면 실제로 영어 교사의 자리를 인공지능이 대체하는 날도 올까요? 확답을 할 수는 없지만 일정 부분 영어 교사의 역할을 담당할 수 있을 것 같습니다.

우선, 뮤지오Musio 같은 학습용 인공지능 로봇과 엘리Eliie와 같은 인공지능 챗봇chatbot이 있습니다. 뮤지오는 이미 일본과 우리나라 학교 현장에 들어와서 영어 발음 교정과 말하기 연습을 시켜주는 보조교사로 활약하고 있습니다. 엘리[1]는 중앙대학교 영어교육연구소에서 개발한 인공지능 프로그램으로 인터넷으로 이용할 수 있는 챗봇입니다. 간단한 형식의 자유로운 대화와 상황별 과업 수행, 게임을 통한 영어 학습이 가능합니다. 스콜라스틱 AI 튜터 서비스는 코로나19의 대유행으로 학교에 가지 못하는 초등학생들에게 홈스쿨링 도구로 인기를 끌고 있습니다. 스콜라스틱 AI의 튜터는 AI 스피커(기가지니)를 활용하여 영어 레벨 테스트부터 맞춤형 학습 콘텐츠까지 추천해 줍니다. 최근에는 스마트 홈을 구현하기 위해 개발된 AI 스피커 구글 홈[2]을 활용해 영어 회화를 공부하는 학생도 늘어나고 있습니다.

인공지능을 활용한 영어 교육은 다양한 장점이 있습니다. 중요한 구문을 손쉽게 반복하여 연습할 수 있다는 점과 학습자의 수준과 속도에 맞춰 개별화 학습을 구현할 수 있다는 점이 가장 대표적입니다. 개별화와 반복 학습은 효과적인 언어 학습이 이루어지기 위한 기본 원리입니다. 게다가 인공지능은 인간과 다르게 지치지도 않습니다. 그렇기 때문에 앞으로 인공지능 활용 영어 교육은 단순한 유행을 넘어 시대적 주류가 될 가능성이 높습니다.

4차 산업혁명 기술에서 인공지능과 더불어 빠짐없이 등장하는 것은 바로 빅데이터입니다. 언어 교육에서 활용되는 빅데이터는 사

---

1) 엘리와 영어 대화를 해볼 수 있는 사이트의 주소는 다음과 같습니다. [https://chatbot.smartteaching.or.kr/]

2) 최근 각광받고 있는 구글 홈을 활용한 영어 회화 학습에 대해 더 자세히 알고 싶다면 다음의 두 책을 참조하면 좋습니다. [박광희, 고기석, 『오케이 구글, 내 영어를 부탁해』, 사람in, 2019.], [박기오, 『인공지능(AI)을 활용한 영어 수업 꿀팁 55』, 천재교육, 2020.]

람들이 남긴 언어 흔적을 모아놓은 방대한 말뭉치라고 할 수 있습니다. 이것을 보통 코퍼스Corpus라고 하는데 엄청난 양의 언어 자료로 인해 코퍼스 언어학이라는 새로운 연구 분야가 개척되기도 했습니다. 영어 코퍼스 중에서 가장 유명한 것은 COCACorpus of Contemporary American English와 구글 북스 엔그램 뷰어Google Books Ngram Viewer입니다. COCA는 1990년부터 2019년까지 사용된 미국 영어 5억여 개의 단어를 집대성한 코퍼스입니다. 엔그램의 경우에는 다루고 있는 시대적 범위가 훨씬 넓습니다. 1500년대부터 2019년까지 출간된 책들에서 특정한 영어 표현들이 얼마나 자주 등장했는지를 비교 검색해줍니다. COCA와 엔그램은 현재 인터넷[3]으로 누구나 접근 가능한 빅데이터로, 지금도 계속 업데이트되고 있습니다. 원어민 교사가 없는 학교에서 근무하는 저도 단어들의 자연스러운 용례와 서로 어울리는지 여부 등을 검색할 때 자주 사용합니다. 영어 코퍼스는 영어 교사나 원어민보다 더 뛰어날 때가 많습니다. 학생들이 특정 표현의 용례를 물어볼 때 교사보다 코퍼스에 의지하는 시대가 올지도 모르겠습니다. 아무리 뛰어난 영어 감각을 가지고 있는 교사라고 해도 수많은 사람들이 사용한 영어 문장들을 집대성한 빅데이터를 이길 수는 없습니다.

코로나19 대유행으로 원격수업이 일상화되자 에듀테크 툴Edu-

3) 다음은 COCA와 엔그램 사이트의 주소입니다. [https://www.english-corpora.org/coca], [https://books.google.com/ngrams]

tech tool이 인기를 얻고 있습니다. 학생들은 EBS 온라인 클래스와 구글 클래스룸에 접속해 수업을 듣고, 줌Zoom이나 구글 미트Google Meet를 통해 실시간 화상 수업에 참여합니다. 선생님들은 패들렛Padlet이나 멘티미터Mentimeter, 카카오톡 채팅을 활용하여 학생들과 상호작용하면서 수업을 진행합니다. 모르는 단어가 나오면 학생들은 웹 사전을 검색해보고, 클래스 카드와 퀴즐렛Quizlet을 활용해 단어를 암기합니다. 이것이 코로나19로 인해 바뀐 학교의 풍경입니다.

인공지능과 빅데이터, 너무 많아 모두 사용해볼 수도 없는 에듀테크 툴.

영어 교사를 위협하는 상대들은 생각보다 많고 힘도 셉니다. 이들에게 저항하고 버티는 길이 있을까요? 19세기 초 영국의 공장 노동자들이 기계 도입을 반대하며 기계를 모조리 부수려고 했던 러다이트 운동Luddite Movement이 생각납니다. 하지만 4차 산업혁명이 만들어낸 이 기술들은 물리적인 것이 아니라서 파괴할 수도 없습니다. 그렇다고 학교 현장을 떠날 수도 없는 노릇입니다. 그렇다면 영어 교사들이 선택할 수 있는 길은 하나입니다. 디지털 역량을 길러 적극적으로 기술을 활용하는 한편 인공지능이 하기 어려운 것들을 학교에서 실천하는 것입니다.

'교사가 인공지능보다 잘할 수 있는 것은 무엇인가?'

4차 산업혁명이 저에게 던지는 질문이 참 무겁습니다.

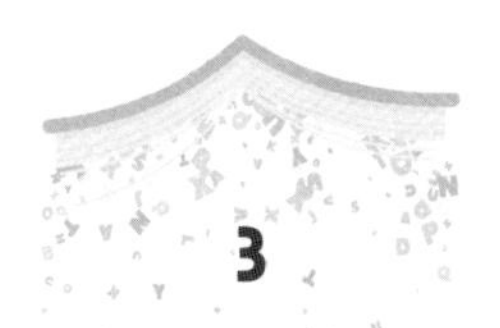

3

수업으로 희망을 말하기

질문 1. 학생들이 내 수업을 선택할 만큼 나는 좋은 수업을 하고 있는가?

질문 2. 교사가 인공지능보다 잘할 수 있는 것은 무엇인가?

앞에서 제가 던진 질문들입니다. 4차 산업혁명 시대를 살아가야 하는 영어 교사가 고교학점제의 전면적인 도입을 앞두고 던진 질문입니다. 하지만 두 가지 질문 모두 쉽게 답할 수 없을 것 같습니다. 특히 두 번째 질문의 경우에는 제가 미래사회 전문가가 아니기 때문에 더욱 어렵습니다. 하지만 이대로 포기할 수는 없습니다. 저는 중국의 대문호 루쉰의 말을 빌려서 답을 해볼까 합니다.

> "희망이란 것은 본래 있다고도 할 수 없고, 없다고도 할 수 없다. 그것은 마치 땅 위의 길과 같은 것이다. 사실 땅 위에는 본래 길이 없었다. 걸어가는 사람이 많아지면서 곧 길이 된 것이다."[4)]

길이 없어도 걷다 보면 길이 만들어지는 것처럼 제가 지금까지 해왔던 수업을 잘 다듬고 키워내서 나만의 빛깔이 있는 수업으로 만들면 되지 않을까요? 영단어와 표현을 연습시키는 것은 인공지능 로봇이 더 잘할 수 있겠지만 교사의 철학과 고민이 담긴 빛깔 있는 수업은 흉내 내지 못할 것입니다. 고유하고 특색 있는 수업을 학생들도 더 좋아하지 않을까요? 인공지능이 따라 할 수 없는 수업, 교사의 삶과 가치관을 담은 수업이 바로 '주제통합 영어 수업'입니다. 이런 수업은 고교학점제와 인공지능의 시대에도 충분히 좋은 수업이 될 수 있을 것입니다.

2017년, 한국교육과정평가원 대회의실에 전국의 영어 교육 전문가들이 모였다고 합니다. 논의의 주제는 '미래 영어 교육의 방향'이었습니다. 거기에서 논의된 내용을 간추리면, 미래 영어 교육은 간교과적인 접근에 열린 교육이어야 하며 기능 교육을 넘어 내용 교육과 인간 교육으로 나아가야 한다는 것입니다.[5)] 제가 지금부터

---

4) 루쉰, 『루쉰 소설 전집』, 김시준 옮김, 을유문화사, 2008, 113쪽.

5) [정채관 외, 『4차 산업혁명과 미래 영어교육』, 한국문화사, 2018.]에 자세히 설명되어 있습니다.

이야기할 영어 수업도 이와 크게 다르지 않습니다. 주제를 중심으로 다양한 교과들이 통합될 수 있으며, 일상적인 삶의 주제가 수업 내용으로 통합되는 수업이 바로 '주제통합 영어 수업'입니다. 지금부터는 제가 이러한 수업을 어떻게 시작할 수 있었는지 제 개인적인 이야기를 말씀드리겠습니다.

2장

영어라는 그릇에 삶을 담다

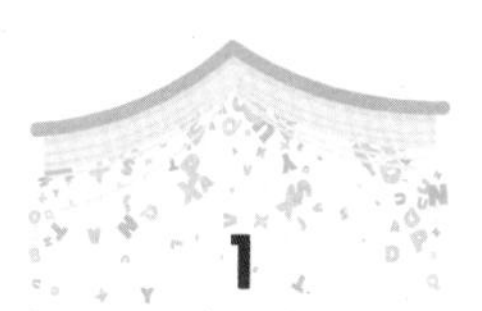

1

주제통합 영어 수업의 탄생

잊어버린 꿈, 존 키팅

2010년, S 중학교에서 근무하고 있을 때였습니다. 어느 날, 동아리 시간이 끝나고 유나가 들뜬 기분으로 제게 왔습니다.

“선생님, 혹시 〈프리덤 라이터스*Freedom Writers*〉라는 영화 보셨어요?”

“응? 프리덤 라이터스? 프리덤은 알겠는데, 라이터스는 뭐냐?”

“아, 영어 ‘Writers’예요.”

“자유와 글쓰기라……. 무슨 내용인지 궁금한데?”

“정말 좋은 영화더라구요. 보고 나서 선생님도 이 영화를 보셨는지 궁금했어요. 여기 나온 주인공이 영어 선생님이거든요. 선생님, 바쁘셔도 꼭 보시면 좋겠어요. 진짜 멋진 영화거든요.”

“오, 그래? 알았다. 여유 있을 때 꼭 챙겨보마!”

영화 〈프리덤 라이터스〉는 그렇게 해서 알게 된 영화였습니다. 영화를 보고 나서 유나가 왜 그렇게 들뜬 마음으로 영화를 추천했는지 알 수 있었습니다. 학창 시절에 봤던 〈죽은 시인의 사회*Dead Poets Society*〉가 떠오르는 영화였으니까요. 저에게 〈죽은 시인의 사회〉가 유나에게는 〈프리덤 라이터스〉였던 것입니다. 영화가 끝난 후 여운은 쉽게 가시지 않았습니다. 그동안 잊고 지내던 오래된 생각들이 떠올랐습니다.

〈죽은 시인의 사회〉는 학생이었던 저에게 신선한 충격이었습니다. 보수적인 학교에 부임한 영어 교사 존 키팅John Keating은 틀에 박힌 수업 방식에서 벗어나 학생들에게 영감을 주고 삶을 바라보는 새로운 인식을 갖게 합니다. 이 영화로 '현재를 즐겨라Seize the day'라는 뜻의 라틴어 '카르페 디엠Carpe Diem'은 유행어가 되기까지 했습니다. 영화에서 키팅은 「시의 이해」라는 교과서 서문을 찢으며 시를 점수로 평가하는 것에 반기를 듭니다. 학생들을 교탁 위에 올라가게 한 후, 더 넓은 시각으로 세상을 보는 것이 중요하다고 가르칩니다. 타인의 인정도 좋지만, 자신이 진짜 원하는 삶을 사는 것이 중요하다며 프로스트Robert Frost의 「가지 않는 길*The Road Not Taken*」을 인용하고 학생들이 원하는 방식대로 걸어보게 합니다. 그것이 자랑스럽든, 바보 같든…….

영화를 보는 내내 그런 생각을 했었습니다.

'저런 선생님에게 배우고 싶다.'

'그럴 리는 없겠지만, 만약 내가 선생님이 된다면 저런 선생님이

되리라.'

어렸을 때는 만약이라는 단서를 달았지만 저는 결국 교사가 되었습니다. 키팅 선생님 같은 교사가 되고 싶었는데 오랫동안 잊고 있었습니다. 학생들에게 영어뿐만 아니라 인생을 가르치는 스승이 되고 싶었던 것이죠. 그런데 막상 영어 교사가 되고 나서는 학생들에게 더 많은 단어와 표현을 암기하게 하고 문제를 잘 푸는 기술을 알려주는 일에만 몰두했습니다. 게임과 모둠 활동을 활용해 가끔 재미있고 활력 있는 수업이라는 평을 듣기는 했지만, 학생들이 감명을 받고 삶이 바뀌는 수업과는 거리가 멀었습니다. 아마 교사가 되고 나서도 키팅은 제 마음속에 항상 있었을 겁니다. 하지만 제 무의식이 키팅이 되고 싶은 마음을 계속 억누르고 있었지 않았나 싶습니다. '그건 영화다. 영화이니까 가능한 것이고, 결국 키팅은 학교를 떠날 수밖에 없지 않았나? 난 학교를 떠나고 싶지는 않다. 학생들이 좋으니까…….' 그런데 이제 또 다른 영어 교사가 제게 말을 걸어오는 겁니다. 그의 이름은 에린 그루웰Erin Gruwell!

영화 〈프리덤 라이터스〉는 1999년에 출간된 책 『프리덤 라이터스 다이어리*The Freedom Writers Diary*』[6]를 기반으로 만들어진 영화입니다. 영화는 인종 대립과 폭력으로 절망에 가득 찬 학생들이 다니고 있는 캘리포니아의 한 고등학교에 그루웰이 부임하면서 시작됩

---

6) Erin Gruwell (1999). The Freedom Writers Diary. New York : Main Street Books (에린 그루웰, 『프리덤 라이터스 다이어리』, 김태훈 옮김, 알에이치코리아, 2014.)

니다. 그루웰은 키팅처럼 처음부터 색다른 방식으로 수업을 하지는 않습니다. 하지만 학생들의 삶을 알게 된 후 수업 방식을 바꿉니다. 삶과 동떨어진 교과서를 던져버리고 학생들의 불안한 삶을 교실에 끌어옵니다. 수업 시간에 발견한 인종차별적인 쪽지를 시작으로 홀로코스트Holocaust를 수업 주제로 삼고, '안네의 일기'를 텍스트로 끌어옵니다. 그렇게 해서 학생들의 삶을 바꾸는 수업은 시작됩니다. 안네를 숨겨줬던 독일인을 초청해서 특강을 열고, 아르바이트를 해서 모은 돈으로 학생들과 홀로코스트 추모관으로 체험학습을 갑니다. 〈죽은 시인의 사회〉에서 키팅이 보여주었던 것보다 더 영화 같은 장면들이 계속 펼쳐집니다. '역시 영화니까 가능한 것'이라고 생각해보려고 하지만 영화는 그런 생각을 하지 못하도록 합니다. 그루웰은 실존 인물이고 영화는 실화를 바탕으로 만들어진 것이기 때문입니다. 그가 실존 인물이라는 사실이 가져온 충격은 말로 표현할 수 없었습니다.

유나가 제게 "바쁘셔도 꼭 보시면 좋겠다"고 말했을 때 유나에게 어떤 의도가 있었을까 곰곰이 생각해봤습니다. 부끄러워졌습니다. 처음엔 유나가 제게 그저 멋진 영화를 추천해준 것이라고 생각했습니다. 하지만 이제는 유나가 제게 다른 말을 하고 있는 것 같았습니다.

"이런 선생님도 계시는데, 선생님은 지금 무얼 하고 계시나요?"

영화를 추천해준 유나에게 그 해가 끝날 때까지 그 영화에 대해 말하지 못했습니다. 대신 '나는 무엇을 할 수 있을까?'를 계속 물었습니다. 오랫동안 제 마음속에 잠자고 있었던 키팅이 그루웰을 만나 다시 제게 말을 걸어왔습니다.

“선생님, 선생님이 진짜 하고 싶은 수업은 무엇인가요?”

학생의 삶을 바꾸는 수업. 학생들뿐만 아니라 교사인 저도 수업을 하면서 재미와 의미를 느낄 수 있는 수업. 무엇보다 학생들과 함께 성장할 수 있는 수업. 그런 수업을 하고 싶었습니다. 하지만 제게는 너무 어려운 일일 것 같았습니다. 사실 학교는 너무 바쁩니다. 교육청 공문을 처리하고, 학급 학생들의 문제 해결을 도와주고, 부서 업무를 하다 보면 수업 준비에 투자할 시간과 에너지는 거의 남아 있지 않기 때문입니다. 수업 준비는 퇴근해서 하기 일쑤였습니다. 그런데 유나에게 이런 말을 하는 것이 좋은 핑곗거리가 될 수 있지는 않을 것 같았습니다. 그루웰은 이보다 더 힘든 상황에서도 삶을 바꾸는 수업을 해냈기 때문입니다. 그렇다면 무엇인가 해야 했습니다. 제 수업에서 사라져버린, 오래된 ‘꿈’과 학생들의 ‘삶’을 찾지 않으면 안 될 것 같았습니다.

첫 번째 주제통합 영어 수업, 일본군 ‘위안부’ 프로젝트

제 기억에서 사라진 키팅을 다시 소환해준 그루웰은 그 이후에도 저를 끊임없이 괴롭혔습니다. 덕분에 유나가 졸업한 학교에서 처음으로 역사적 이슈와 학생들의 삶을 연결하여 주제통합수업을 할 수 있었습니다. 처음으로 다룬 주제는 일본군 '위안부' 문제였습니다. 작은 쪽지에서 시작된 그루웰의 수업처럼, 제 수업 역시 시작은 작은 질문이었습니다. 꿈과 삶이 상실되었던 시기가 끝나고 주제와 삶이 제 수업 시간으로 들어온 그 순간을 저는 아직도 생생하게 기억합니다.

어느 날 교무실에서 국어 선생님께서 질문을 하셨습니다.

"선생님, 일본군 '위안부'가 영어로 뭘까요?"

"글쎄요. 저도 잘 모르겠는데요. 한번 찾아볼까요? 왜 그러시는데요?"

"얼마 전에 ○○마트 앞에서 일본군 '위안부'와 관련된 동아리 캠페인을 하고 있었어요. 사람들에게 서명을 받고 있었죠. 그런데 옆에 외국인이 지나가는 거예요. 그래서 외국인에게 설명해주려고 했는데, 이게 쉽지 않더라구요. 어떻게 설명하면 될까요?"

저의 첫 주제통합수업 프로젝트는 그렇게 시작되었습니다. 프로젝트[7]를 준비하는 내내 드디어 정말 의미 있는 수업을 준비하고 있다는 생각에 가슴이 벅차올라 8차시 분량의 학습지를 제작했는데

---

7) 이 책에서 사용되는 '프로젝트(project)'라는 용어는 프로젝트 기반 학습법(Project-Based Learning : PBL)에서 말하는 교육학적 용어가 아닙니다. 오히려 사전에 나온 일차적인 의미(a task that requires a lot of time and effort)에 가깝습니다. 이 책에서 프로젝트란 주제통합수업을 하기 위해 특별한 시간과 노력을 기울여 만든 기획이나 실천을 포괄적으로 의미합니다.

도 힘들지 않았습니다. 〈표1〉은 일본군 '위안부' 프로젝트의 내용을 정리한 것입니다. 제일 먼저 했던 수업은 회화 수업이었습니다. 실제성authenticity 있는 대화문을 만들기 위해 원어민 선생님과 함께 여러 차례 녹음하였습니다. 일본 극우 보수 단체가 미국 일간지에 기고한 영문을 중학교 수준의 문장으로 다듬어 독해 자료를 만들기도 했습니다. 관련 영상 자료와 뉴스를 조사해 수업 보조 자료도 준비했습니다. 학생들이 주제에 대해 다양한 방법으로 접근할 수 있도록 한 것입니다. 학생들에게 수업을 처음 선보이는 전날 밤에는 잠이 오지 않을 정도로 설렜던 기억이 납니다.

〈표1〉 일본군 '위안부' 프로젝트 개관

영역	활동 내용
국어	• 일본군 '위안부' 관련 온 작품 읽기 (『'위안부' 리포트』, 『20년간의 수요일』) • 일본군 '위안부' 관련 역사적 사실 배우기
영어	• **학습 내용 1** : 일본군 '위안부' 기림비 말뚝 사건 대화문 (2차시) ▷ 관련 의사소통 기능 - 감사하기 ▷ 수행 영역- 듣기, 말하기, 쓰기 • **학습 내용 2** : 뉴욕 타임스퀘어 광고 관련 대화문 (2차시) ▷ 관련 의사소통 기능 - 칭찬하기 ▷ 수행 영역- 듣기, 말하기, 쓰기 • **학습 내용 3** : 뉴저지 스타레저지의 전면광고 기사 (4차시) ▷ 관련 문법 요소 - to 부정사의 용법 ▷ 수행 영역- 독해 활동

제게 질문을 해주셨던 국어 선생님은 『'위안부' 리포트』라는 연재만화와 『20년간의 수요일』이라는 책을 활용하여 '온 작품 읽기' 수업을 진행하셨습니다. 국어 시간에는 일본군 '위안부' 관련 역사와 한일 양국의 갈등에 대해 깊이 있게 읽고 토론도 했습니다. 영어 시간에는 국어 시간에 다룬 내용을 바탕으로 관련 영어 표현을 익히고, 미국과 국제사회에서 논란이 되고 있는 이슈들에 대해 배웠습니다. 아직 해결되지 못한 역사를 현재와 연결 지어본 그 수업은 주한 일본대사관 앞 수요 시위 현장에서 마무리되었습니다. 할머니들에게 전달할 응원 편지를 꼼꼼하게 적던 친구들의 상기된 얼굴이 아직도 눈에 선합니다. 주제통합수업이란 것을 기획해서 무사히 끝냈다는 감흥은 잘 가시지 않았습니다. 기회가 있을 때마다 이런 수업을 하리라 결심도 했습니다. 하지만 저의 수업은 다시 예전으로 돌아갈 수밖에 없었습니다. 함께 영어를 가르치던 선생님께서 교과서를 중심으로 수업을 하면 좋겠다고 말씀을 하셨기 때문입니다. 또다시 시작된 상실의 시대. 유나가 졸업했던 S 중학교에서의 주제통합수업은 그것이 처음이자 마지막이었습니다.

참을 수 없는 슬픔과
프로젝트 '공생'

저는 이듬해 중학교에서 고등학교로 근무지를 옮겼습니다. 중학교와 고등학교의 영어 수업은 방향 자체가 달랐습니다. 모든 게 입시를 위한 것이었습니다. 입시 지도를 한 번도 해보지 않았던 저는 매번 바뀌는 입시제도와 수능 문제 분석에 매달려야만 했습니다. 학생들의 대학 진학을 돕기 위해서는 입시제도와 수능의 전문가가 되어야만 했으니까요. 시간이 지나자 대학 진학을 위해 무엇이 필요하고, 어떤 도움을 줄 수 있는지 나름대로 확신을 가질 수 있게 되었습니다. 영어 등급을 올리기 위한 수업 루틴도 만들어졌습니다. 입시 지도를 하고 수능 문제를 풀이해주는 데 아무런 문제가 없는 시기가 온 것입니다. 그러다 문득 잊어버렸던 고민이 다시 시작되었습니다. 키팅과 그루웰이 다시 찾아온 것이죠.

'고등학교에서도 주제통합수업을 할 수 있을까?'

'대학 진학을 위해서는 등급 향상이 최우선 과제인데, 동료 선생님들이 반대하지는 않을까?'

입시의 최전선에서 수능이 아니라 삶을 말하는 수업을 할 수 있는 용기가 쉽게 나지 않았습니다. 두려움과 주저함이 계속 교차되었습니다. 하지만 잊을 만하면 불쑥 튀어나왔던 질문들이 시간이 갈수록 더 자주 머릿속을 어지럽게 했습니다. 그러다가 2014년 4월 16일이 되었습니다. 잊을 수 없었던 그날의 경험으로 저의 번민이 확고한 결단으로 바뀌게 됩니다.

세월호 참사로 갑작스럽게 세상을 떠난 학생들은 제가 가르치고 있던 나이의 학생들이었습니다. 아침 일찍부터 잠들기 전까지 공부로 빡빡하게 채워진 일상을 견뎌야 하는 학생들에게 수학여행은 아주 설레는 일이었을 것입니다. 부푼 기대를 하며 아침에 인사를 하고 떠난 아이들이 결국 집에 돌아올 수 없었다고 생각을 하니 끊임없이 눈물이 났습니다. 아이들을 키우고 있는 아빠, 학생들을 가르치고 있는 교사, 그리고 무엇보다 세월호 참사를 만들어낸 사회에 살고 있는 어른으로서 슬픔과 무력감, 부끄러움 등의 온갖 감정들이 올라왔습니다. 사실, 그해 수업을 어떻게 할 수 있었는지 지금도 기억이 잘 나지 않습니다.

이듬해 4월이 돌아오자 다시 세월호를 생각하지 않을 수 없었습니다. 세월호 이전의 교육과 이후의 교육은 달라져야 한다는 말이 곳곳에서 들려왔습니다. 언제 누릴 수 있을지 모를 미래의 행복을 위해 학생들이 현재의 행복을 희생하게 해서는 안 된다는 생각이 들었습니다. 아침 일찍부터 학교에 나와서 늦은 밤까지 오로지 대학 진학이라는 하나의 목표를 위해 현재의 행복을 포기했던 아이들. 이 아이들이 불의의 사고로 갑작스럽게 세상을 떠나게 된다면, 아이들이 포기했던 현재의 행복은 누가 보상해줄 수 있을까요? '고등학교 수업도 역시 바뀌어야 한다. 할 수 있을까 묻지 말고, 할 수 있다고 내가 먼저 말해야 한다. 수능과 대학이 최우선 과제라고 말하는 선생님들에게 삶을 가르치는 영어 수업도 필요하다고 말씀드리자!' 질문을 결심으로 바꾸자 또 다른 질문이 생겼습니다.

'세월호 이후에 우리는 수업을 통해 무엇을 가르쳐야 하는가?'

이 질문은 제가 교직에서 실천했던 두 번째 주제통합수업으로 이어집니다. 프로젝트 '공생'입니다. '공생 : 함께 걱정하기'는 세월호 참사와 네팔 지진에 대한 아픔을 나누고 공감할 수 있는 프로젝트였습니다. 이 프로젝트는 입시교육의 최전선에 있는 고등학교에서 실천해본 범교과 프로젝트였다는 점에서 잊지 못할 수업이었습니다. 기꺼이 함께해주셨던 네 분의 선생님(영어, 국어, 음악, 사서)을 생각하면 지금도 감사한 마음입니다. 〈표2〉는 공생 프로젝트의 전반적인 내용을 정리한 것입니다.

〈표2〉 범교과 주제통합 프로젝트 '공생 : 함께 걱정하기' 개관

영역	활동 내용
국어	• 세월호 참사 관련 도서 학습 (시집 『우리 모두가 세월호였다』) • 세월호 추모시 쓰기 (추모시 자료집으로 제작해서 전시하기) • 세월호 추모곡 작사 I (우리말)
영어 A	• 세월호 참사 관련 도서 학습 (유가족 기록집 『잊지 않겠습니다』) • 세월호 추모곡 작사 II (국어 시간 연계 영어 번역, 추모곡 제창) • 학습지 'Nepal and Earthquake' 독해 연습
영어 B	• 네팔 지진 참사 관련 성금 모금 영어 보드 제작 (팀별 미션) • 네팔 지진 참사 성금 모금을 위한 영어 프레젠테이션 (팀별 발표)
도서관 (독서 주간)	• 추모곡으로 교내 독서 주간 도서 가요제 참가 및 시연 (독서 주간 활동 : 세월호 관련 도서 전시, 도서 가요제 참여하기)

음악	• 세월호 추모곡 연습하기 • 세월호 추모곡 가창 수행 평가 • 세월호 추모곡 반별 제창 발표회 (학년 전체 학급별 참여)
모금 활동 (교내/교외)	• 네팔 지진 구호를 위한 볼펜 제작, 네팔 공정무역 커피 판매 • 네팔 지진 구호 모금 활동 (교내 축제 부스 활동, 교내외 거리 모금 활동)

공생 프로젝트가 끝나고 선생님들과 함께 이야기를 나누면서 세월호 이후의 교육이 어떤 모습이 되어야 할지 대략적으로 그려볼 수 있었습니다. 가만히 있으라고 복종을 강요하는 것, 사익을 위해 불의한 일을 저지르는 것, 의심해보지 않고 무조건 수용하는 것. 이런 일들이 학교와 수업 현장에서 일어나서는 안 된다고 생각합니다. 복종보다는 시민 불복종을 이야기해야 하며, 개인과 공동체를 함께 생각하고, 정의의 문제를 수업 시간에 끌어와야 할 것 같았습니다. 교과서와 교사, 심지어 언론 매체조차도 거짓을 말할 수 있는 텍스트로서 비판적으로 읽고 해석하는 것을 가르쳐보자고 결심했습니다.

입시와 성공의 도구로서 영어를 가르쳐왔던 제가 삶의 가치를 말하는 영어 수업을 계속해야겠다고 결심하게 된 가장 강력한 이유는 바로 이 세월호 사건이었습니다. 유나와 키팅, 그루웰, 그리고 세월호. 부끄러움과 잊어버린 꿈이 뒤섞여 혼란스러운 가운데 갑작스럽게 찾아온 커다란 슬픔! 그 슬픔을 걷어내고 다시 희망을 말하기 위해서는 고등학교에서도 주제통합수업이 필요했습니다.

범교과 주제통합수업은 대학 입시에도 많은 도움을 줄 수 있습니다. 학생부종합전형에서 주목하는 것은 수업 시간에 학생들이 얼마나 의미 있게 배우고 성장했는가입니다. 주제통합수업을 하게 되면 학생들의 '교과세부능력 및 특기 사항'(이하 교과세특)은 아주 특별해집니다. 얼마 전에 대학 진학 상담을 전문적으로 하시는 선생님 여덟 분에게 학생들이 상담받을 수 있는 기회가 있었습니다. 선생님들 대부분이 영어 교과세특을 보고 난 후 대학에서 원하는 교과세특이 이런 세특일 것 같다고 하시면서 저에게 수업을 어떻게 하고 있는지 물어보셨습니다. 사실 이 책을 쓰게 된 여러 가지 이유 중 하나가 바로 이것입니다. 주제통합 영어 수업에서 우리들의 삶을 이야기하면 결과적으로는 학생들의 대학 진학에도 결정적인 도움이 될 수 있다는 것입니다. 저는 주제통합 영어 수업을 통해 인격적 성장과 학업 성취를 모두 이뤄낼 수 있다고 믿습니다.

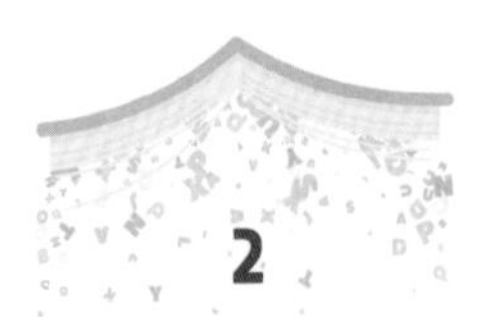

2

주제통합 영어 수업의 디딤돌

교육과정 재구성의 사칙연산

주제통합 영어 수업을 하기 위해서는 교육과정 재구성이 필수적입니다. 삶과 밀접한 주제를 수업에서 다루는 만큼 내용을 과감하게 덜어내거나 다른 단원과 통합[8)]하는 과정을 거쳐야 합니다. 때로는 단원 전체를 삭제하고 새롭게 구성하기도 합니다. 저는 이런 과정을 '재구성의 사칙연산'이라고 부릅니다.

재구성의 사칙연산은 약한 수준과 강한 수준에서 이루어질 수

8) 이 책에서 '통합(integration)'이라는 용어는 두 가지 맥락으로 쓰입니다. 주제를 중심으로 다양한 교과들이 통합되는 '교과 간 통합'과 일상적인 삶의 주제가 영어 수업과 통합되는 '교과 내 통합'입니다. 통합에 대한 이러한 구분 방식은 [성열관, 「교수적 실천의 유형학 탐색 : Basil Bernstein의 교육과정 사회학 관점」, 『교육과정연구』 30(3), 2012, 71-96쪽.]에 기초했습니다. 성열관 교수는 논문에서 바실 번슈타인의 '코드 이론'을 활용하여 통합교육과정을 논의하고 있습니다. 그에 의하면 '교과 내 통합'은 교과와 삶, 지식과 실천, 교과서의 안과 밖을 통합하는 것을 의미합니다. 그러므로 영어 교육과정 재구성을 통해 삶과 교과를 연결시키고, 지식의 탐구와 실천을 연계하는 것은 '교과 내 통합교육과정'이라고 이해할 수 있을 것입니다.

있습니다. 약한 수준의 재구성은 교재를 중심으로 내용을 덜어내거나 강화하는 것으로 상대적으로 쉬운 과정입니다. 반면에 강한 수준의 재구성은 주제나 역량을 중심으로 새로운 내용을 창조해야 하므로 시간과 노력이 많이 듭니다. 새롭게 만들어진 내용을 바탕으로 다른 교과와 연계하면 교과통합수업이 됩니다.

먼저 약한 수준의 재구성 방법을 살펴보겠습니다. 여기서는 '뺄셈과 덧셈의 사고'가 중요합니다. 먼저 교사의 철학을 바탕으로 교재의 특정 부분을 덜어냅니다. 이때 유의할 점은 핵심 학습요소는 그대로 남겨두어야 한다는 것입니다.[9] 핵심 학습요소란 교육과정에 명시된 의사소통 기능과 언어 형식을 말합니다. 기능과 형식은 남겨두고 단원의 지문과 활동을 덜어내면 학습량이 많이 줄어들게 됩니다. 그렇다면 어떤 기준으로 덜어낼 수 있을까요? 저는 세 가지 기준을 활용합니다.

1. 단원의 핵심 학습요소가 얼마나 중요한가?
2. 단원의 핵심 학습요소를 다른 단원의 학습요소와 통합할 수 있는가?
3. 단원의 지문과 활동을 나와 학생들이 재미있거나 의미 있다고 느끼는가?

9) 교육과정을 재구성한다는 것은 교재에 나와 있는 학습요소를 임의로 버려도 된다는 말이 아닙니다. 가르쳐야 할 것을 다른 소재와 주제를 가지고 가르친다는 의미입니다.

학기 초에 교재를 받으면 저는 먼저 교재 전체를 위의 기준에 따라 검토합니다. 가령 동사의 진행형과 수동태를 다루고 있는 단원을 옮겨와 분사를 가르치는 단원에 통합하는 작업을 하는 것이죠. 동명사와 부정사의 경우에는 준동사라는 공통점이 있으므로 묶어서 가르칩니다. '제안하기'라는 의사소통 기능을 익히는 단원이 있다면 의무 표현과 관련된 단원에 포함시켜 수업을 하기도 합니다. 학생들이 전혀 관심이 없을 것 같은 지문이나 교육적 의미가 덜한 지문들은 제외합니다. 중요성과 통합 가능성, 의미와 재미의 정도에 따라 학습량이 줄어들면 교재에 더 많은 재미와 의미를 가미할 수 있는 여지가 생깁니다. 시험 일정에 맞춰 교과서를 모두 끝내야 한다는 진도 압박에서도 벗어날 수 있죠. 뺄셈의 사고를 통해 내용을 추가할 수 있는 여백을 만들고 난 후에는 덧셈의 사고를 통해 그 여백을 채웁니다. 추가할 자료를 선정할 때는 네 가지 기준을 담은 다음 문장을 생각합니다.

학생들의 '눈'과 '귀'를 즐겁게 하고, '마음'과 '몸'을 움직이게 하자.

'눈'을 즐겁게 하기 위해서는 재미있는 영상을 찾아 자료를 보완하고, '귀'를 즐겁게 하기 위해서는 학생들이 좋아할 만한 노래를 찾습니다. 영상과 노래보다 더 강력한 자료는 '마음'에 새겨질 수 있는 이야기입니다. 인지심리학자 대니얼 윌링햄Daniel Willingham은 "이야기는 심리적 특권을 가진[10)]" 학습 자료라고 이야기하면서 심리학에서 기억이라는 주제를 다룰 때 이야기를 다른 자료보다 중시한다고 말합니다. 윌링햄은 이야기가 네 가지 조건(4C)을 갖출 때 마음에 잘 새겨질 수 있다고 했습니다. 인물Character, 복잡성Complications, 인과성Causality, 갈등Conflict이 바로 그것입니다. 저는 단원에서 다루고 있는 지문이 네 가지 조건을 모두 갖추지 못하면 더 좋은 이야깃거리를 찾기 위해 노력하는 편입니다.

예를 들어보겠습니다. 고등학교 1학년 영어 교과서(이병민 외) 7단원(A Step Forward)에는 작은 결단으로 세상을 변화시킨 세 사람이 소개되어 있습니다. 장애인 인권 운동가 에드 로버츠Ed Roberts, 홀로코스트로부터 아이들을 구한 니콜라스 윈턴Nicholas Winton, 그리고 흑인 민권 운동가 로자 파크스Rosa Parks입니다. 세 사람 모두 학생들에게 울림을 줄 수 있는 훌륭한 사람들입니다. 하지만 교과서는 갈등 상황을 충분히 다루지 않았고, 이야기의 복잡성과 인과성이 부족했습니다. 그래서 더 풍성하고 생생한 이야기를 추가하기로 했습니다. 로자 파크스 여사가 백인 경찰에 의해 체포되었을 때 뿌려졌던 전단지[11)]자료를 말이죠. 그 당시의 전단지를 타이핑된 형태로 구할 수 있다는 사실이 놀라웠습니다. 전단지를 남몰래 작성해서 뿌린 흑인 민권 운동가들과 그걸 읽고 연대한 흑인들. 그들이 백인들

10) 대니얼 윌링햄, 『왜 학생들은 학교를 좋아하지 않을까?』, 문희경 옮김, 부키, 2011, 99쪽.

11) 전단지의 내용과 수업에 관한 자세한 이야기는 3장 '삶을 가꾸는 주제통합 영어 수업'을 참고하세요.

과 벌였던 치열한 갈등을 실감나게 다루는 자료였습니다. 작은 전단지였지만 그것을 통해 미국 역사를 바꾼 사회운동이 일어났다는 이야기는 학생들의 마음에서는 오래도록 남을 수 있을 것 같았습니다. 이렇게 해서 7단원에서는 로버츠와 윈턴의 이야기보다 로자 파크스의 이야기가 더 깊이 있게 소개되었습니다.

마음을 움직이는 이야기와 더불어 덧셈의 사고를 할 때 유념해두어야 할 점은 '몸'이 기억할 수 있는 다양한 활동들을 추가할 필요가 있다는 것입니다. 저는 몸이 기억하는 활동들을 'DDT'라고 부릅니다. DDT는 모둠 토의Discussion Group, 실천을 통한 연습Practice by Doing, 또래 가르치기Teaching Others를 의미하는 영어에서 따온 두문자어입니다. DDT에 대한 아이디어는 미국 응용행동과학연구소National Training Laboratories[12]에서 발표한 학습 피라미드Learning Pyramid(〈그림1〉)에서 나왔습니다. 학습 피라미드는 학습 효율에 관한 도표로, EBS 다큐프라임 〈왜 우리는 대학에 가는가〉에 소개되어 유명해지기도 했습니다. 피라미드는 외부 정보가 우리의 두뇌에 기억되는 비율을 학습활동별로 정리해두었습니다. 미국에서는 꽤 오래전부터 인구에 회자되던 것인데, 최근에는 수치에 대한 경험 과학적 근거가 없다는 비판을 받기도 했습니다. 하지만 학습 유형별 효율성을 이 정도로 직관적으로 잘 보여주는 그림을 찾기는 어렵습니다. 그래서 저는 수

12) 응용행동과학연구소는 심리학이나 교육학에서 유명한 '장 이론(Field Theory)'을 주창한 사회심리학자 쿠르트 레빈(Kurt Lewin)이 세운 기관입니다.

〈그림1〉 학습 피라미드

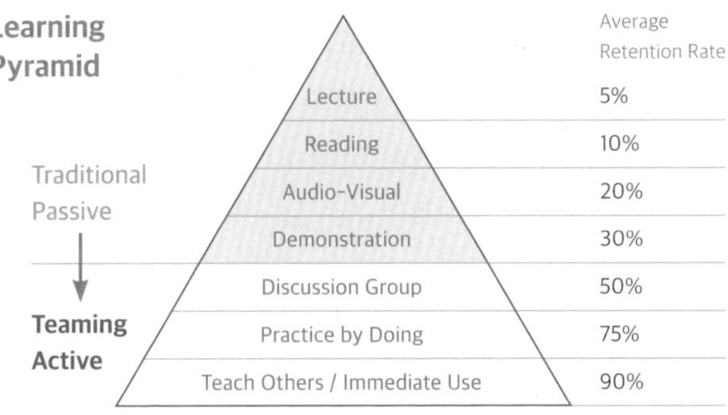

출처 : National Training Laboratories

업 오리엔테이션에서 효과적인 학습법에 대해 이야기할 때 이 그림을 자주 보여줍니다.

"여러분들이 영어 선생님이라면 수업을 어떻게 하고 싶은가요? 선생님은 여러분들이 오랫동안 기억할 수 있는 수업을 하고 싶어요. 그래서 여러 자료를 찾아봤는데 이런 것이 있었습니다. 미국 응용행동과학 연구소에 발표한 학습 피라미드입니다."

오리엔테이션 시간에 앞으로 수업에서 주로 할 활동들은 DDT라고 소개하면서 학습 피라미드를 보여줍니다. 그리고 저는 이 활동들이 우리들의 몸에 영어를 깊이 각인시켜줄 수 있을 것이라 믿는다고 이야기해줍니다. 학생들이 더 많은 열의를 갖고 제 수업에 참여할 수 있도록 설득하는 과정인 거죠. 이어서 저는 DDT를 인지전략과 연계시켜 설명합니다.

"우리들의 인지과정 중에 장기 기억에 관여하는 것이 있습니다. 그것은 '인출retrieval'과 '정교화elaboration'라고 불리는 과정이죠.[13] 인출은 학습한 내용을 단기 기억에서 꺼내어보는 것을 의미합니다. 학습 피라미드에서 강조하는 '실천을 통한 연습'은 바로 인출 전략을 활용함으로써 이루어집니다. 영어 수업에서 학습한 단어를 회상하면서 직접 사용해보는 활동을 하면 단어들을 여러 번 보며 암기하는 것보다 훨씬 효과가 있습니다. 그런 의미에서 선생님이 좋아하는 영어 표현이 있습니다. 'Use it or lose it!(사용해라. 그렇지 않으면 잊어버릴 것이다.)' 라임이 맞아서 외우기도 쉽죠?"

정교화는 인출보다 한 걸음 더 나아갑니다. 새로 배운 내용을 기존의 지식과 연결해서 확장하는 과정이기 때문입니다. 사전지식과의 연결을 공고히 하기 위해서는 새로 배운 지식을 자신만의 언어로 표현해보는 것이 가장 좋습니다. 이는 학습 피라미드에서 모둠 토의와 또래 가르치기 활동에 해당하는 과정입니다. 영어 시간

13) 미국 인지과학자들이 2002년부터 10년에 걸쳐 연구한 '교육 현장 개선을 위한 인지심리학의 응용' 프로젝트는 효과적인 공부법에 대한 많은 통찰을 제공해줍니다. 프로젝트의 성과는 다음 책으로 출판되었습니다. [헨리 뢰디거, 마크 맥대니얼, 피터 브라운, 『어떻게 공부할 것인가』, 김아영 옮김, 와이즈베리, 2014.] 이 프로젝트에 따르면 학교 현장에서 관행적으로 이루어지고 있는 반복 연습(rereading text)이나 집중 연습(massed practice)보다는 인출 연습(retrieval practice)과 정교화 연습(elaboration practice)이 효과적이라고 합니다. 책에는 인출과 정교화 연습 이외에도 간격 효과, 맥락 효과 등 효과적인 학습을 위해 참고하면 좋을 팁들이 실증적인 증거와 함께 소개되어 있습니다.

에 이 활동들을 통해 지식을 정교화하면 실제로 영어 성적이 향상된다는 학술 연구들이 있다는 사실을 학생들에게 설명해주면 격려에 신빙성이 생기게 됩니다.[14)]

한편, 강한 수준의 교육과정 재구성은 교재에 없는 새로운 내용을 창조하거나 다른 교과와 통합수업을 하는 것을 의미합니다. 이 과정에는 뺄셈이나 덧셈의 단순한 사고 대신 곱셈이나 나눗셈과 같은 한 단계 높은 사고 과정이 필요합니다. 교사의 철학이 영어 텍스트의 배경으로 자리하고, 학생들에게 가르치고 싶은 역량과 주제가 더해집니다. 수업 내용 안에 여러 요소들이 겹겹이 쌓아 올린 주름처럼 자리합니다. 그래서 이 과정은 단순히 무엇인가를 더했다기보다 다층적 요소들이 누적되어 곱해진 결과라고 말할 수 있습니다. 이렇게 해서 만들어진 새로운 교육과정은 동료 교사들과의 협업을 통해 나누어집니다. 나눔을 통해 교육과정은 교과통합이나 융합 교육과정으로 진화하기도 합니다. 강한 수준의 교육과정 재구성을 할 때는 '곱셈과 나눗셈의 사고'가 필요하다고 하는 것도 이런 맥락에서 이해할 수 있습니다.

---

14) 실증적인 연구 자료를 보여주는 것은 학생들에게 신뢰감을 줄 수 있는 좋은 방법입니다. 모둠 토의가 교육적으로 효과가 있다는 사실은 학생들에게도 익숙합니다. 하지만 또래 가르치기가 영어 수업에 효과가 있다는 점은 다소 생소할 것입니다. 제 수업 루틴에서 중요한 비중을 차지하고 있는 또래 가르치기 활동의 효과를 학생들이 믿지 않으면 수업은 생기를 잃어버릴 것입니다. 국내 연구 중에 인용할 수 있는 자료는 다음과 같습니다. [장예지, 「상호적인 또래교수를 통한 문법학습이 영어 학업성취도 향상에 미치는 영향 : 중3 수준별 수업 하위그룹을 대상으로」, 국민대학교 교육학과 석사학위논문, 2008.], [김은주, 「또래교수가 고등학생들의 영어 독해력과 영어 교과태도에 미치는 영향」, 전남대학교 교육학과 석사학위논문, 2017.]

먼저, 역량을 중심으로 교육과정을 만드는 사례를 들어보겠습니다. 현행 교육과정에 의하면 영어과 핵심역량은 영어 의사소통 역량, 자기관리 역량, 공동체 역량과 지식정보처리 역량으로 구체화되어 있습니다. 저는 이 중에서 자기관리 역량과 공동체 역량을 함양하는 수업에 관심이 많습니다. 학생들의 자기관리 역량을 향상시키기 위해서 저는 영어 학습전략을 중심으로 새로운 교육과정(〈표3〉)을 만들어 학생들에게 가르치곤 합니다. 다양한 학습법과 전략을 학기 초에 집중적으로 소개한 후 수업 시간에 틈틈이 실천해보면서 익힐 수 있게 하는 것이죠. 이 프로젝트는 1년 동안 계속됩니다. 공동체 역량을 증진시키는 교육과정의 예는 3장에서 '다수결은 그래도 항상 옳은가?'라는 제목으로 자세히 다루도록 하겠습니다.

〈표3〉 자기관리 역량 증진 프로젝트 : 치원샘의 공부의 기술

영역	활동 내용
언어 습득 과정 기반 언어 학습법	• 언어 학습의 기초 : 어휘와 문법 학습, 통합적 언어 학습법 • 철학, 경제학, 심리학으로 알아보는 공부의 효율 : 양과 질, 망각 곡선
영어의 언어학적 특징	• 비교 언어학적 관점 : 우리말 vs 영어 • 동사와 형용사의 하위 범주화
치원샘의 영어 공부 비법	• 비법1 : 간격 효과를 활용한 10주기 반복 학습법 • 비법2 : 포모도로 기법(Pomodoro Technique)을 활용한 시간 관리 • 비법3 : 이중언어 수첩을 활용한 어휘 학습법 • 비법4 : 각주 정리를 활용한 필기법 • 비법5 : DDT 학습법과 메아리 강의 기억법

치원샘의 독해의 기술	• 기본기 : 문장 해부술과 문단 독해술 • 실전기 : 유형별 독해 전략과 통합적 독해 학습법
멘토들의 공부법	• 300등이 서울대 가는 방법 • 1000문장 공부법 • 노트 필사 공부법 • 이야기 기억법과 몸 기억법

다음으로 주제 중심 교육과정의 재구성입니다.[15] 주제를 중심으로 교육과정을 구성할 때는 어떤 주제를 다룰지 탐색하는 것이 최우선 과제입니다. 앞에서 말씀드린 시민 불복종이나 공동체, 행복과 정의는 세월호 이후 교육에서 꼭 다루어야 한다고 생각하기 때문에 저의 주제 리스트의 상단에 있습니다. 다른 주제들은 일상에서 천천히 찾아가는 편입니다. 한 학기에 한 번 이상은 주제통합수업을 해야겠다고 마음먹으면 일상이 곧 수업의 소재가 됩니다. 신문이나 뉴스를 보다가 학생들과 함께 이야기하고 싶은 사건이 생길 때마다 에버노트Evernote와 같은 앱을 활용해 메모해두는 편입니다. 책을 읽다 궁금한 것이 생길 때나 좋은 음악과 영화를 감상하고 있을 때도

15) 주제 중심 교육과정 재구성은 학문적으로는 내용 중심 언어 학습(Content-Based Language Learning, CBLL)과 관련이 있습니다. CBLL은 대체로 목표 언어(target language)를 통해 교과 내용을 가르쳐 내용에 대한 학습과 외국어 학습을 동시에 추구하는 몰입식 교육에서 유래한 언어 학습 모형입니다. 이 모형은 학습의 주안점을 목표 언어에 두느냐, 내용에 두느냐에 따라 다양한 형태의 스펙트럼이 존재합니다. 제가 이 책에서 주로 소개해드릴 영어 수업들은 학문적으로 말하자면 CBLL의 가장 느슨한 형태에 속합니다. CBLL에 관심이 많으시다면 국내에서 실시된 CBLL의 연구 동향을 정리한 다음 논문의 일독을 권합니다. [심영미, 「교과통합 내용중심 영어교육의 연구동향 분석 연구」, 한국교원대학교 영어교육학과 석사학위논문, 2020.]

마찬가지입니다. 사람들과 대화를 나누다가 수업의 소재를 포착하게 되는 경우도 많습니다.

메모를 할 때, 생각나는 모든 것을 기록하지는 않습니다. 제가 세운 기준에 어느 정도 부합할 때 메모를 시작합니다. 가장 중요한 기준은 제가 그 주제에 대해 '흥미'를 느낄 수 있는가입니다. 주제 중심 교육과정 재구성의 경우 학습 내용을 새롭게 창조해야 하므로 시간과 공력이 많이 드는 과정입니다. 교사가 흥미를 느끼지 못하는 주제라면 열정적으로 수업을 준비할 수 없을 것입니다. 또한, 수업을 준비하고 실천하는 과정에서 제가 배움의 '즐거움'을 느낄 수 있어야 합니다. 교사가 즐겁지 않은데 학생이 즐거울 수 있을까요? 교사의 감정 상태는 수업에 많은 영향을 줍니다. 감정은 쉽게 전이되기 때문입니다. 수업 내용이 지루해 제가 재미를 못 느낄 때면 학생들도 마찬가지일 때가 많습니다. 제가 수업을 하면서 즐거움을 느끼는 주제를 가르칠 때는 평소 수업에 관심이 없던 친구들도 선생님이 왜 저렇게 열심일까 하면서 관심을 갖습니다. 제가 마지막으로 세운 기준은 더 나은 삶을 위한, '의미' 있는 주제인가입니다. 수업이 더 나은 삶을 만드는 데 기여할 수 있을 때 그 수업은 비로소 의미 있는 수업이 됩니다.

지금까지 말씀드린 세 가지 기준을 저는 삼미(흥미, 재미, 의미)라고 부릅니다. 삼미는 어쩌면 지극히 주관적인 요소처럼 보입니다. 교사의 입장에서 흥미와 재미, 의미가 있는 것이 학생 입장에서는 그렇지 않다면 좋은 수업이 될 수 없습니다. 그런 측면에서 삼미를 관통하는 원리가 필요합니다. 바로 상호주관성intersubjectivity입니다. 상호주관성은 나와 타자 사이에 공통적으로 성립하는 주관성입니다. 제가 좋아하는 것을 학생들은 좋아하지 않을 수 있으므로 상호주관성의 차원에서 세 기준을 검토하는 일은 매우 중요합니다. 이렇게 주제를 검토하는 것은 교사 중심과 학생 중심이라는 양극단의 중간에 수업의 위상을 정립하기 위함입니다. 학생이 없으면 교사도 없고, 교사 없이는 학생도 잘 배우기 어렵습니다. 삼미의 기준을 모두 충족하는 주제를 찾기는 쉽지 않지만, 최대한 이 기준들에 부합하는 것을 찾으려고 하다 보면 꽤 많은 주제들을 만날 수 있습니다. 〈표4〉는 제가 지금까지 재구성한 주제들입니다.

일상생활에서 스치는 생각을 메모해둔 것이 어느 정도 쌓이게 되면 특정한 주제 의식을 형성하게 됩니다. 메모들을 관련지어 주제 의식별로 구조화시키면 한 단원을 구성할 정도의 내용이 나올 때가 있습니다. 바로 이 순간이 주제통합 영어 수업이 탄생하는 순간입니다. 수업의 윤곽이 나오면 더 깊은 공부를 통해 관련 정보를 모으고, 이를 바탕으로 동료 선생님들과 대화하면서 수업 구조를 다듬어갑니다. 선생님들과의 대화 과정에서 학년 단위 융합수업이나 범교과 통합수업으로 발전하기도 합니다. 작은 프로젝트들이 나오면 이 프로젝트들을 모아 빅 아이디어Big Idea(대주제)로 묶어서 분류해 놓습니다. 더 크고 추상적인 개념을 의미하는 빅 아이디어는 새로운 주제를 발굴하게 될 프레임을 형성하거나 타 교과와 연계 수업을 할 때 중심축이 됩니다. 이렇게 영어과 수업이 타 교과와 연계되어 교과통합 교육과정을 구성하게 되면 학생들에게 오래도록 기억될 수업을 할 수 있습니다.

〈**표4**〉 주제 중심 교육과정 재구성을 위한 주제 예시

빅 아이디어	주제
치유 -영어 상처	• 영어 상처 돌아보기 : 영어 스트레스, 공부와 정서의 관계 • 은유를 통해 영어 정의하기 : 긍정적인 이미지 형성하기 • 이니셜 영단어와 '최고의 나' : 바람직한 언어적 자아 형성하기
의미 -영어 공부론	• 대한민국의 영어 광풍 : 권력 자본으로서의 영어 • 위기지학과 위인지학 : 성장을 위한 영어와 시험을 위한 영어 • 정서와 영어 공부 : 행복하면 공부를 더 잘할 수 있다 • 영어 공부, 경쟁할까? 협력할까? : 스프링벅과 기러기, 황제펭귄 • 배움이란 무엇인가? : 만남과 대화적 실천 • 영어와 나의 미래 : 자기주도적 목표 세우기
저항 -시민 불복종	• 시민 불복종의 계보학 : 소로 - 간디 - 킹 - 촘스키 • 간디의 소금 행진과 비폭력 저항 운동 • 소로의 『시민 불복종』 함께 읽기 • 킹과 로자 파크스의 흑인 민권 운동 • 노암 촘스키, 지식의 책무 : 베트남전에 반대하다 • 미국의 독립 선언문 함께 읽기
행복 -멋과 맛	• 드라마와 팝으로 배우는 영어 : DIE, PIE 프로젝트 • 코로나와 죽음을 대면하기 : 'I Am Corona'와 'Memories' • 연극을 통한 행복한 성장 : 〈세모의 꿈〉, 〈애니의 노래〉, 〈길〉 • 수학여행을 더욱 즐겁게 : 영어 궁리 프로젝트 • 메이저리거 명문고가 우리나라에? : 뉴욕타임즈 기사 읽기 • 먹기에는 즐거운, 하지만 위험한 음식 : GMO, 음식비사 프로젝트

정의 -공동체	• 함께 걱정하기 : 범교과 프로젝트 '공생' • 다수결은 그래도 항상 옳은가? : 집단지성, 숙의민주주의, 위키백과 • 세계는 정의로운가? : 광주, 서울, 홍콩, 런던, 워싱턴 • 불의는 어떻게 만들어지는가? : 이청준과 오웰을 통해 답하기 • 저스티스 리그 : 캡틴과 말리, 소로와 간디, 촘스키와 리영희 • 수업으로 세상을 바꿀 수 있을까? : 참여와 실천 프로젝트
망각 -역사	• 사회적 경제는 오래된 미래다 : 산업혁명과 협동조합 • 왜곡된 역사를 바로잡을 수 있을까? : 일본군 '위안부' 프로젝트 • 집단적 아픔의 역사를 외면할 수 있을까? : 9.11과 4.16 • L.A.에 도산 안창호 우체국이 왜 있을까? : 안창호 선생의 독립운동
희망 -아름다움	• 절망인가 희망인가? : 데스노트와 아름다운 세상을 위하여 • 나의 영어 코드 네임은? : 홀랜드 진로 코드로 보는 나와 너의 미래 • 영어로 문화와 진로를 탐구하라 : 영어 융합탐구 프로젝트 • 부활을 꿈꾸며 : 르네-광주 프로젝트 • 더 나은 삶을 위한 노래 : Songs for the Change • 시로 가치를 가르칠 수 있을까? : 휴스와 김수영, 롤스의 만남

교과통합 교육과정에서 '통합integration'은 어떻게 하는 것일까요? 학교 현장 경험을 바탕으로 교과통합 교육과정을 꾸준히 연구한 교육학자 수잔 드레이크Susan M. Drake는 교과통합에서의 통합을 세 가지 의미로 해석합니다.[16] 타 교과의 개념과 원리를 활용한 다학문

---

16) 수잔 드레이크 교수는 초등학교와 고등학교에서의 풍부한 현장 경험을 바탕으로 통합교육과정을 연구하고 있는 교육학자입니다. 통합교육과정에 대한 개념과 이론을 참고하고 싶다면 그녀의 책 [Susan M. Drake, 『교육과정통합의 기초 Creating Integrated Curriculum』, 박영무, 허영식, 유제순 옮김, 교육과학사, 2009.]를 추천합니다.

적multi-disciplinary 통합, 여러 교과와의 연계성이 있는 주제를 중심으로 내용을 새롭게 재구성하는 간학문적inter-disciplinary 통합, 마지막으로 완전히 새로운 교육과정을 창조하는 초학문적trans-disciplinary 통합입니다. 보통 교과통합수업에 대해 생각할 때 떠오르는 이미지는 마지막 초학문적 통합에 가깝습니다. 하지만 바쁘고 정신없는 학교 현장에서 실제로 적용 가능한 통합수업 모형은 다학문적 통합이나 간학문적 통합이라고 생각합니다.

다학문적 통합과 간학문적 통합의 경우에는 교과의 경계가 여전히 존재하므로 교과별로 경계가 뚜렷한 중고등학교 체제에 적합한 모델입니다. 반면 초학문적 통합은 교과 간의 경계를 극복한 이상적인 통합수업 형태여서 초등학교 체제에 적용하기 쉽습니다. 실제로 제가 지금까지 실천해온 통합수업도 다학문적 통합과 간학문적 통합에 기초한 수업들이었습니다. 다학문적 통합수업은 의외로 실천하기 쉽습니다. 영어 수업 시간에 다른 교과에서 배우고 있는 지식을 다뤄주면 되기 때문입니다. 저는 주로 학생들이 다른 교과를 자습하거나 정기 시험을 볼 때 통합수업의 아이디어를 얻습니다. 특히 시험 기간은 그런 아이디어를 얻을 수 있는 절호의 기회입니다. 학교에서 배우고 있는 지식들이 총망라되어 평가되는 시기인 만큼 학생들이 다른 과목에서 무엇을 배우고 있는지 총체적으로 파악하기에 적절한 기회인 것이죠.

최근의 경험을 예로 들어보겠습니다. 1학년 통합사회 시험지에 롤스의 '무지의 베일'에 대한 문제가 나왔습니다. 무지의 베일은 제가 대학생 때 관심 있던 개념이었는데 오랫동안 잊고 있었습니다. 그러다가 갑작스럽게 그 개념을 떠올리는 사건이 일어났습니다. 학교의 업무분장 조정으로 선생님들 간에 첨예한 갈등이 일어난 것입니다. 어떤 업무를 할지 정해진 상황에서 업무를 조정하다 보니 당연히 공정한 입장에서 조정이 될 리가 없습니다. 저는 그 상황에서 무지의 베일을 떠올렸습니다. 이론적인 개념이 현실에 도움이 된다고 느끼는 경우가 드문데, 이렇게 경험을 통해 떠올리게 되었으니 그 개념의 무게가 대학생 시절과는 다르게 느껴진 것이죠. 그런 즈음에 학생들의 시험지에서 무지의 베일과 관련된 내용을 발견하고는 참 반가웠고, 그 개념을 다시 공부해보고 싶어졌습니다. 학생들에게도 사회 시간에 배웠던 것을 다시 한번 상기시켜주면 더욱 좋을 것 같았습니다. 얼마 지나지 않아 이 개념을 영어 수업에서 다루었습니다. 학생들은 영어 시간에 사회 수업에서 배운 내용을 이야기하니 새롭고 흥미로웠다고 했습니다.

간학문적 통합은 앞서 상술했던 주제 중심 교육과정 재구성을 바탕으로 다른 교과와 연계해서 시행하는 주제통합수업을 말합니다. 저는 이 수업 형태에 가장 관심 있습니다. 주제통합수업을 진행하기 위해서는 주제를 중심으로 교육과정을 재구성할 필요가 있지만 더 중요한 건 함께할 동료 교사를 찾는 것입니다. 최근 여러 혁신학교에서는 학년별, 학교별 주제통합 교육과정을 마련하기 위해 매년 초 교직원 워크숍을 통해 체계적으로 주제통합수업을 설계합니다.[17] 하지만 일반 학교에서는 이런 공식적인 시간을 마련하기 어렵습니다. 그래서 저는 수업 나눔 모임과 전문적 학습공동체를 활용하여 이런 계기를 만드는 편입니다. 교사들 사이에 유대감과 동료성이 형성되어 있지 않으면 주제통합수업을 함께 하기 힘듭니다. 일상의 수업을 나누는 '수업 친구'와 독서를 통해 생각을 나누는 '생각 친구'가 생기게 되면 수업의 깊이와 폭이 넓어질 뿐만 아니라 성장하는 기쁨을 느낄 수 있게 됩니다. 학생의 배움이 관계로 시작되고 확장되는 것처럼 교사의 배움도 나눔을 통해 시작되고 확장됩니다. '나눗셈의 사고'는 교육과정 재구성뿐만 아니라 교사 성장의 본질을 말해줍니다.

---

17) 학교 차원에서 통합교육과정을 운영하는 사례는 홍동중학교와 신능중학교에서 찾아볼 수 있습니다. 자세한 내용은 [성열관 외, 『교육과정통합, 어떻게 할 것인가?』, 살림터, 2017.]을 참조하세요. 책에는 수행평가를 중심으로 교육과정을 통합하는 구체적인 방법도 제시되어 있어서 교과통합수업을 고민하고 계시는 선생님들께 많은 도움이 될 것입니다.

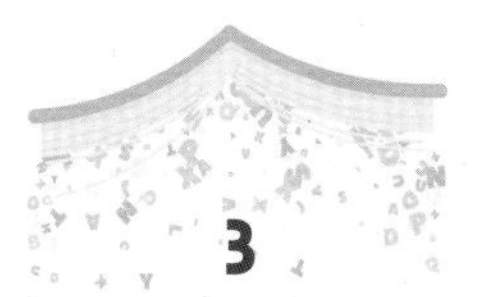

3 좋은 삶의 양식을 수업 형식에 각인하기

주제통합 영어 수업이 추구하는 궁극적인 목표는 오래전에 존 듀이John Dewy가 말한, '경험'을 통한 '성장'입니다. 학생들이 자신의 경험을, 셀로판지를 대듯이 수업에 겹치면서 재해석하고 새로운 관점을 얻어낼 수 있으면 좋겠습니다. 하지만 매시간 색다른 수업 주제를 소개하고 의미 있는 생각을 해보도록 하는 것은 현실적으로 힘듭니다. 수업 시간에 기본적으로 다루어야 할 단어와 지문들의 절대량이 있기도 하고, 대학 진학과 수능이라는 현실을 외면할 수도 없기 때문입니다. 주제통합수업을 하지 않는 영어 수업 시간에도 학생들이 경험을 통해 성장할 수 있는 방법은 무엇일지 고민해보았습니다. 그 답은 수업의 형식에 제가 생각하는 좋은 삶의 양식을 반영하는 것입니다.

더불어 사는 삶, 협동학습

협동학습과 배움의 공동체식 수업은 좋은 삶의 양식을 반영하기 위해 적절한 수업 방법론입니다. 먼저 협동학습에 대해 알아보겠습니다. 협동학습은 긍정적 상호의존성, 개별적 책무성, 동등한 참여, 동시다발적 상호작용이라는 네 가지 원리를 실현하기 위한 모둠 학습 방법론입니다.[18] 협동학습은 영어 학습 효과를 진작시킬 수 있는 실용적인 방법론이기도 하지만 삶의 방식으로서 '사회적 상호의존성social interdependence'을 배우는 계기가 될 수 있습니다. 수업 구조화 원리로서 경쟁보다는 협동을 강조하기 때문에 학생들은 수업에서 협동의 가치를 몸으로 익히게 됩니다. 모둠 친구들과의 협동을 통해 문제를 해결하는 과정이 누적되면 집단지성의 위력을 자연스럽게 깨닫게 됩니다. 몸으로 익힌 이러한 지혜는 나중에 성인이 되어서도 사라지지 않는 중요한 심리적 자원으로 남습니다.

협동학습의 다양한 형태 가운데 경쟁의 요소를 도입한 모델들(모둠 성취 분담 모형, 모둠 게임 토너먼트 모형, 찬반논쟁수업 모형 등)은 교육적으로 바람직하지 않다는 평가도 있습니다. 특히 모둠별 게임 점

---

18) 협동학습에 대한 가장 좋은 안내서는 오랫동안 우리나라 현장에 맞는 협동학습 방법을 연구하고 소개해온 '한국협동학습연구회'의 협동학습 시리즈입니다. [한국협동학습연구회, 『협동학습 1~3』, 한국협동학습센터, 2012.] 에듀니티 행복한연수원에서 원격직무연수 과정(총 30강)을 제공하고 있어 체계적으로 공부하고 싶을 때 참고할 수 있습니다.

수를 부여하는 모형은 외재적 동기를 활용하고, 경쟁적인 요소가 너무 많으므로 교육 현장에서 사라져야 하는 모델이라는 과격한 주장도 있습니다. 하지만 저는 이 모델 역시 교육적으로 의미 있는 수업이라고 생각합니다. 사회에는 상호의존적인 관계만 있는 게 아닙니다. 사람들은 치열하게 경쟁하기도 하고, 갈등을 겪거나 심지어 싸우기도 합니다. 다양한 형태의 협동학습을 실천하다 보면 교실 안에서도 실제 사회처럼 다양한 상호작용이 일어난다는 것을 알 수 있습니다. 교실은 작은 사회입니다. 모둠 내에서 의견 차이가 생기거나 모둠 간 경쟁이 과열되면 서로 반감이 생기기도 하고, 협력을 통해 문제를 해결하는 과정에서 긴밀한 유대감과 연대의식을 갖게 되기도 합니다. 모둠 활동을 하다 보면 누군가는 무임승차를 하고, 또 누군가는 모둠을 위해 지나치게 많이 노력하다가 쉽게 지치기도 합니다. 이 모든 것은 학생들이 사회에서 직면하게 될 중요한 삶의 국면들입니다. 학생들은 교실에서 삶의 다양한 상황을 체험하고 이에 대처하면서 사회적 역량을 기를 수 있어야 합니다. 이런 점에서 협동학습은 학생의 성장을 촉진하는 강력한 도구입니다. 실제로 협동학습 실천가들은 학생의 성장을 돕는 구조화된 사회적 기술의 목록을 개발하여 제공해주고 있습니다.

개인주의와 허무주의의 극복, 배움의 공동체

협동학습이 다양한 상호작용을 통해 사회적 역량을 증진시킬 수 있는 역동적인 방법론이라면 배움의 공동체식 수업은 방법론이자 수업철학입니다. 배움이란 궁극적으로 무엇이며, 바람직한 삶은 어떤 것이냐는 철학적 질문을 통해 우리를 성찰하게 하기 때문입니다. 이는 '배움의 공동체 운동'이라는 일본의 교육개혁 운동에서 유래한 수업 방법입니다.[19] 이 운동을 창안한 일본의 교육학자 사토 마나부는 현대인의 가장 큰 문제가 개인주의와 허무주의라고 생각했습니다. 교실에서 드러난 학생들의 문제도 이와 크게 다르지 않습니다. 그는 사회에 만연한 개인주의가 '자학자습' 지상주의를 낳았고, 이렇게 극단화된 개인주의는 자기 자신과 직접적인 관련이 없는 것들에 대해 무관심을 보이는 교실 풍경으로 이어진다고 말합니다. 공부를 비롯해 교실에서 일어나고 있는 일에 대해 별 관심이 없으

---

19) 배움의 공동체식 수업은 좁은 의미로 생각하면 '만남'이라는 씨줄과 '대화'라는 날줄로 엮어 만든 호혜적 성장을 지향하는 수업 방식입니다. 하지만 넓은 의미에서는 학교개혁 방법론입니다. 대부분의 교사들이 주제-탐구-표현이라는 공통된 수업 단계를 통해 수업을 하고, 수업은 일상적 차원에서 다른 교사들과 공유됩니다. 이 과정에서 수업은 교사가 아니라 학생의 배움을 중심으로 관찰되고 공동으로 연구됩니다. 수업 연구회는 교사를 비판하는 자리가 아니라 배움에서 멀어지고 있는 학생을 관찰하는 자리이며, 이 관찰을 통해 교사들도 배우는 것입니다. 배움의 공동체는 학교가 학생만 배우는 공간이 아니라 교사와 학부모를 비롯한 모든 학교 구성원이 배울 수 있는 공간이라는 철학에 기초하고 있습니다. 이에 대해 더 자세히 알고 싶다면 다음 책을 참조하세요. [사토 마나부, 『수업이 바뀌면 학교가 바뀐다』, 에듀니티, 2014.]

며, 심지어 친구들과 선생님에 대해서도 무관심한 학생들에게 교실과 학교는 무의미한 장소입니다. 그런 상황에서 학생들의 유일한 선택지는 이른바 '배움으로부터 도주하기'입니다.

자학자습과 무관심이 지배하는 교실에서 학생들을 협력하게 하고, 배움에 관심을 갖게 하기 위해서 사토 마나부 교수는 '대화적 실천'으로서 '배움'을 이야기합니다. 대화적 실천으로서의 배움은 세 가지 차원(텍스트, 타인, 자기 자신)의 '만남'을 전제합니다. 첫째, 학생들이 그동안 무관심했던 사물이나 사건을 유의미한 주제로서 만납니다. 두 번째로는 유의미한 타자인 친구들을 '적극적 경청'을 통해 만납니다. 마지막 단계에서 학생들은 자기 내면과 만나 성찰의 과정을 통해 자신의 의견을 타인과 공유합니다. 이 세 가지 차원의 만남에서 '대화'라는 상호작용은 필수적이며, 학생들은 이 대화를 통해 호혜적으로 성장합니다. 배움의 공동체식 수업은 이렇게 우리 삶에서 가장 중요한 만남과 대화의 세 가지 차원을 수업 형식에 녹여내고 있습니다. 게다가 개인주의와 허무주의 문제를 교실 속에서 풀어낼 수 있다는 점에서 좋은 삶의 양식을 교실로 끌어올 수 있는 수업 방법론이라고 할 수 있을 것입니다.

여기서 개인주의 문제에 대해 조금 더 이야기해보겠습니다. 우리 주변에는 자기 말만 하고 타인의 말에는 관심이 없는 사람들이 있습니다. 타인에 대해 무관심하고 자기에게만 관심이 있는 사람은 자기애가 강한 사람입니다. 자기애는 개인주의가 극단적으로 왜곡된 형태입니다. 저는 배움의 공동체식 수업이 이 왜곡을 바로잡을 수 있다고 생각합니다. 수업에서 자기 이야기를 잘하게 하는 것도 중요하지만 그보다 더 중요한 것은 사토 마나부가 '수동적 능동성' 이라고 부르는 적극적 경청입니다. 적극적 경청을 통해 타인을 존중하는 법을 배운 사람은 민주주의의 중요한 본질을 수업 시간에 체화하게 됩니다. 민주주의의 본질은 모든 사람이 평등하게 존중받을 가치가 있다는 인간 존엄의 원리에 있기 때문입니다. 배움의 공동체식 수업의 가장 큰 장점은 이 원리를 수업 활동을 통해 가르칠 수 있다는 점일 것입니다.

바람직한 경쟁을 생각하기,
스프링벅과 헤밍웨이

협동학습과 배움의 공동체식 수업 모형을 활용하는 것 이외에 좋은 삶의 양식을 직접적으로 안내하고 설명할 필요도 있습니다. 그래서 저는 학기 초 오리엔테이션 시간을 활용하여 제가 생각하는 좋은 삶의 양식과 수업철학을 명시적으로 가르칩니다. 다음 장면은 바람직한 경쟁에 대해 생각해보는 오리엔테이션 수업의 일부입니다. 저는 학생들과 함께 스프링벅Springbok 현상에 관한 영상을 보고 있습니다. 아프리카 영양인 스프링벅의 집단적 죽음을 사진과 함께 글로 설명해주는 영상입니다.[20)]

아프리카에 서식하는 스프링벅이 떼죽음을 당하는 사건이 발생했습니다. 건조한 초원에서 풀을 뜯으며 생활하는 스프링벅은 수백 마리가 모여 집단생활을 하고, 시속이 94km나 될 만큼 빠른 동물입니다. 치타조차 쉽게 잡지 못하는 빠른 발을 가지고 있죠. 그런 그들에게 일어난 떼죽음! 아프리카의 과학자들은 이 현상의 원인을 밝혀내기 위해 그들의 습성을 연구한 결과, 놀라운 사실을 발견하게 됩니다. 선천적으로 식욕을 타고난 스프링벅은 무리를 지으며 풀을 먹곤 합니다. 뒤에서 풀을 먹던 녀석은 앞선 녀석보다 많은 풀을 먹기 위해 더 빨리 앞으로 달려나갔고, 앞에 있는 녀석은 자리를 빼앗기지 않기 위해 그보다 빨리 앞으로 달려나가게 되었습니다. 그렇게 수백 마리가 목적을 상실한 채 사력을 다해 달리다가 강이나 절벽을 만나면 자신의 속도를 못 이기고 죽음에 이르게 되는 것입니다. 이런 현상을 '스프링벅 현상'이라고 합니다.

1분 50초가 되는 지점에서 저는 영상을 멈춥니다. 이곳저곳에서 낮은 탄식 소리가 들립니다.

"아, 이거 뭐냐?"

"실화임?"

"진짜 이런 동물이 있어요?"

"네, 정말 있는 동물입니다. 영상 중간에 나왔지만 예쁘게 생긴

20) https://youtu.be/yzdhEDVi1gk (http://tiny.cc/y8kxtz)

영양입니다. 선생님도 처음 이 이야기를 들었을 때 깜짝 놀랐어요. 믿기 어려운 이야기이기도 하고, 이게 사실이라면 너무 슬픈 이야기이니까요. 자. 그럼, 학습지를 함께 봅시다! 이 영상이 우리에게 주는 메시지가 있다면 무엇일지 두 가지 정도 생각해보세요. 정해진 답은 없습니다. 5분 후에 함께 생각을 공유해보도록 하죠." 시간이 지난 후에 학생들은 저마다 영상을 보면서 느낀 점을 이야기합니다. 의견들은 다양합니다.

저는 이 영상을 제작한 사람이 원래 의도한 메시지가 무엇인지 남은 분량의 영상을 모두 보여줍니다. 원래 메시지는 '속도보다는 방향이 중요하다'와 '나답게 살자!'라는 것이었습니다. 이어서 저는 제 생각을 학생들에게 말해줍니다.

"여러분들의 말이 다 맞습니다. 특히 '먹을 것을 너무 밝히지 말자'라고 했던 승철이의 말은 다이어트를 하고 있는 선생님에게도 의미가 있네요! 이 영상을 제작한 사람의 메시지도 멋진 말이죠? 선생님은 특히 첫 번째 메시지에 주목하고 싶어요. '속도보다는 방향'이라고 했죠? 만약 스프링벅들이 어디로 뛰어가고 있는지 알았다면 그렇게 무작정 달리지 않았을 것입니다. 누군가 '그런데 우리 어디로 가고 있는 거야?'라는 질문을 했다면 그렇게 허무하게 떼죽음이 일어났을까요? 선생님은 이 영상을 보고 많이 울적했습니다. 왜냐하면 우리나라 학생들, 아니 어쩌면 선생님을 포함한 우리 국민 모두가 저 스프링벅처럼 되지는 않을까 하는 두려움이 생겼기 때문입니다. 해마다 극단적 선택을 하는 사람들의 이야기가 들려옵니다. 무한 경쟁이라는 말이 전혀 어색하지 않은 우리 사회에서 어쩌면 우리는 저 스프링벅처럼 목적을 상실하고 무작정 뛰고 있는 것은 아닌지……. 무엇을 위해 하는지도 모른 채로 남들이 하기 때문에 하고 있는 일들은 없을까요? 이런 삶이 우리가 의식하지 못한 사이에 우리를 파멸로 이끌 수 있다는 사실이 두려웠습니다. 이제 우리는 무엇을 위해 뛰어야 하는지, 뛰고 있는 방향이 옳은 방향인지를 고민해야 합니다. 당장 속도를 내서 빨리 뛰는 것보다는 제대로 된 방향을 설정하는 것이 더 중요합니다. 그런 의미에서 선생님도 한 달간 컴퓨터 배경화면의 문구를 '속도보다 방향이다'라고 세팅해놓으려고 합니다. 여러분들과 함께하는 세 시간의 오리엔테이션 수업이 끝나고 나면 첫 번째 수업을 '영어 공부 방향 세우기'를 주제로 진행할 예정입니다.

"아, 선생님, 뭔가 철학적인데요?"

"뭔가 영어 수업 시간이 아닌 것 같아요. 그런데 오리엔테이션을 3시간이나 해요? 그럼 당분간 교과서는 가져오지 않아도 되나요? 영어 공부도 얼른 시작해야 할 것 같은데요."

"네, 가져오지 않아도 됩니다. 걱정 마세요. 교과서와 문제집은 앞으로 1년 동안 지겹도록 볼 겁니다. 지겹도록 달리기 전에 방향을 설정하고 달릴 겁니다. 그렇지 않으면 우리의 영혼은 스프링벅처럼 죽음의 절벽으로 달려가게 될 테니까요."

"그럼, 선생님, 선생님이 생각하는 두 번째 메시지는 제작자와 다른가요?"

"네, 약간 다릅니다. 주체적 삶도 중요하지만, 선생님은 여러분들과 함께 '바람직한 경쟁'에 대해 생각해보고 싶어요. 바람직한 경쟁은 가능할까요?"

"경쟁은 보통 안 좋은 것이라고 생각하는데, 어쩔 수 없지 않나 싶어요. 선의의 경쟁은 좋은 것이지 않나요?"

"맞아요. 선의의 경쟁이라는 것이 있죠. 서로를 파멸로 이끌었던 스프링벅의 경쟁이 아니라 서로를 성장시키는 좋은 의미의 경쟁입니다. 저는 이 영상이 주는 두 번째 메시지는 '경쟁을 하려면 바람직한 경쟁을 하라'인 것 같아요. 그런 의미에서 바람직한 경쟁의 의미를 더 깊이 생각해봅시다. 선의의 경쟁도 어쨌든 타인과의 경쟁이죠. 더 바람직한 경쟁의 형태가 있을 것 같기도 한데, 혹시 선생님의 마음을 읽어볼 수 있을까요?"

"아, 어떻게 저희가 그럴 수 있어요. 무슨 독심술을 쓸 수 있는 것도 아니고……"

"선생님이 무리한 요구를 했네요. 미안해요. 이제 만난 지 얼마 되지도 않았는데……. 선생님이 생각하는 바람직한 경쟁은 다음 영어 문장을 해석하면 알 수 있습니다. 드디어 영어다운 영어가 등장합니다. 아까 영어 공부는 언제 하냐고 물어본 친구, 잘 보고 해석할 준비를 해주세요. 다른 친구들도 막 시켜볼 겁니다."

학생들에게 협박 아닌 협박을 한 후에 칠판에 큰 글씨로 다음 문장을 씁니다.

> "There is nothing noble in being superior to your fellow man; true nobility is being superior to your former self."
>
> \- Ernest Hemingway

"선생님, 문장이 너무 긴데요?" 아까 영어 교과서는 언제 보냐는 질문을 했던 현정이가 난색을 표하며 말합니다.

"단어가 아주 어렵지는 않은데, 이게 경쟁과 무슨 상관인지 모르겠어요."

"어, 그런데 이 말을 한 사람이 그, 헴……. 아, 맞다. 헤밍웨이 아닌가요?"

"맞아요. 어니스트 헤밍웨이. 여러분들이 알고 있는 그 헤밍웨이 맞습니다. 이 인용문은 영화 〈킹스맨〉에도 등장합니다."

"저, 〈킹스맨〉 봤는데 저런 말을 본 적이 없는데요?"

"오, 〈킹스맨〉은 청소년 관람불가인데 어떻게 봤죠?"

"아, 그게……. 저……, 아빠랑 봤어요."

"폭력적이고 선정적인 장면이 많이 나와서 여러분들에게 추천하고 싶지는 않지만, 워낙 유명한 영화라서 본 친구들도 있네요. 자, 아무튼 영화가 중요한 것은 아닙니다. 오늘은 첫 시간이기도 하고, 문장도 조금 기니, 선생님이 그냥 한번 해석을 해볼게요. '당신의 동료보다 더 뛰어난 사람이 되는 것에서는 어떤 고귀함도 찾아볼 수 없다. 진정한 고귀함은 과거의 자신보다 더 뛰어난 사람이 되는 것이다.' 문장을 그대로 번역하면 이런 뜻입니다. 타인과의 경쟁을 통해 더 나은 사람이 되는 것보다 자기와의 경쟁을 통해 성장하는 것이 중요하다는 말입니다. 만약 선생님이 스프링벅 영상을 제작했다면 이렇게 멋진 헤밍웨이의 말로 영상을 마무리했을 것 같아요. 따지고 보면 우리가 하고 있는 공부도 그렇습니다. 남보다 뛰어난 사람이 되기 위해서가 아니라 어제의 나를 초월하기 위해서 공부를 하는 것이 더 멋진 일입니다. 남들보다 경쟁력을 갖추는 것이 중요하다고들 이야기합니다. 하지만 선생님은 그보다 과거의 자신과의 경쟁에서 이길 수 있는 능력, 다시 말해 '자기 초월 능력'이 더 중요하다고 생각합니다. 선생님도 어제의 모습보다 나아지기 위해 열심히 노력할 테니, 여러분들도 지금부터 그렇게 노력해줄 수 있을까요?"

협력의 원리를 가르치기,
기러기 정신과 학습 두레

스프링벅을 통해 경쟁을 생각해보고 난 후에 학생들은 또 다른 동물을 만나게 됩니다. 바로 기러기입니다. 기러기는 협력의 좋은 사례를 보여줍니다. 저는 기러기의 장거리 비행에 관한 영상[21]을 보여주며 협력에 관한 이야기를 꺼냅니다. 수업할 때마다 느끼는 것이지만 기러기는 스프링벅보다 더 강렬한 인상을 남깁니다. 수업이 끝난 후 학생들 사이에서 '기러기 정신'이라는 말이 유행어가 되기도 했었습니다. 그럼 수업 장면 속으로 들어가볼까요?

당신은 먹이와 따뜻한 곳을 찾아 40,000km를 날아가는 기러기를 아십니까? 기러기는 리더를 중심으로 V자 대형을 그리며 기나긴 여행을 합니다. 가장 앞에 날아가는 리더의 날갯짓은 기류에 양력을 만들어줘 뒤에 따라오는 동료 기러기가 혼자 날 때보다 71% 정도 쉽게 날 수 있도록 도와줍니다. 이들은 먼 길을 날아가는 동안 끊임없이 울음소리를 냅니다. 이 울음소리는 앞에서 거센 바람을 가르며 힘들게 날아가는 리더에게 보내는 응원의 소리입니다. 리더가 힘들어 지치면 다른 기러기가 대신 리더의 자리로 갑니다. 그렇게 기러기는 40,000km의 머나먼 길을 동료를 의지하며 날아갑니다. 만약 어느 기러기가 총에 맞았거나, 아프게 되어 대열에서 이탈하게 되면 다른 동료 기러기 두 마리도 함께 대열에서 이탈합니다. 그리고 지친 동료가 원기를 회복해 다시 날 수 있을 때까지 또는 죽음으로 생을 마감할 때까지 동료의 마지막을 함께 지키다 무리로 다시 돌아옵니다.

---

21) [https://youtu.be/tZmVBuI2RWw (http://tiny.cc/x8kxtz)] 영상 속에 소개된 글은 경영 분야의 베스트셀러 작가인 존 맥스웰(John Maxwell)의 책에 소개되어 유명하게 된 톰 워샴(Tom Worsham)의 "Are You a Goose?"에 나온 글입니다. 우리말로 된 영상으로 수업을 하고 나중에 영어 원문을 찾아 수업 자료로 쓰면 도움이 될 것입니다. 영어 원문이 필요하시면 [John Maxwell (2005). Developing the Leaders Around You. Nashville, TN : Nelson Business.]을 참조하세요.

| 영상 관련 질문들

1. How many kilometers do the wild geese travel? (   ) km
2. Each bird flaps its wings, it creates an uplift for the bird immediately behind it. By flying in a (   ) formation, the whole flock adds at least (   ) percent greater flying range than if each bird flew on its own.
3. The geese honk from behind to (   ) those up front to keep up their speed.
4. When a goose gets sick or is wounded by gunfire and falls out, (   ) fall out of formation and follow it down to help and protect it.
5. They (   ) with the goose until it is either able to fly again or dead, and then they launch out on their own or with another formation to catch up with their group.

"선생님, 이 영상은 촬영을 어떻게 한 건가요? 기러기 옆에서 찍은 것 같은데, 완전 신기하네요."

"음, 아주 창의적인 질문을 하는군요. 감동적인 내용보다 촬영 기술을 먼저 본 친구는 처음이네요. 선생님도 잘 모르겠어요. 혹시 영상 제작이나 감독을 꿈꾸고 있는 친구들이 있다면 답해줄 수 있나요?"

"......"

"생각해보니 영상을 어떻게 제작했을지 궁금하기는 하네요. 주변에 감독이나 PD가 있다면 답을 해줄 수 있을 텐데, 안타깝게도 선생님 주변에는 없네요. 여러분들 중 누군가는 감독이나 PD가 되겠죠? 꿈을 이루면 나중에 꼭 연락합시다. 기러기 영상의 비밀을 풀어야 하니까요. 자, 그럼 영상의 비밀은 나중에 밝히기로 하고, 영상을 보기 전에 살펴본 학습지 질문을 생각해봅시다. 답할 수 있겠어요?"

"그런데 선생님, 영상은 한국어인데, 질문이 영어라서 좀 어려운 것 같습니다. 보기 같은 것을 주시면 좋겠는데요."

"그런가요? 이제 영어 수업 시간 같은 느낌이 확 나죠? 그럼 보기를 줄게요. 동사는 stay, encourage가 있고, 숫자는 71과 40,000이 있어요. 그리고 단어 구가 하나 있죠. two other geese. 질문을 다시 읽고 답을 생각해봅시다. 잠시 후에 앞으로 나와서 칠판 나누기로 생각을 공유하기로 하겠습니다." 저는 학생들이 적은 답을 함께 살펴보고 영상에 대한 제 의견을 덧붙입니다.

"서울에서 광주까지 거리가 보통 268km라고 합니다. 4만km는 서울과 광주 사이를 무려 149번 정도 왕복하는 거리입니다. 생각만 해도 지치죠? 기러기의 머나먼 여행은 여러분의 수험생활과 비슷합니다. 이제 막 고등학교에 입학했으니 여러분은 꼬박 3년 정도를 이 학교에서 지내겠죠? 졸업 후 대학을 가는 친구, 취업하는 친구, 아니면 다른 방식으로 살아갈 친구들도 있겠지만 대부분은 대학에 갈 것입니다. 3년간의 수험생활은 혼자서 버티기 어렵습니다. 기러기가 V자 대형을 이루며 서로를 위하고, 격려하는 것처럼 함께 가야 합니다. 누군가 힘이 들어 지치면 우리도 기러기처럼 그 친구가 다시 힘을 찾을 수 있도록 함께해주면 좋겠습니다. 선생님도 기꺼운 마음으로 그렇게 하겠습니다. 기러기 영상에 숨겨진 교훈을 선생님은 이렇게 정리하고 싶습니다. '모두는 한 사람을 위해, 한 사람은 모두를 위해.' 영어로는 'All for one, one for all.'이라고 하죠. 기나긴 수험생활의 여정에 기러기 정신이 늘 함께하길……."

"오호, 선생님. 띵언입니다."

"띵언? 띵언이 뭐죠?"

"아, 선생님. 실망이네요. 그걸 모르시다니……. 그건 머리를 띵~하게 울리는 명언. 뭐 그런 겁니다."

"오~ 띵언! 좋습니다. 그럼 기러기 정신과 관련된 또 하나의 띵언을 소개합니다. 한번 해석해볼 수 있는 사람이 있을까요?" 저는 질문을 던지고 칠판에 속담을 기록합니다. 아무도 손을 들지 않으니 띵언을 알려준 친구에게 해석을 권해봅니다.

If you want to walk fast, walk alone. If you want to walk far, walk together.

"만약 네가 빨리 걷기를 원하면 혼자 걸어라. 만약 멀리 걷기를 원한다면 함께 걸어라. 뭐, 이런 것인가요?"

"Great job! 아주 멋지게 해석을 해줬네요. 그렇습니다. 혼자 가면 빨리 갈 수 있지만, 함께 가면 멀리 갈 수 있다는 아프리카의 속담인데요. 남아프리카의 전통사상인 우분투Ubuntu가 드러난 말이라고 합니다. 우분투는 '당신이 행복할 때 나도 행복하다'라는 뜻을 가지고 있다고 합니다."

"선생님, 저희 영어 수업 받고 있는 것 맞나요? 스프링벅과 기러기가 등장하고, 이제는 아프리카 이야기까지……."

"오리엔테이션 시간이라서 그렇습니다. 당분간은 이렇게 수업의 철학과 배경이 되는 이야기들을 다룰 겁니다. 영어 단어를 외우고 문장을 해석할 수도 있지만, 그렇게 하기 전에 방향을 잘 세우는 것이 중요하니까요. 자, 경쟁과 협력의 방향을 잡았으니, 그 방향으로 슬슬 걸어가볼까요? 스프링벅 현상을 경계하고, 기러기 정신을 담아서 이제 Doo-Rae(두레)를 조직해보겠습니다."

"Doo…Rae요? 이것은 또 무엇입니까? 처음 들어보는 영어 단어인데…."

"Doo-Rae는 우리말 '두레'를 영어로 옮겨 발음한 것입니다. 아직은 조금 어색하죠? 두레는 쉽게 말해서 학습을 위해 구성하는 모둠입니다. 두레의 정의를 잠깐 볼까요?

| 슬라이드 자료

두레Doo-Rae란 어려운 일이 있을 때는 서로 돕고, 일손이 필요할 때는 함께 일하며, 마을의 질서를 깨트리거나 어지럽히는 일을 막는 것을 목적으로 하는 우리나라의 전통적 공동체 조직으로 우리나라의 공동체 정신을 가장 잘 드러낸다.

"두레를 영어로 옮기면 team이나 group 정도가 되겠죠? 그런데 선생님은 모둠이나 팀, 그룹이라는 말보다 이 두레라는 말이 너무 좋습니다. 두레에는 상부상조와 공동체 정신이 스며있습니다. 영어로 이런 뉘앙스까지를 옮길 수 없으니 우리 문화의 정체성을 담아 그대로 쓰는 것이 어떨까 합니다. 태권도도 영어로 옮기면 Tae-kwon-do이고, 김치도 영어로 옮기면 Kim-Chi입니다. 저는 두레가 태권도나 김치처럼 영어로 그대로 옮겨져 영어 문화권에 소개되면 좋겠어요. 남아프리카의 우분투도 영어로 그대로 옮겨졌는데, 두레라고 안 될 것은 없지 않습니까? 영어를 배우는 목적 중 하나는 이렇게 우리 문화를 세계에 알리는 것입니다."

"오호, Doo-Rae! 좋습니다."

"네, 여러분들이 호응해주니 아주 좋습니다. 이제 Doo-Rae라는 말을 자주 써서 수출해봅시다!" 저는 그렇게 학습 두레라는 말을 학생들에게 설명하고, 남은 수업 시간을 두레를 조직하는 데 모두 사용합니다. 수업이 끝날 무렵 저는 학생들에게 제 수업 시간에 영어라는 언어를 배우면서 삶을 살아가는 방법도 함께 배우면 좋겠다는 당부의 말을 하며 마무리합니다.

3장

삶을 가꾸는 주제통합 영어 수업

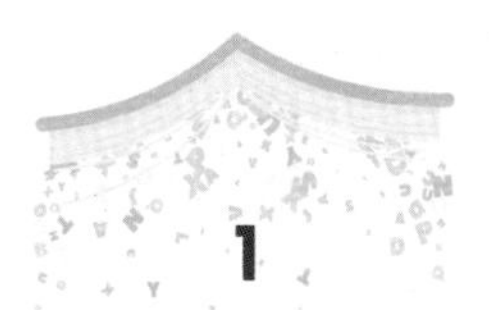

영어 상처 치유하기

은유와 상상력으로 영어 공부의 의미 찾기

> "우리 시대와 같은 시대, 즉 실존적 공허의 시대에 있어서 교육의 가장 중요한 임무는 전통과 지식을 단순히 전달하는 데에 만족하지 않고 인간으로 하여금 개별적인 의미를 발견할 수 있는 능력을 키워주는 데에 있었다."[22)]
>
> \- 빅터 프랭클

영어를 못하는 친구들이 받았던 상처는 수업에서 꼭 한번 다뤄볼 필요가 있습니다. 하지만 저 역시 수업 시간에 이 주제를 본격적으로 다루게 되기까지는 시간이 꽤 걸렸습니다. 어려서부터 영어를

22) 빅터 프랭클, 『삶의 의미를 찾아서』, 이시형 옮김, 청아출판사, 2005, 105쪽.

좋아했고 비교적 잘하는 편에 속했기 때문에 학생들의 '영어 상처'에 주목하기 쉽지 않았기 때문입니다. 영어 때문에 자존감에 생채기가 난 학생들에게 영어가 어떤 이미지를 갖는지 생각해보지 못했습니다. 그러다가 한 학생의 이야기를 듣고 영어 상처에 대해 본격적으로 생각하게 됐습니다.

다른 과목에 비해 유독 영어 성적이 잘 나오지 않았던 친구였습니다. 그 학생은 영어를 잘하지 않아도 일상생활에 아무 지장이 없으며, 영어가 필요한 상황에서는 통역사에게 부탁하거나 번역기를 활용하면 된다고 했습니다. 해외여행도 좋아하지 않아서 자기한테 영어 공부는 별 의미가 없다고 했습니다. 저는 그 학생을 열정적으로 설득하기 시작했습니다. 직장을 구하려면 영어 시험을 봐야 하고, 세계화 시대에는 영어가 다방면에서 꼭 필요하니 열심히 하면 좋겠다고 온갖 미사여구를 동원하며 말이죠. 하지만 쉽게 설득되지 않았습니다. 나중에 알고 보니 그 학생이 가진 영어에 대한 반감은 아버지와 관련이 있었습니다.

학생의 아버지는 영어 학원 선생님이었습니다. 아버지는 아들의 영어 실력을 키워주기 위해 온갖 노력을 기울였는데, 영어 단어를 하루에 50개씩 외우게 해서 시험을 보고 시험 결과가 좋지 않으면 틀린 개수만큼 푸쉬업push-up을 시켰다고 합니다. 그 친구에게 영어는 새로운 것을 배우는 즐거움을 주는 것이라기보다는 암기의 대상이자 푸쉬업을 해야 하는 이유였습니다. 대화를 하면서 더 안타까웠던 점은 그 친구가 어렸을 때는 영어를 좋아했다는 것입니다. 챈트chant와 율동, 재미있는 이야기로 영어를 배웠던 어린 시절에는 영어를 배우는 것이 즐겁고 기다려지기까지 했다고 했습니다. 그러다가 점점 학년이 올라가니 아버지가 영어는 단어가 핵심이라면서 매일 정해진 분량의 단어를 암기하게 했다고 합니다. 영어 공부를 하면 할수록 외국어인데 이렇게까지 할 필요가 있을까, 라고 생각하면서 그때부터 공부가 싫어졌다는 것입니다.

돌이켜보면 제가 어렸을 때도 학교 영어 선생님들 대부분은 매를 들고 다니면서 수업 시간마다 시험을 보고, 틀린 개수만큼 벌을 주는 방식으로 수업을 하셨습니다. 영어를 좋아하고 비교적 잘했던 저는 벌을 많이 받지 않았지만, 그때부터 영어에 거부감이나 울렁증이 생긴 친구들, 영어를 포기한 친구들이 생겼던 것 같습니다. 저 역시 수학에 상처가 있던 학생이었습니다. 수학은 제가 유독 재미를 찾기 어려운 과목이었습니다. 재미가 없으니 공부도 잘 하지 않게 되고, 스트레스가 많아지면 수학 시험지를 제시간에 제출하지 못하는 악몽을 연달아 꾸기도 했습니다. 자신감이 떨어지니 간단한 사칙연산도 틀릴까 봐 두려워하게 되고, 숫자가 보이면 평소에 잘 외우던 개념들도 잘 떠올리지 못했습니다. 그러다 보니 수학 수업은 저에게는 의미 없는 시간이었습니다. 어쩌면 우리 모두는 각자의 공부 상처를 가지고 살아가는지도 모릅니다. 그래서 저는 학생들이 영어 공부 때문에 얻은 상처를 먼저 돌봐야겠다는 생각을 했습니다. 이런 고민으로 탄생한 수업 주제가 바로 영어 상처 치유하기입니다.

수업 디자인

영어 상처를 수업 시간에 어떤 방식으로 다루는 것이 좋을까요? 지나치게 무겁게 접근하면 오히려 상처를 키울 수 있을 것 같았습니다. 그래서 생각한 것이 '은유metaphor'라는 문학적 기법입니다. 은유는 학생들이 가진 영어에 대한 이미지를 상징적으로 드러내줄 뿐만 아니라 부정적인 사고방식을 바꿀 좋은 도구라고 생각했습니다.[23] 은유를 통해 영어를 정의해보는 활동을 한 후에 영어 공부를 강제하는 사회의 모습을 사람들의 인터뷰를 통해 보여줍니다. 이렇게 하면 영어 상처라는 말을 꺼내지 않고도 자연스럽게 이 주제를 다룰 수 있을 것입니다.

이제 이 상처를 어떤 방식으로 치유할 것인지가 문제가 됩니다. 저는 이미지와 상상력의 힘을 빌려 영어에 대한 생각을 긍정적으로 전환시키는 활동들을 만들었습니다. 1단계에서는 공부와 정서의 관계에 관한 실험 영상을 보여줍니다. 이 영상을 통해 학생들은 영어 공부를 잘하기 위해서는 긍정적인 마음가짐이 필수라는 것을 이해하게 됩니다. 2단계에서는 영어에 대해 갖고 있던 부정적인 이미지를 재치 있는 은유를 통해 재정의해보는 활동을 합니다. 이 활동은

---

23) 언어학자 조지 레이코프(George Lakoff)와 철학자 마크 존슨(Mark Johnson)에 의하면 우리의 사고방식 대부분은 은유적으로 생성된다고 합니다. 이들은 은유가 단순한 언어적 수사법이 아니고 사고방식 자체라고 말합니다. 이와 관련한 논의가 궁금하다면 [조지 레이코프, 마크 존슨, 『삶으로서의 은유』, 노양진, 나익주 옮김, 박이정, 2006.]를 참조하세요.

그 과정 자체가 재미있기도 하지만 영어에 대한 긍정적인 이미지를 구축할 수 있게 한다는 점에서 아주 유용한 활동입니다. 3단계에서는 영어 때문에 상처 받은 자기상self-image을 회복하는 활동을 수행하게 합니다. 자기 이름의 이니셜로 시작하는 단어들을 찾아서 스스로를 정의해보는 활동을 하게 한 후, 이를 바탕으로 긍정적인 자기상을 그릴 수 있게 합니다. 3단계가 끝나면 이니셜로 만든 영단어들과 자기상을 가지고 퀴즈를 진행합니다. 이 퀴즈를 통해 학생들은 친구들을 더욱 깊게 알아갈 수 있습니다. 〈표5〉는 전체 수업 과정안입니다. 과정 안에 수록되어 있는 활동들은 상황에 따라 순서가 바뀌거나 재구성되어 활용되었습니다.

〈**표5**〉 영어 상처 프로젝트 수업 과정안

영어 상처 프로젝트	 전체 학습지 다운받기 http://tiny.cc/t6aytz
마음 열기	• 영어에 대한 한국인의 생각을 다룬 영상 감상 - 질문 ① 영어란 무엇인가? - 활동과제 1 나에게 영어란 무엇인가 생각해보기
주제 만나기	• 영어를 은유적으로 정의해보기 - 의견을 묻고, 표현하기(의사소통 기능) - 질문 ② 영어가 나에게 스트레스라면 어떻게 해야 할까?
탐구하기	• 공부와 정서의 관계 이해하기 - 질문 ③ 영어 공부와 감정은 무슨 관계가 있을까? - '마음을 망치면 공부도 망친다' 영상 함께 보기 - 정서와 공부의 관계 정리해보기

표현하기	• 이미지와 상상력으로 영어 상처 치유하기 - 질문 ④ 영어란 나에게 무엇이면 좋을까? - 활동과제 [2] 영어를 긍정적으로 재정의해보기 - 질문 ⑤ '나'를 말해주는 멋진 영어 단어는 무엇일까? - 활동과제 [3] 이니셜로 시작하는 멋진 영어 단어 찾아보기 - 활동과제 [4] 영단어와 관련된 '최고의 나' 상상해서 표현하기
삶과 연결하기	• 친구들의 영어 정의 맞혀보기 - 활동과제 [5] 친구들의 영어 정의 'Best 10' 투표하기 (밴드 투표) - 선생님들과 함께 하는 '보이는 라디오' • 이니셜 영단어와 '최고의 나'로 친구 맞혀보기 - 활동과제 [6] 영단어와 관련 설명만으로 어떤 친구인지 맞혀보기 • 글쓰기를 통해 영어 공부의 '의미' 발견하기 - 영어 광풍과 영어 공부의 의미 함께 생각해보기 - 활동과제 [7] 사설 읽고 요약하기('영어 광풍은 합리적인 행위인가?') - 활동과제 [8] 비극 속에서의 낙관 : '영어와 나의 미래'
평가하기	• 수업성찰일지 쓰기 • 성찰일지를 바탕으로 교과 세부능력 및 특기사항 기록해주기

수업 장면 속으로

PD "대한민국에서 영어란 무엇일까요?"

시민1 "영어 공부를 해야지 취업 기회도 많이 열리니까……."

시민2 "한국 어디서나 영어를 잘하면 솔직히 대우해주고 다 그러잖아요. 그래서……"

시민3 "영어를 잘하는 친구들은 바라보는 시선이 좀 다르죠. 집이 잘 사나? 아니면 해외여행을 많이 다녀왔나?

시민4 "권력인 것 같아요. 선진국을 좇아가려고 억지로 배운다는 느낌을 많이 받아요."

학생들은 길거리에서 영어에 대한 생각을 묻는 인터뷰 영상[24]을 봅니다. 인터뷰가 끝난 후 영상은 한국인에게 '영어란 ○○이다'라는 형식의 다양한 정의를 보여줍니다. 영상에 따르면 영어는 단순한 외국어가 아닙니다. 한국에서 영어란 수능 시험의 필수 과목이며 취업을 위한 기본 '스펙'입니다. 뿐만 아니라 그 자체로 '권력'이자, '출세'를 보장하는 도구라고 합니다. 유창한 영어 실력을 가진 사람은 선망의 대상이 되며, 영어 실력은 사회경제적 '지위'의 상승으로 이어지기도 합니다. 이렇게 다양하게 정의될 수 있는 것이 또 있을까 싶을 정도로 많은 정의가 가능합니다. 영상이 끝난 뒤에 저는 학생들에게 '여러분에게 영어는 무엇인가?'라는 질문을 던졌습니다.

"영어는 미로이다. 막힐 때가 많다."

"영어는 넥타이다. 왜냐하면 내 숨통을 조이기 때문이다."

"영어는 무거운 짐이다. 버리고 싶지만 필요하기 때문이다."

---

24) https://youtu.be/Hg-7XQ7HymM (http://tiny.cc/9q8ytz)

"영어는 ?이다. 왜냐하면 알다가도 모르겠고, 모르다가도 왠지 알 것 같기 때문이다."

영어를 긍정적으로 정의하는 친구들도 있었지만, 보통은 이렇게 영어를 부정적으로 생각하는 친구들이 많았습니다. 이번 프로젝트의 목표는 영어의 이런 부정적인 이미지를 최대한 재치 있고 긍정적으로 그려내어 영어 공부에 활력을 주는 것입니다. 저는 수업의 목표 대화문을 아래와 같이 제시합니다.

> Q. Can you tell me about English? [7과 핵심문장]
>
> What is English ?
>
> A. I think English is (________________)
>
> because (_______________________).

"자, 여러분. 오늘 수업의 목표는 위의 목표 대화문에서 괄호 안을 채워서 영어로 말하는 것입니다. 교과서 7과에 나와 있는 '의견 묻고 말하기' 활동을 선생님이 변형해보았습니다. 쉬워 보이지만 간단하지 않은 미션입니다."

"영어를 영어로 정의하는 것인가요?"

"네, 그렇습니다."

"역시 영어는 정말 스트레스네요. 저는 '영어는 스트레스이다'라고 하겠습니다." 한 친구가 재치 있게 던진 말로 교실이 한바탕 웃음바다가 됩니다. 저는 판서를 하면서 분위기를 정돈시킵니다.

A : I think English is (stress) because (I am not happy about it). B : Can you run away from it? A : Yes. / No.

"자, 그럼 영어를 이렇게 스트레스라고 정의해봅시다. 그런 후에 선생님이 적은 다음 질문에 답을 해봅시다. Can you run away from it?(그럼 당신은 영어에서 벗어날 수 있나요?)"

"Yes라고 하면 되죠. 영어를 그냥 안 하면 되잖아요." 지혁이의 말에 키득키득 하는 소리가 들립니다.

"지혁이가 말한 것처럼 영어를 의도적으로 안 쓸 수는 있지만, 학교에 다니고 있는 이상 영어 수업을 피하기는 어렵지 않을까요? 아까 보니까 친구들이 내린 정의 중에 이런 정의가 눈에 띄었습니다. '영어는 죽음이다.' 이렇게 쓴 친구가 동수였을까요? 동수야, 한번 구체적으로 이야기해줄 수 있을까? 왜 영어를 죽음이라고 생각하는지……"

"아, 네. 저는 영어는 죽음이라고 생각했어요. 왜냐면 영어는 죽음처럼 피하고 싶다고 피할 수 없고, 한 번은 꼭 마주쳐야 하는 점이 비슷한 것 같아서요. 뭐, 영어를 별로 좋아하지 않기도 하고요."

"동수의 정의에서 우리는 영어가 피할 수 없는 것임을 알 수 있습니다. 지혁이의 바람대로 영어를 피할 수 있으면 좋을 것 같아요. 그러면 영어 스트레스도 사라지겠죠? 그런데 말이죠. 여러분이 '학.탈.(학교 탈출)'을 하지 않은 이상 영어 공부는 피할 수가 없는 것 같아요."

"아……, 학.탈. 하고 싶다." 어디선가 짓궂은 말소리가 들려오고, 다시 교실은 웃음소리로 가득 찹니다. 저는 분위기를 정돈하고 말을 계속 이어갑니다.

"영어를 싫어하는 친구들에게 학교 시간표는 참 암울합니다. 영어 공부를 하는 시간이 우리말인 국어와 비슷하게 많아요. 영어가 공용어나 제2언어(second language)가 아닌 국가에서 이런 시간표는 보기 드물죠. 일주일에 최소한 네 번 정도 수업을 하게 되어 있습니다. 영어 방과후 수업이나 영어 학원을 선택한 친구들이 있다면 이 친구들은 일주일에 6시간에서 10시간 정도 영어 공부를 하고 있을지도 모르겠습니다. 고등학교를 졸업하고 나면 영어가 우리를 떠날까요? 불행히도 그렇지 않을 겁니다. 우리들에게 스트레스를 주는 영어라는 녀석은 대학교 때도, 심지어 대학교를 졸업하고 나서 직장을 구할 때까지, 어쩌면 직장을 구하고 나서도 인사고과와 같은 업무능력 평가나 승진에 필요하게 되면서 끊임없이 우리를 괴롭힐지도 모릅니다. 영어는 정말 기분 나쁜 그림자처럼 우리를 따라다닐 겁니다. 영어를 스트레스로 생각한다면 그 스트레스는 계속 우리 옆에 있겠죠." 제 말이 끝나자 교실에 웃음기가 가시고 무거운 분위기가 내려앉았습니다. 영어가 스트레스라면 스트레스에 잘 대처하기 위해서는 전문가의 의견이 필요하다는 이야기를 꺼내며 다음 슬라이드를 보여주었습니다.

길벗샘의 영어 상담소

고민 1 영어에 스트레스를 받으면 어떻게 해야 하나요?

해법 1 피할 수 없으면 즐겨라! [영어 철학 제1원칙]

"If you can not fight, and if you can not flee, then flow."[25)]

- Robert S. Eliot

"미국의 스트레스 치료 전문가인 로버트 엘리엇 박사는 스트레스 대처법을 이렇게 소개합니다. '스트레스의 원인이 되는 것과 싸워서 없애는 것이 가장 좋은 방법이다. 그다음 좋은 방법은 스트레스를 유발하는 요인을 최대한 피하는 것이다. 그런데 만약 스트레스

25) Elliot, R. S. (1995). From Stress to Strength. New York : Bantam.

의 원인을 없애거나 피할 수 없다면 그것을 온전히 받아들이면 된다.' 이것을 영문으로 표현한 것이 슬라이드에 있는 문장입니다. 여기서 flow라는 동사를 이해하는 것이 중요합니다. flow는 원래 '흐르다(동사)' 혹은 '흐름(명사)'을 의미하는 말이지만 위 문장에서는 '수용하다' 정도의 의미를 가집니다. 피할 수 없는 스트레스에 저항하는 것 자체가 오히려 스트레스를 더욱 키우기도 합니다. 스트레스 요인을 우리가 직접적 어떻게 할 수 없다면 사실상 선택의 여지는 없습니다. 물이 흐르듯 담담하게 수용하는 방법이 유일한 것이죠. 이것을 심리 치료의 관점에서는 '직면하기'라고 부릅니다. 우리가 함께 볼 다음 영상은 영어 스트레스를 어떻게 직면해야 하는지를 알려줍니다." 저는 이어서 정서와 학습의 관계를 보여주는 영상[26)]을 보여줍니다.

영상은 한 초등학교에서 있었던 실험에 관한 것입니다. 수학 실력이 비슷한 학생들을 두 그룹으로 분류합니다. 한 그룹은 슬프고 화났던 일 5가지를 적고 난 후 수학 시험을 보게 하고, 다른 그룹은 기쁘고 행복했던 일 5가지를 적은 후 시험을 치르게 했습니다. 실험 결과는 놀라웠습니다. 두 그룹의 평균 점수가 5점이나 차이 나는 것입니다. 이 실험은 약 10분간의 긍정적인 생각만으로도 학생들이 더 좋은 학습 효과를 가질 수 있다는 것을 알려줍니다.

"자, 영상을 보고 어떤 생각이 들었나요?"

---

26) https://youtu.be/3VFisRKwIPM (http://tiny.cc/cr8ytz)

"엄마 생각이 났습니다. 엄마에게 꼭 보여주고 싶다는 생각이 들었어요. 저희 엄마는 매번 영어랑 수학 공부하라고 잔소리를 하시는데, 잔소리를 들으면 공부를 하고 싶다가도 하기 싫어지거든요."

"맞아요. 선생님. 저희 집도 비슷해요. 공부를 막 시작하려고 하면, 엄마가 공부는 언제 하냐고 성질을 내셔요. 즐거운 마음으로 공부를 할 수가 없는 거죠."

"아, 너도 그러냐?" 몇몇 친구들의 말에 학생들은 맞장구를 칩니다. 기분 좋은 상태에서 공부를 하는 것이 중요한데 너도나도 그렇게 하기 어렵다고 말하는 것입니다. 함께 본 영상의 소제목은 '마음을 망치면, 공부도 망친다'입니다. 그렇습니다. 부정적인 생각을 갖고서는 공부를 하기가 힘듭니다. 실제로 많은 심리학자들은 긍정적인 정서가 뇌의 인지기능을 확장시키고, 건강과 행복을 증진시키는 효과가 있다고 말합니다.[27] 저는 영어 공부도 즐겁게 하면 학습효과가 배가 된다는 것을 말하면서 기분을 좋게 만드는 간단한 방법을 소개합니다.

"Which alphabet is the prettiest in the world? 세상에서 가장 예쁜 알파벳은 어떤 것일까요?"

"알파벳이 예쁜 것도 있나요?"

---

27) 심리학에서는 이러한 현상을 '긍정 정서의 확대 및 증강 이론(the broaden-and-build theory of positive emotions)'으로 설명합니다. 이 이론에 따르면 긍정 정서는 단순히 부정 정서의 반대 상태라기보다는 우리의 인지기능을 확장시키고, 우리를 건강하게 하고 성장시키는 심리적 자원을 구축하는 힘을 가지고 있습니다. 긍정적인 정서의 다양한 역할에 대해 더 궁금하시다면 [권석만, 『긍정심리학』, 학지사, 2008, 80~84쪽.]을 참고하세요.

"예쁘게 쓰면 예쁜 거지, 뭐 특별한 것이 있겠니?"

"그렇죠. 예쁘게 쓰면 예쁘기는 합니다. 그런데 이건 넌센스 퀴즈예요." 역시 아재 개그에 가까운 넌센스 퀴즈라서 맞히기 어려운가 봅니다.

"그럼, 선생님이 가르쳐주지요. 세상에서 가장 예쁜 알파벳은 'e'입니다. 다 같이 'e' 해보세요. 이(e)~~~~ 그리고 나서 친구들의 얼굴을 보세요. 얼마나 예쁩니까? 세상에서 가장 멋지고 예쁜 것은 미소라고 합니다."

"에이, 이게 뭐예요. 선생님, 너무하시네요." 여기저기 허탈한 웃음소리가 들립니다. 다들 어이없다는 반응입니다.

"하하……. 조금 어이없죠? 그런데 선생님은 이 알파벳 철자 하나에 영어 공부의 비밀이 숨어 있다고 생각합니다."

"선생님, 뭔가 있어 보이기는 하는데요. 무슨 말씀이신지 전혀 감이 오지 않습니다."

"그럼, 선생님이 아주 쉬운 질문 하나 해보겠습니다. 웃어서 즐거운 것일까요? 즐거우니까 웃는 것일까요?"

"아니, 그렇게 쉬운 질문을……. 당연히 즐거우니까 웃는 거죠."

"선생님도 처음에는 그렇게 생각했어요. 그런데 놀랍게도 심리학자들의 연구에 따르면 둘 다 맞는 말이라고 합니다."

"에이, 선생님, 말도 안 돼요."

"선생님도 처음에는 믿지 않았어요. 그런데 심리학에서는 아주 유명한 볼펜 실험이라는 것을 알고 나서부터는 믿기 시작했지요."

"볼펜 실험이요?"

"1988년에 독일의 사회심리학자 프리츠 스트랙Fritz Strack 박사가 동료들과 함께 한 혁신적인 실험이라고 합니다. 연구팀은 실험 참가자들을 모집해서 웃긴 만화를 보게 했어요. 한 집단은 볼펜을 가로로 입에 물고 보게 하고, 다른 집단은 그렇지 않은 상태에서 만화를 보게 했죠. 그런데 볼펜을 입에 문 사람들이 만화를 훨씬 재미있고 웃긴 것이라고 생각했다고 해요. 이런 결과를 심리학에서는 '안면 피드백 가설'이라고 하기도 하고, 이것을 최초로 주장한 학자들의 이름을 따서 '제임스-랑게James-Lange 이론'[28]이라고도 합니다. 놀랍죠? 볼펜 실험은 '이'나 '아' 소리를 내서 안면근육을 자극할 때와 '우' 소리를 내서 불쾌한 얼굴 표정을 만들 때의 정서 반응을 비교하는 실험으로 이어졌고, 역시 비슷한 결과가 나오는 것으로 밝혀졌어요."

"그런데 선생님. 그게 영어 공부랑 무슨 상관이죠?"

"아직 잘 모르겠나요? 조금 더 생각해보세요. 아까 본 영상과 알파벳 'e', 그리고 영어 공부의 관련성을 찾아볼 수 있지 않겠어요? 혹시 누가 말해줄 수 있는 사람?"

"아, 알겠어요. 선생님. 아까 우리가 본 영상에서는 즐겁게 만들

---

28) 제임스-랑게 이론은 캐논-바드 이론과 함께 정서 경험과 신체 반응의 관계를 설명해주는 심리학의 중요한 이론이라고 합니다. 특히 제임스-랑게 이론과 연관된 '안면 피드백 가설'에 관한 다양한 실험 이야기는 학생들에게 아주 인기 있습니다. 학생들에게 좀 더 흥미진진한 이야기를 해주고 싶다면 심리학 개론서에서 '정서와 신체 반응'을 다룬 부분을 찾아보시면 좋을 것 같습니다. 제가 참고한 책은 [윤가현 외, 『심리학의 이해』, 학지사, 2019.]입니다.

기 위해 10분간 즐거운 일을 생각하게 했잖아요. 그런데 즐거운 일을 생각하는 것보다 더 쉬운 게 '이~' 하고 웃는 것 아닐까요?"

"바로 그거죠. 정확해요. 수학 문제가 안 풀릴 때, 단어가 잘 외워지지 않을 때 한번 '이'하고 웃어보세요. 그럼 놀라운 마법이 일어날 겁니다. 마법보다는 과학이라고 해야 정확하겠죠? 심리학이 밝혀낸 원리를 이용한 것이니까요. 아, 그런데 벌써 수업을 마무리할 시간이 되었네요. 우리가 맨 처음 제시했던 수업 목표 대화문은 다음 시간에 만들어보는 것으로 하겠습니다. 영어에 대한 여러분들의 정의가 조금 더 긍정적으로 바뀌기를 기대하면서, 이번 시간은 마무리하겠습니다."

저는 이렇게 수업 시간에 처음 제시했던 목표를 달성하지 않은 채로 수업을 끝냅니다. 영어 정의 활동을 한 시간에 끝내지 않고 여운을 두고 마무리하는 이유는 그 사이에 영어에 대해 긍정적으로 생각할 시간을 주기 위해서입니다. 정서와 학습의 관계에 대한 영상과 볼펜 실험 이야기가 학생들에게 놀라움을 주었다면 학생들이 가지고 있던 영어에 대한 부정적 이미지는 바뀔 수 있을 겁니다.

이미지와 상상력으로 영어 상처 치유하기

"미로, 넥타이, 짐, 물음표, 죽음……. 지난 시간에는 은유를 통해 영어를 정의해봤습니다. 오늘은 저번 시간에 제시한 은유를 조금 더 재치 있고 긍정적으로 바꿔서 재정의하는 활동을 해볼 생각입니다. 이 활동 후에는 여러분들의 영문 이니셜로 새로운 나의 이미지를 만들어보는 활동을 할 겁니다."

"선생님, 저번에 한 정의가 마음에 들면 새롭게 안 해도 되나요?"

"네, 정말 마음에 들면 그렇게 하지 않아도 됩니다. 그런데 부정적인 이미지로 정의를 했다면 긍정적인 은유를 통해 바꿔보는 것을 권합니다. 저번 시간에 배운 것 기억나죠? 긍정적 정서와 공부의 관계, 알파벳 'e'에 숨어 있는 영어 공부의 비밀!"

"아, 네. 즐거워야 공부가 잘된다는 거죠?"

"네. 쉽게 말하면 그거죠. 여러분들이 영어를 스트레스라고 생각하고 있다면 생각을 바꿔보는 것이 필요하다고 생각해요. 스트레스를 즐거움으로 승화시키는 것이죠.[29] 영어를 긍정적으로 재정의

---

29) 스트레스를 즐거움으로 승화시키는 활동은 '긍정적 재해석'을 통한 스트레스 대처법입니다. 스트레스 대처에 관한 심리학적 연구에 따르면 스트레스 대처법은 두 가지로 분류할 수 있습니다. 문제 중심 대처법과 정서 중심 대처법입니다. 문제 중심 대처법은 스트레스 요인을 변화시키거나 스트레스와의 관계를 변화시키는 전략으로 투쟁, 도피, 대안 모색과 같은 활동을 말합니다. 반면에 정서 중심 대처법은 스트레스 요인이 아니라 자신을 변화시키는 방법으로 기분이 나아지게 하는 신체 중심 활동, 인지 중심 활동을 말합니다. 스트레스 요인이 통제 가능한 상황일 때 사람들은 문제 중심 대처법을 쓰고, 불가능한 상황일 경우 정서 중심 대처법을 쓴다고 합니다. 제가 수업 시간에 쓰는 '긍정적 재해석'은 정서 중심 대처법 중에서 인지 중심 활동의 하나라고 볼 수 있습니다. 스트레스에 대한 다양한 대처법과 정서의 관계에 대해 자세히 알고 싶다면 [Richard J. Gerrig, Philip G. Zimbardo, 『심리학과 삶』, 박권생 외 옮김, 시그마프레스, 2015.]의 '12장 정서와 스트레스와 건강'을 참고하시길 권합니다.

한 후에는 영어로 옮기는 활동을 해볼 겁니다."

"아, 영어로 써야 한다고요? 너무 어렵지 않을까요?"

"영작하는 것은 사실 선생님도 쉽지 않아요. 그럴 때는 사전을 찾아봐야 합니다. 중학교 때에는 사전을 찾아본 경험이 별로 없을 겁니다. 하지만 고등학교에서는 다루어야 할 영어 단어가 많기 때문에 사전이 꼭 필요합니다."

"그런데 사전이 없는데요, 선생님."

"여러분들에게 스마트폰이 있다면 그것이 곧 영어사전이 됩니다. 선생님이 여러분들의 담임 선생님께 부탁드려 조회 시간에 제출했던 스마트폰을 다시 여기 가져왔어요. 스마트폰을 활용하기 어려운 친구들은 선생님 카트에 있는 종이 사전을 이용하거나, 선생님 노트북을 활용해도 됩니다."

수업 시간에 사전[30)]을 활용해 단어를 찾아보게 하는 것은 주제통합수업에서 필수적입니다. 모르는 단어가 나왔을 때 사전을 찾아보는 것은 지극히 당연한 일이지만 언제부터인가 영어 수업을 하

---

30) 사전 활용 수업을 진행하면서 고민이 되었던 부분은 스마트폰 사전 앱을 수업 시간에 사용할 수 있게 해야 하는가 하는 문제였습니다. 학생인권조례의 일반화와 코로나19의 확산으로 인해 요즘에는 많은 학교에서 스마트폰을 비롯한 전자기기의 사용을 허용하는 추세입니다. 하지만 여전히 일부 학교에서는 수업 시간에 학생들이 스마트폰을 사용하지 못하도록 하고 있습니다. 스마트폰 사용에 관한 견해 차이가 존재하는 학교 현장에서 사전 활용 수업을 할 수 있는 현실적인 방법은 다음과 같습니다. ① 담임 교사의 협조를 얻어 영어 수업 시간에는 스마트폰을 활용할 수 있도록 하기(수업 종료 후 다시 교무실에 보관) ② 모둠별로 한 개 이상의 종이 사전을 이용할 수 있도록 카트에 사전들을 가지고 다니고, 온라인 사전은 교사의 노트북을 통해 검색할 수 있게 하기 ③ 영어사전과 노트북이 따로 구비되어 있는 영어 교과 교실 활용하기

는 교실에서 사전을 찾아보는 모습은 찾기 어려워졌습니다. 교과서나 문제집에 생소한 단어의 뜻과 용례가 너무 친절하게 제시되어 있기 때문입니다. 해설이 없을 경우에는 교사가 새로운 단어들을 모두 알려주기도 합니다. 때로는 과도한 친절이 학생들이 스스로 배울 수 있는 기회를 박탈하기도 하는데 이런 경우가 그렇습니다. 새로운 단어를 사전에서 찾아 문맥적 의미를 유추해보고, 말하고 싶은 단어를 검색해서 문장을 만들어보는 것, 이런 활동들이 흔히 말하는 자기주도적 학습자를 만드는 토대입니다. 학생들은 주어진 단어보다 자기가 찾아본 단어들을 훨씬 잘 기억합니다. 그래서 저는 글쓰기나 말하기 수업을 할 때, 이렇게 시간을 들여서 사전을 직접 찾아보게 합니다.

"자, 그럼 시작해볼까요? 슬라이드에 제시되어 있는 부분 'I think English is (　　) because (　　　).'에서 괄호 안에 들어갈 말을 영작하면 되는 겁니다. 미션 수행 시간은 10분입니다. 일단 우리말로 생각하고 난 후 영어로 옮겨봅시다. 지난 시간에 한 정의가 마음에 들면 바로 번역 작업을 해도 됩니다."

학생들은 영어사전을 활용해본 경험이 없어서 처음에는 힘들어하지만 익숙해지면 스마트폰은 물론이고 종이 사전에서도 쉽게 단어를 찾을 수 있게 됩니다.

"이유를 영어로 쓰는 부분이 어려울 수 있습니다. 일단 학습 두레 친구들의 도움을 얻어 해봅시다. 학습 두레 안에서도 해결이 되지 않을 때는 선생님이 가겠습니다." 제 말이 끝나자마자 이곳저곳에서 손을 들고 저의 도움을 요청합니다. 이럴 때는 정말 제가 몸이 여러 개라면 좋겠습니다. 저는 부산하게 움직이며 최대한 도움을 줍니다. 학생들이 물어본 단어와 표현들을 칠판에 모두 쓰고 하나하나 피드백을 해줍니다. 이 과정에서 저도 영작을 쉽게 할 수 없는 문장들을 만나게 되는데, 그럴 때면 저 역시 사전을 찾아봐야 합니다. 학생들 앞에서 사전을 찾아보고 공부하는 모습을 보여주는 것이 처음에는 어색했습니다. 학생들 앞에서 부족함을 인정하는 것은 용기가 필요한 일이었습니다. 하지만 한번 해보니 학생들이 그런 진솔한 모습을 좋아한다는 것을 알게 되었습니다. 사전이나 코퍼스 검색으로도 해결이 되지 않을 경우 동료 선생님이나 원어민 친구들에게 물어보고 표현을 알려줄 때도 있었습니다. 학생의 질문을 통해 교사도 배울 수 있다는 것은 바로 이런 순간에 적합한 표현이 아닐까 합니다.

"자, 친구들. 사전도 참고할 수 있지만 과학 기술의 힘을 활용할 수도 있다는 것을 기억하세요. 스마트폰이나 선생님 컴퓨터에서 구글 번역기, 네이버 파파고를 이용해도 좋습니다. 선생님도 번역기를 활용할 때가 있는데, 경우에 따라서는 선생님의 번역보다 더 좋을 때도 있어요. 그런데 번역기를 돌릴 때는 꼭 문장을 다시 읽어보고 어색한 부분이 있는지 검토를 해야 합니다. 알겠죠?"

"아, 선생님. 미리 말씀해주시지 그러셨어요?" 학생들의 손이 빠르게 움직입니다.

"자, 그럼 여러분들. 5분 후에 칠판 나누기를 통해서 여러분들의 글을 공유해보겠습니다. 두레원들과 함께 하면 훨씬 빠르게 미션을 수행할 수 있어요. 모두 끝난 친구들은 모둠 친구들을 도와주세요. 기러기 정신! 모두 기억하고 있죠? 혼자 가면 빨리 갈 수 있죠. 하지만 함께 가면 더 멀리 갈 수 있습니다."

시간이 지나 학생들의 정의가 칠판을 가득 채웠습니다. 재치와 유머가 넘치는 학생들의 정의를 보고 있으면 참 기분 좋아집니다. 저는 상상하기도 어려운 멋진 글들도 보입니다.

"I think English is my friend because it is always with me."

(영어는 친구이다. 나와 항상 함께 있기 때문이다.)

"I think English is a game because it is difficult at first but it gets fun when you get used to it."

(영어는 게임이다. 처음에는 어렵지만 하다 보면 재미있어진다.)

"I think English is a doorknob because it can make me open the door to the world that I dream of."

(영어는 문손잡이다. 내가 꿈꾸는 세상으로 향하는 문을 열게 해주기 때문이다.)

〈그림2〉는 학생들이 영어를 정의할 때 선택한 248개의 단어들로 만든 워드 클라우드입니다. 큰 글씨로 표시된 단어는 그만큼 많이 나온 단어임을 의미합니다. 이렇게 해서 학생들은 영어에 대해 갖고 있던 부정적인 이미지를 긍정적인 은유로 바꾸어보는 경험을

합니다.

영어 스트레스를 수용하고 긍정적 은유로 바꾸는 활동 다음에는 영어 학습에 대한 긍정적인 동기를 형성해주는 활동을 진행합니다. 스탠포드Stanford 대학교의 '스트레스 과학' 강의로 유명한 심리학자인 켈리 맥고니걸Kelly McGonigal은 스트레스에 현명하게 대처하기 위해서는 스트레스를 온전히 수용할 뿐만 아니라 그 에너지를 긍정적으로 활용해 활동의 동기를 만들고, 의미 있는 목표를 추구해야 한다고 했습니다.[31] 동기 진작과 목표 추구 활동을 즐겁게 하기 위해 저는 이미지와 상상력을 활용해봅니다.

〈**그림2**〉 영어 이미지 워드 클라우드

"자, 친구들. 이제 영어 단어를 활용한 상상 놀이를 한번 해볼까 합니다. 상상 놀이는 두 가지 활동으로 구성됩니다. 첫 번째 활동은 여러분들의 영문 이름 이니셜로 시작하는 멋진 단어를 찾아서 이미지를 만들어보는 것입니다. 두 번째 활동은 여러분들이 찾은 영단어를 활용하여 '최고의 나'를 상상해보는 것입니다. 학습지를 함께 봅시다."

활동과제 3 | 이니셜로 시작하는 멋진 영어 단어 찾아보기

(ex.) 치(Chi) 원(Won) 김(Kim) → C. W. K.

C- Cheerful(활기를 주는/응원하는), W-Wonderful(아주 멋진),

K - keen (열정적인)

= 모든 사람들에게 활기를 주는, 아주 멋지고, 열정적인 사람

- 나의 이름 이니셜은?
- 이니셜로 시작하는 영단어로 멋진 이미지 만들어보기

---

31) [캘리 맥고니걸, 『스트레스의 힘』, 신예경 옮김, 21세기북스, 2015.] 맥고니걸 교수는 전세계 1,000만 명 이상이 시청한 TED 강연 '스트레스와 친구가 되는 법(How to Make Stress Your Friend)'으로 유명한 건강심리학자입니다. 이 TED 강연 영상(http://tiny.cc/45m9uz)은 내용 면에서도 훌륭하고, 너무 어렵지 않은 단어들로 구성되어 있기 때문에 수업자료로 활용해도 좋을 겁니다. 맥고니걸 교수가 강조하는 스트레스 대처 훈련은 스트레스를 인정하고, 이면에 숨겨진 긍정적인 동기를 탐색하며 스트레스가 주는 에너지를 바탕으로 의미 있는 목표를 추구하는 3단계 활동으로 구성되어 있습니다.

"이름 이니셜로 시작하는 영단어를 찾는 방법은 두 가지가 있습니다. 첫 번째는 한영사전을 활용하는 방법입니다. 여러분들이 표현하고 싶은 내용이 있다면 그것을 한영사전에서 검색해보고, 검색된 단어들 중에서 여러분들의 이니셜로 시작하는 단어들을 고르는 것입니다. 두 번째 방법은 영한사전에서 검색하는 방법입니다. 이 경우, 스마트폰 앱이나 인터넷으로 검색해야 합니다. 가령 C로 시작하는 멋진 단어를 찾고 싶다면, 검색창에 c를 치고 이와 어울릴 것 같은 알파벳(a,e,h,i 등)을 무작위로 함께 쳐봅니다. 그러면 사전 검색창에 다양한 영어 단어들이 '자동완성' 되어 드롭다운 메뉴처럼 보여집니다. 그 단어들 중에 멋진 단어를 고르면 되는 거죠."

"선생님, 저는 제 이름 이니셜을 모르는데요?"

"먼저 학습 두레 안에서 해결해보세요. 친구들이 함께해줄 겁니다. 기러기 정신, 기억하죠? 모둠 안에서도 해결이 되지 않을 경우 선생님을 부르면 바로 가겠습니다. 알다시피 선생님은 몸이 하나잖아요? 아, 그리고 이니셜 이미지 메이킹이 모두 끝난 친구는 바로 이어서 '최고의 나' 상상해보기 활동을 해봅시다. 학습지에 나와 있는 예는 선생님이 생각하는 멋진 미래의 모습입니다. 물론 이루어질 수 있을지는 잘 모르겠지만, 생각만 해도 기분이 좋아집니다. 바로 그런 모습을 여러분의 상상력을 이용해서 그려보는 겁니다."

활동과제 4 | 영단어와 관련된 '최고의 나' 상상해서 표현하기

- 가까운 미래, 먼 미래, 이루고 싶은 꿈, 갖고 싶은 직장, 최고로 행복할 것 같은 순간 등
- 영어와 관련되는 활동이나 상황을 한 가지 이상 포함할 것!

(ex.) 2030년, 여기는 하와이다. 잠시 한국을 떠나 영어 공부도 하고, 지인이 하는 여행사 일도 도와줄 겸 하와이에서 지내고 있다. 하와이에서의 생활은 아주 만족스럽고 여유롭다. 오전에는 여행 온 사람들을 가이드해준다. 사람들은 저마다 '아주 멋진wonderful' 여행이었다고 고맙다는 인사를 해준다. 아름다운 하와이 곳곳을 안내해주다 보면 시간 가는 줄 모른다. 오후에는 나만의 자유로운 시간을 보낸다. 난 해변으로 가서 테니스와 서핑, 스노클링을 즐긴다. 해변에 노을이 지는 모습을 보며 테니스를 치면 정말 행복하다. 배가 고플 때면 해변에서 바비큐 파티를 한다. 패링턴 고등학교나 하와이 대학교에 가끔씩 수업을 하러 나가기도 하는데, 학생들은 내 수업을 매우 좋아해서 항상 '아주 멋진wonderful' 수업이라는 찬사를 아끼지 않는다. 주말이 되면 친구들과 함께 우쿨렐레를 들고 버스킹을 하곤 한다. 뛰어난 실력은 아니지만 항상 '열정적으로keen' 최선을 다해 공연하는 모습을 사람들이 '응원해준다cheerful'.

• '최고의 나'의 모습을 상상해 글로 표현해보기

영문 이니셜로 시작하는 단어들을 찾아 '최고의 나'를 상상해보는 활동은 생각보다 시간이 꽤 걸립니다. 생각만 해도 기분이 좋아지는 미래의 순간을 한 번도 생각해보지 않은 친구들에게는 더욱 시간이 필요합니다. 그래서 보통은 수업 때 충분히 시간을 주고, 다 끝내지 못한 경우 집에서 해올 수 있도록 과제로 내줍니다. 다음은 호텔리어를 꿈꾸는 한 학생의 글입니다.

> 나는 두바이의 버즈 알 아랍 호텔과 같은 특급 호텔의 수석 셰프이다. 나는 외국어와 요리 관련 자격증을 10개나 갖고 있다. 나는 영어뿐만 아니라 다른 외국어도 잘해서 어느 나라 외국인이 손님으로 와도 '친절하게kind' 안내해준다. 사람들은 모두 내가 만든 음식을 먹고 행복해한다. 호텔에 머물지 않더라도 나의 요리를 맛보기 위해서 호텔로 오는 사람들도 적지 않다. 사람들은 내 요리가 '마법 같다magical'고 이야기하기도 한다. 난 나로 인해 사람들이 행복해지는 것이 좋다. 나와 호텔에서 함께 일하는 사람들은 나를 아주 좋아한다. 사람들을 내가 모든 면에서 '최고superb'라고 말한다.

학년 초에 이러한 활동들은 학생들이 서로를 알아갈 수 있는 좋은 계기가 되기도 합니다. 저는 이니셜 영단어나 '최고의 나'를 무작위로 학생들에게 들려주고 어떤 친구일지 맞혀보는 게임을 하기도 합니다. 학생들이 서로의 이름을 다는 모르기 때문에 학급 전체 명렬표를 슬라이드에 띄워놓고 활동을 하는 편입니다.

수업 진도에 여유가 있을 때는 앞서 했던 '영어 재정의 활동'을 온라인 투표와 퀴즈 활동으로 연결 지을 수도 있습니다. 특별한 재미를 위해서 '보이는 라디오' 영상을 제작할 수도 있죠. 코로나19로 원격수업을 계속해야 했던 작년에 보이는 라디오 수업을 해봤는데, 학생들의 반응이 아주 좋았습니다. 원격수업을 듣기 힘들어하는 학생들을 위해 동료 선생님들과 함께 동영상을 제작했습니다. 절차는 간단했습니다. 먼저 학생들이 내린 정의들을 네이버 밴드의 댓글 기능을 활용해 일괄적으로 수합합니다. 그중에서 재치가 넘치는 것들을 선별해내어 온라인 투표에 부친 후, 가장 많은 표를 얻은 단어들을 가지고 동료 선생님들과 퀴즈쇼[32)]를 진행하는 것입니다. 퀴즈쇼는 학생들이 선택한 핵심 단어가 포함된 노래들의 일부를 선생님들께 들려주고 맞혀보게 하는 게임 형식으로 진행되었습니다. 학생들은 자신의 영어 정의가 퀴즈쇼에 등장하게 될지 기대하며 설레는 마음으로 시청했다고 합니다.

지금까지 말씀드린 영어 상처 프로젝트는 대체로 중학교 학생들이나 고등학교 1학년 학생들을 대상으로 진행된 프로젝트였습니다. 고등학교 2학년의 경우에는 이 프로젝트를 첫 단계에서부터 시작하진 않는 편입니다. 조금 더 높은 수준에서 미니 프로젝트를 만들어 진행합니다. 영어를 공부해야만 하는 상황을 인식하고 영어 공부의 목적을 자기의 미래와 관련지어 성찰해보는 활동을 합니다.

---

32) 보이는 라디오 퀴즈쇼 1부 [http://tiny.cc/1ax2uz], 2부 [http://tiny.cc/6ax2uz]

이 프로젝트의 실질적인 목표는 '영어와 나의 미래'라는 주제로 글을 완성하는 것입니다.

비극 속에서의 낙관, 영어 공부의 의미 찾기

고등학교 2학년은 선택과목과 진로 계열을 어느 정도 정한 이후이고, 영어 공부를 보다 집중적으로 해야 하는 시기입니다. '영어와 나의 미래'에 관한 글쓰기 프로젝트는 영어 학습이 가지고 있는 의미를 사회적인 차원과 개인적인 차원에서 깊이 성찰하는 과정입니다. 이 미니 프로젝트는 다음과 같은 인용문으로 시작됩니다.

> 한국인은 왜 영어 공부를 하는가? 한국 최초의 영어 교육 기관인 동문학교가 서울 재동에 설립된 1883년부터 오늘에 이르기까지 긴 세월 동안 한 가지 일관된 이유가 있었다. 그건 바로 영어가 성공과 출세를 위한 필수 도구였다는 사실이다.[33)]
>
> \- 강준만

33) 강준만, "영어 광풍은 합리적인 행위다", 한겨레21, 2007.7.12. [http://tiny.cc/m0sxtz]

"여러분. 이 인용문은 강준만 교수의 글에서 따온 것입니다. 영어가 성공과 출세의 도구였다는 말을 공감하나요? 오늘은 '우리가 왜 영어를 공부하고 있는가?'라는 다소 무거운 주제를 다루어보겠습니다. 먼저 학습지를 함께 볼까요?"

다음 질문에 답하고, 두레 친구들과 함께 이야기를 나눠봅시다.

1) 내 삶에서 영어가 차지하는 비중 알아보기

- 학교에서 영어를 공부하는 시간은 일주일에 (　　)시간이다.
- 학원이나 집에서 영어를 공부하는 시간은 일주일에 (　　) 시간이다.

2) 영어를 권하는 사회에 대해 생각해보기

- "영어가 인생에서 아주 중요하다"는 이야기를 아래 경로를 통해 들어본 적이 있다.

다른 과목 선생님 (○, ×) / 친구 (○, ×) /

가족 (○, ×) / 아는 어른 (○, ×) / 뉴스나 신문, 언론 매체 (○, ×) /

(후략)

저는 학습지에 나온 질문들을 모둠 친구들과 함께 생각해보게 하면서 영어가 우리 삶에서 차지하고 있는 비중과 영어를 권하는 사회의 실상에 대해서 성찰해볼 수 있는 시간을 갖습니다. 이어서 영어로 스트레스를 받았던 경험과 대처법, 영어 학습 동기를 자극했던 사건들과 의욕을 떨어뜨렸던 경험들을 친구들과 나누게 합니다. 이 과정을 통해 학생들은 영어 공부를 어쩔 수 없이 하고 있는 우리 현실을 직시하면서, 자신의 고민과 스트레스가 혼자만의 것이 아님을 알게 됩니다.

영어 공부 경험을 성찰한 다음에 이루어지는 활동은 우리나라에서 영어라는 외국어가 어떻게 이렇게 중요한 위치를 차지하게 되었는지 그 역사에 대해 알아보는 것입니다. 앞서 언급했던 인용문이 나온 사설에는 그 역사와 함께 우리가 영어 공부에 대해 어떤 관점을 취해야 할지에 대한 주장이 실려 있습니다. 우리말로 된 사설을 읽는 것은 국어 시간에 하는 활동처럼 보이지만 이 활동은 영어 수업 시간에도 아주 의미 있는 시간입니다. 프리드리히 니체Friedrich Nietzsche는 "왜 살아야 하는지를 아는 사람들은 어떤 상황도 견뎌낼 수 있다."라고 했습니다. 학생들이 영어 공부를 왜 해야 하는지 알게 된다면, 영어로 인한 고통과 스트레스를 슬기롭게 잘 견뎌낼 수 있을 것입니다.

우리나라에서 영어가 출세와 성공의 도구가 된 역사적 배경을 이해하고 나서는 미니 프로젝트의 핵심 단계인 '영어 공부의 의미 발견하기' 활동을 진행합니다. 그럼, 다시 수업 장면 속으로 가보겠습니다.

"자, 여러분. 지난 시간에 우리는 우리나라에서 영어가 왜 이렇게 중요한 과목이 되었는지를 알아보았습니다. 오늘은 우리의 의지와는 상관없이 중요해져버린 이 영어에 대해서 나만의 의미를 부여해보는 시간을 가져보겠습니다. 먼저 학습지에 나와 있는 세 가지 인용문을 읽어보고 어떤 사람과 연관이 있는지를 찾아봅시다. 관련 인물은 니체, 마윈, 프랭클입니다."

1 아버지, 어머니, 형제 그리고 아내가 모두 강제수용소에서 죽음을 맞았거나 가스실로 보내졌다. 누이만 제외하고 가족 모두가 강제 수용소에서 몰살을 당한 셈이다. 가진 것을 모두 잃고, 모든 가치가 파괴되고, 추위와 굶주림, 잔혹함, 시시각각 다가오는 몰살의 공포에 떨면서 그는 어떻게 삶이라는 것이 보존해야 할 가치가 있는 것이라고 생각할 수 있었을까?[34)]

2 Those who have a 'why' to live, can bear with almost any 'how'.[35)]

---

34) 빅터 프랭클, 『죽음의 수용소에서』, 이시형 옮김, 청아출판사, 2005, 16쪽.

35) 이 구절은 빅터 프랭클의 책 『죽음의 수용소에서』 (원제 Man's Search for Meaning)에서 인용된 니체의 글귀로 영어권 국가와 우리나라에 널리 알려져 있습니다. 이 인상적인 글귀는 원래 니체의 『우상의 황혼』이라는 저작에 나온 말로 프랭클의 책에는 "He who has a why to live for can bear almost any how."로 나와 있습니다. 제가 수업 시간에 활용한 문장은 학생들이 더 이해하기 쉽게끔 약간 수정한 것입니다.

3 English helps me a lot. Makes me understand the world better, help me to meet the best CEOs and leaders in the world and makes me understand the distance between China and the world.[36)]

"선생님. 그런데 세 사람 모두 처음 들어봤어요."

"아, 저는 마윈은 들어봤어요."

"니체는 어디서 들어본 것 같기도 하고 그렇습니다."

"아, 물론 세 사람 모두 생소하게 느끼는 친구들도 있겠죠? 간단히 소개를 해주면 니체는 논쟁적이면서도 동시에 매력적인 독일의 철학자입니다. '힘에의 의지', '초인' 등이 니체가 만든 대표적인 철학적 개념들입니다. 마윈은 선생님처럼 영어를 가르치다가 세계적인 사업가로 성공한 사람입니다. 세계 최대의 온라인 쇼핑몰인 알리바바의 창업주로서 '작은 거인', '중국의 빌게이츠' 등의 별명을 갖고 있습니다. 프랭클은 의미치료라고 하는 심리치료법을 창시한 오스트리아의 신경정신과 의사입니다. 선생님이 개인적으로 아주 좋아하는 심리학자이기도 합니다."

"뭔가 너무 어려운 느낌인데요? 힌트는 없나요?"

"그럼, 간단하게 힌트를 주죠. 니체는 쉽게 이해하기에는 어려운

---

36) Kong, L. (2018. June 26). What Jack Ma can teach international students about learning English. Study International. [http://tiny.cc/8x13uz.]

철학자라는 것. 마윈은 영어를 잘한다는 것. 프랭클은 유대인이라는 점. 자, 이 정도면 알 수 있을 겁니다. 자, 모둠 친구들과 함께 생각해봅시다."

저는 학생들에게 생각할 시간을 주고 의견을 나눠보게 합니다. 그런 후에 인용문과 관련된 각각의 인물에 대해 설명을 해줍니다.

"세계사에서 가장 비극적인 사건 중 하나는 2차 세계 대전 중에 일어난 홀로코스트Holocaust(유대인 대학살)입니다. [1]은 끔찍했던 유대인 강제 수용소에서 살아남은 신경정신과 의사인 빅터 프랭클의 글입니다. 인간이 상상할 수 있는 거의 모든 극단적인 상황을 경험하고도 삶을 포기하지 않고 희망을 가졌던 빅터 프랭클! 그는 수용소에서의 경험을 다룬 책에서 [2]와 같은 말을 인용하면서 '비극 속에서의 낙관tragic optimism'의 중요성을 이야기하죠."

"선생님. 그러면 [2]도 프랭클 아닌가요?"

"아, 물론 프랭클과도 연관이 있지만 [2]는 원래 니체가 한 말입니다."

"역시 철학자라서 그런지 무슨 말인지 잘 모르겠어요."

"그래서 선생님이 힌트를 그렇게 주었죠? 쉽게 이해하기는 어렵다. 그 문장을 자연스럽게 번역을 하면 '왜 살아야 하는지를 아는 사람들은 거의 어떤 상황도 견뎌낼 수 있다.' 정도가 되겠습니다. 'Those who ~'는 보통 '~하는 사람들'이라는 뜻이고 'bear with'는 '참다, 견디다' 정도의 뜻이죠. 해석을 어렵게 하는 것은 뒤에 있는 how인데요. 니체가 쓴 독일어 원문의 감각을 살려서 영어로 번역하다 보니 어려운 문장이 되어버린 거죠. 영어에서는 how가 이렇게 명사로 쓰이는 경우는 거의 없거든요. how 자리에 상황을 나타내는 case나 circumstance와 같은 말을 썼다면 이해가 훨씬 쉬웠을 겁니다. 하지만 독일어 원문의 감각을 유지할 수는 없었겠죠?"

"아, 번역은 역시 어렵네요. 그럼 어쨌든 3의 답은 마윈이네요."

"네. 그렇죠. 인용문 3은 영어 강사에서 기업가로 변신해 전 세계에 이름을 떨치고 있는 마윈의 말입니다. 그의 영어 이름은 Jack Ma입니다. 마윈은 중국에서 최초로 인터넷 기업을 만들고, 알리바바 그룹을 세계적인 그룹으로 키워냈죠. 중국 제일의 부자라고 하기도 합니다. 마윈은 자신이 이 정도까지 성공한 비결을 영어 공부에서 찾습니다. 마윈의 첫 직업이 영어 강사였기 때문에 그렇게 말을 했을 수도 있지만, 마윈의 일화를 들어보면 왜 그렇게 이야기했는지 알 수 있습니다."

"마윈이 영어 선생님이었다고요?"

"네, 마윈은 고등학교 선생님이 아니라 대학교 영어 강사였어요. 마윈의 일화를 들어보면 선생님이랑 비슷한 점이 많아요."

"선생님 이야기 말고, 마윈에 대해서 얘기해주세요."

"선생님보다는 마윈이 더 궁금하죠? 마윈은 돈을 많이 벌진 못하지만 실력 있는 영어 강사였습니다. 어느 날 중국 지방 정부의 통역사로 미국에 함께 가게 됩니다. 1995년 즈음 미국은 인터넷이 막 생겨나는 시기였다고 해요. 마윈은 미국에 있는 친구 집에 머물면서 처음으로 컴퓨터를 통해 인터넷 검색을 하게 됩니다. 그리고는 설레는 마음으로 'beer'라는 단어를 검색창에 칩니다. 그 순간 정보들이 자르르 하고 나오게 되죠. 중국 맥주는 검색하면 얼마나 나올까 싶어서, beer와 china를 동시에 검색해봅니다. 그런데 결과는 어땠을까요?"

"뭐, 그래도 나오지 않았을까요?"

"나올 리가 없지. 미국도 인터넷이 막 생겼는데, 중국이 생겼겠냐?"

"그렇죠. 맞습니다. 단 한 건도 나오지 않았습니다. 여기서 마윈은 생각합니다. '이거다. 중국에서도 인터넷을 검색할 수 있게 해야겠다.' 바로 이 순간이 마윈이 IT 사업가로 재탄생하게 되는 결정적인 계기가 됩니다. 마윈이 만약 영어를 하지 못했다면 지금의 알리바바는 없었을 겁니다. 마윈이 청년들을 대상으로 특강을 할 때 자주 하는 말이 있다고 합니다."

"Drink beer! 아닐까요?"

"오호! 이런 센스. 만약 선생님이 마윈이라면 아마도 그런 농담을 했을 것 같기는 하네요. 그런데 이런 말입니다." 저는 말을 잠시 멈추고 칠판에 마윈의 말을 씁니다.

> Don't try to be the best. Be the first!
>
> (최고가 되려고 노력하지 마라. 최초가 되기 위해 노력해라.)

“이야, 선생님. 이 말 정말 멋진데요?”

“멋지죠? 최고보다는 최초가 되어야 한다. 이 말은 세계의 수많은 청년들에게 영감을 주고 있는 말입니다. 그럼, 여기서 마윈의 영어 실력을 한번 함께 볼까요.” 저는 오바마 전 대통령과 마윈의 영어 대담[37)]을 학생들에게 보여줍니다. 여기저기서 놀라는 탄성이 들립니다.

“마윈의 영어, 어떤가요? 선생님도 이 정도로 마윈이 영어를 잘하는 줄은 몰랐어요. 미국의 역대 대통령 중에 말을 가장 잘하는 사람으로 손꼽히는 오바마 앞에서도 전혀 주눅이 들지 않고 잘하죠? 그런데, 여기서 질문. 마윈이 미국 유학파일까요? 전혀 아닙니다. 마윈은 학원도 다니지 않고 혼자 힘으로 공부한 전형적인 국내파입니다. 마윈이 이토록 영어를 잘할 수 있었던 근본적인 이유가 무엇이었을까 생각해봤습니다. 물론 여러 가지 이유가 있겠지만, 선생님은 영어를 바라보는 관점 덕분이었다고 생각합니다. 3은 마윈에게 영어가 어떤 의미를 갖고 있는지를 간략하게 정리한 글입니다. 그에게 영어란 세계를 볼 수 있는 ‘창문’이었고, 세계적인 인재들을 만날 수 있었던 ‘통로’이자 중국과 세계의 차이를 깨달을 수 있었던 ‘도구’였습니다. 마윈은 강연을 할 때마다 영어를 통해 새로운 문화와 사고방식을 배웠다는 말을 빠뜨리지 않는다고 합니다. 마윈의 유

37) APEC CEO SUMMIT 2015 : Obama hosts panel with Alibaba CEO. [http://tiny.cc/kulluz]

명한 영어 공부법을 하나 소개해볼까요? 마윈이 12살 때였습니다. 집에서 자전거로 40분 정도 걸리는 곳에 외국인이 자주 오는 호텔이 있었다고 합니다. 마윈은 외국인에게 가이드를 하면서 영어를 연습하기 위해 자전거로 매일 40분을 달려 호텔에 갔다고 합니다. 40분간 자전거로 이동하는 것은 보통 일이 아닙니다. 어른들도 힘들죠. 그런데 비가 오나 눈이 오나 무려 8년 동안 계속합니다. 마윈에게는 의미 있고 재미있는 일이었기에 가능했을 겁니다."

"와, 그 정도로 연습을 했으니 잘할 수밖에 없네요."

"그렇죠? 그리고 마윈이 영어 가이드를 하면서 만난 사람 중에는 Yahoo의 공동창업자도 있었습니다. 향후 자기 기업의 든든한 투자자를 만난 것이죠."

"마윈은 운이 좋기도 했네요."

"물론 운이 좋기도 했지만, 선생님은 그만큼의 노력이 있으니 운이 찾아온 것이라고 생각해요. 자! 그럼, 마윈의 이야기는 여기까지 하고 다시 본론으로 들어갑시다."

저는 다시 학습지로 돌아가서 마윈이 강조한 영어의 세 가지 의미를 정리하고, 인용문 간의 관계를 설명했습니다.

"영어를 권하는 사회적 상황을 프랭클이 경험했던 극심한 고통과 비교할 수는 없습니다. 하지만 프랭클의 삶의 자세는 영어 공부를 해야만 하는 비극 속에 있는 우리에게 중요한 깨달음을 줍니다. 프랭클은 비극에 직면했을 때 인간의 잠재력이 고통을 성취로 바꾸어놓을 수 있다고 굳게 믿었습니다. 여기서 인간의 잠재력이란 '최선optimum'을 의미하는 라틴어에서 온 '낙관성optimism'입니다. 프랭클의 용어를 빌려 표현하자면 '비극 속에서의 낙관tragic optimism'입니다. 이를 위해서는 힘든 상황에 대한 적극적인 의미 부여가 필요하다고 그는 말합니다. 선생님이 지금까지 길게 설명했던 마윈의 일화는 그가 영어에 부여했던 의미를 담고 있습니다. 마윈은 영어를 단순히 외국어라고 생각하지 않았습니다. 중국이 아닌 다른 세상을 바라볼 수 있는 창문이자, 만남과 생각의 도구로 생각했던 거죠. 그러한 의미 부여 덕분에 8년이라는 시간 동안 치열하게 영어를 공부할 수 있었던 것입니다. 그 덕분에 마윈은 작은 거인이 될 수 있었습니다. 자, 이제는 여러분들이 제2의 마윈이 될 차례입니다. 여러분이 생각하는 영어 공부의 의미는 무엇인가요? 지금까지 딱히 생각해보지 않았다면 이제 의미를 부여할 시간입니다. 학습지 질문에 대한 답을 고민해보고 써볼 수 있도록 합시다."

"아, 그런데 선생님. 마윈이 생각한 영어의 의미는 알겠는데, 선생님이 생각하시는 영어의 의미도 말씀해주실 수 있을까요?"

"그런 질문을 할 줄 알았어요. 학습지에 보면 선생님이 생각하는 의미가 적혀 있어요. 마윈에게 영어는 세 가지 의미를 갖지만, 선생님은 무려 20가지 의미를 찾았습니다. 물론 한 번에 생각한 것은 아니고, 여러 차례 고민하고 관련 책도 찾아보면서 발견한 의미들입니다. 여러분들이 최대한 많은 의미를 부여할 수 있도록 일종의 참고 목록을 만든 거죠. 이걸 꼼꼼하게 살펴보면 여러분들이 의미를 부여할 때 참고할 수 있을 겁니다. 그런데 그대로 복사해서 쓰기보다는 여러분들의 말로 바꿔서 써야 합니다. 그렇지 않으면 그것은 여러분들의 의미가 될 수 없으니까요. 아, 그런데 벌써 시간이 이렇게 되었네요. 말을 많이 줄이려고 했는데, 본의 아니게 이번 시간에는 선생님이 설교만 하는 시간이 되었던 것 같습니다. 자, 학습지 마지막 쪽에 보면 숙제가 하나 있을 겁니다. 이건 이번 주말 과제라고 생각하면 될 것 같습니다. 숙제는 컴퓨터로 타이핑을 해서 카페에 올려주세요. 숙제를 하고 싶지 않으면 제출하지 않아도 좋습니다. 하지만 제출하면 선생님이 개별적인 피드백과 함께 교과세특(교과세부능력 및 특기사항)에 특별한 기록을 해줄 수 있습니다. 최대한 많은 친구들이 참여하면 좋겠습니다."

지금까지 영어 상처와 영어 공부의 의미를 주제로 했던 수업을 살펴보았습니다. 많은 학생들에게 용기를 주는 노래인 BTS의 'Answer : Love myself'에는 이런 가사가 있습니다. "내 실수로 생긴 흉터까지 다 내 별자리인데." 나의 실수로 생긴 상처든, 사회가 내게 안겨준 상처든 상처는 아픕니다. 하지만 상처는 우리 마음에 별자리로 남을 수 있다고 생각합니다. 빛나지 않는 별은 없습니다. 학생들의 상처를 빛나는 별로 만들 수 있는 방법을 계속 고민해보아야겠다는 다짐을 하며 첫 번째 주제통합수업 이야기를 마무리할까 합니다. 다음 절에서는 수업이 끝난 후 학생들이 썼던 짧은 피드백들과 함께 학교생활기록부 교과 세부능력 및 특기사항(이하 교과세특)의 예시를 공유해보겠습니다.

학생들의 수업성찰과 기록

"선생님께 무척이나 감사하고 있습니다. 정서와 학습의 관계에 대해 수업을 해주시며 '웃으면 행복해진다'는 말씀을 해주셨잖아요. 수업을 들을 즈음은 제가 심리적으로 아주 힘든 시기였습니다. 다 귀찮고, 때려치우고 싶고, 우울하고 그랬습니다. '이런 상태가 계속되면 위험하겠는데……'라고 생각했었습니다. 그런데 선생님 수업을 듣고 '학교에서라도 웃자'라고 결심했습니다. 작은 일에도 소리를 내어 웃고 항상 미소를 짓도록 노력했습니다. 확실히 선생님 말씀처럼 기분이 한결 나아지며 우울해지는 순간이 줄어들었습니다. 그렇게 해서 지금은 어찌어찌 잘 생활을 하고 있습니다. 감사합니다. 김치원 선생님." - 김○수

"긍정적인 정서와 학습의 관계는 정말 새로운 발견이었습니다. 이제 저는 공부하기 전에 기분을 좋게 하거나, 그냥 한번 웃고 시작하는 습관을 만들었습니다. 그러니 정말 집중이 잘되고, 수업이 더 기억에 남았습니다." - 김○연

"평생 가져갈 보물을 얻은 것 같습니다. 저의 진로와 영어에 대한 긍정적인 생각을 기를 수 있었습니다. 선생님 수업은 솔직히 제일 잠도 안 오고, 제가 유일하게 흡입하다시피 참여하는 수업입니다." - 김○진

"지금까지 받았던 영어 수업과 너무 달라서 적응하기 힘들지만 아주 좋습니다. 일방적으로 영어 지문을 해석해주는 것보다 영어에 대해 정의를 내리고, 미래의 나를 생각해보는 것이 큰 도움이 되었습니다." - 유○석

"솔직하게 영어 수업이라기보다는 인생 수업이었습니다. 영어 수업은 길어 봤자 50년 가지만, 인생 수업은 평생 교훈이 되고, 삶의 한 조각이 됩니다." - 윤○우

"영어 공포증이 있었는데 영어에 흥미를 다시 갖게 되었어요. 힘든 고등학교 생활에서 선생님의 수업은 저에게 큰 힘이 되어주고 있습니다. 열심히 공부하겠습니다." - 이○진

"전부터 영어에 관심이 많아 영어 공부를 열심히 해왔는데, 이제는 더욱 뚜렷하게 진로 목표를 세울 수 있게 되었고, 이왕이면 즐거운 마음으로 모든 과목을 공부하자고 다짐하게 되었습니다." - 변○빈

"선생님 수업이 날마다 기다려집니다. 재미있고 기억에 남게 영어를 배운 것 같습니다. 제가 어떤 사람이 되고 싶은지 알 수 있었고, 모둠활동을 통해 서로를 이해하고 존중하는 법을 배우고 있습니다." - 김○미

위 글들은 수업이 끝난 후 학생들이 쓴 성찰일지의 일부를 발췌한 것입니다. 수업이 끝난 후 성찰일지를 쓰는 시간을 가지면 여

<그림3> 학기말 성찰적 평가서 앞면 예시

(　　)학년 (　)반 (　)번 성명: (　　　　)

(　　) 학년도 (　)학기 (　　) 성찰적 평가서

No Reflection, No Progress. 성찰이 없으면 성장도 없습니다.

<성찰적 평가서 내용>

[Part I. 자기성찰] 진정성 있는 내용들은 [교과별 세부능력 및 특기사항]에 반영됩니다.

[Part II. 수업성찰] 여러분들이 더 많이 성장할 수 있도록 2학기 수업을 디자인할 때 참고하겠습니다. 성실히 답변해주세요.

[Part I. 자기성찰]

1. **<수업 참여도>** 나는 전체적으로 충실했나? (예/복습,맞춤형과제,수행평가 등)
   ① 그렇다 ② 조금 그렇다 ③ 아니다 ④ 전혀 아니다

2. **<성취수준 만족도>** 성적에 대해 대체로 만족하는가?
   ① 그렇다 ② 조금 그렇다 ③ 아니다 ④ 전혀 아니다

3. **<협동정신(자기 성취 수준에 O표시하고 쓰기: 초급, 중급, 상급)>**
   협동정신(기러기정신)을 실천하기 위해 한 노력(두레활동)을 구체적으로 기록(2문장)
   (친구에게 도움을 준 일/받은 일 등)

4. **<수업시간 중에 남을 배려하거나 갈등관리를 효과적으로 했던 일이 있다면?>**
   구체적인 사례를 중심으로 간단히 쓰면 ? (2문장)

5. **<나의 꿈 돌아보기>**
   - 대학 희망 전공 분야 (　　　　) / 진로희망 직업 (　　　　)
   - 진로희망을 성취하기 위해 특별히 구체적으로 노력 했던 것을 있다면?

6. **<가고 싶은 꿈의 대학 및 학과 3개는?>**
   (1)
   (2)
   (3)

——————[대상자만 작성 하는 질문]——————

7. **<1학기 방과후 학교 '영미 문화의 이해' 수강 대상자>**
   - 수업에서 기억에 남는 점과 어떤 성장이 있었는지 2 문장으로 간단히 쓰면?

8. **<1학기 방과후 학교 '고전풀이 문제풀이' 수업 대상자>**
   - 수업에서 기억에 남는 점과 어떤 성장이 있었는지 2 문장으로 간단히 쓰면?

9. **<성적 향상자(내신점수 10점 이상 혹은 성취수준 향상) >**
   - 중간 (　)점 -> 기말(　)점 // 초급-> 중급( ), 중급 ->상급( ) O표시
   - 내신점수 향상을 위해 어떻게 노력했는지를 구체적으로 2 문장으로 쓰면?

- 1 -

러 가지로 좋습니다. 학생들이 어떤 점을 배우고 느꼈는지를 알 수 있을 뿐만 아니라 학생 스스로 수업 참여도를 반성해보는 시간을 갖게 해서 앞으로의 수업에서 더 나은 모습을 기대할 수 있는 것입니다. 성찰일지는 수업 직후에 쓰게 하거나, 월말 혹은 학기말에 쓰게 할 수 있습니다(〈그림3〉, 〈그림4〉 참고).

특히 학기말 성찰일지는 교과세특을 기록할 때 결정적인 도움이 됩니다. 눈에 띄는 학생들은 교과세특을 기록하기 쉽지만 그렇지 않은 학생들의 경우에는 내용을 적는 것이 여간 힘든 일이 아닙니다. 최근 학생부종합전형에서는 교과 세특의 중요성이 갈수록 커

<그림4> 학기말 성찰적 평가서 뒷면 예시

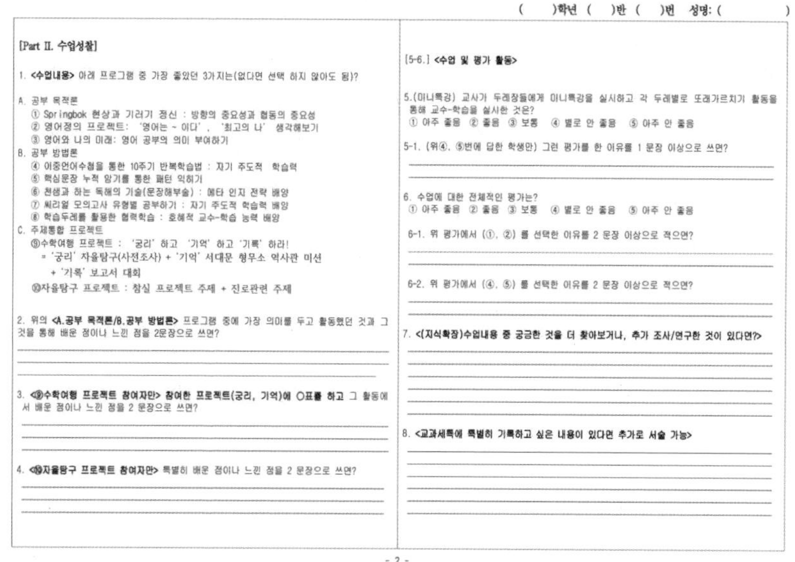

(　　)학년 (　)반 (　)번　성명: (　　　　)

[Part II. 수업성찰]

1. **<수업내용>** 아래 프로그램 중 가장 좋았던 3가지는(없다면 선택 하지 않아도 됨)?

A. 공부 목적론
① Springbok 현상과 기러기 정신 : 방향의 중요성과 협동의 중요성
② 영어정의 프로젝트: '영어는 ~ 이다', '최고의 나' 생각해보기
③ 영어와 나의 미래: 영어 공부의 의미 부여하기

B. 공부 방법론
④ 이중언어수첩을 통한 10주기 반복학습법 : 자기 주도적 학습력
⑤ 핵심문장 누적 암기를 통한 패턴 익히기
⑥ 천생과 하는 독해의 기술(문장해부술) : 메타 인지 전략 배양
⑦ 씨리얼 모의고사 유형별 공부하기 : 자기 주도적 학습력 배양
⑧ 학습두레를 활용한 협력학습 : 호혜적 교수-학습 능력 배양

C. 주제통합 프로젝트
⑨수학여행 프로젝트 : '궁리' 하고 '기억' 하고 '기록' 하라!
= '궁리' 자율탐구(사전조사) + '기억' 서대문 형무소 역사관 미션
+ '기록' 보고서 대회
⑩자율탐구 프로젝트 : 참실 프로젝트 주제 + 진로관련 주제

2. 위의 **<A.공부 목적론/B.공부 방법론>** 프로그램 중에 가장 의미를 두고 활동했던 것과 그 것을 통해 배운 점이나 느낀 점을 2문장으로 쓰면?

3. **<⑨수학여행 프로젝트 참여자만> 참여한 프로젝트(궁리, 기억)에 ○표를 하고** 그 활동에서 배운 점이나 느낀 점을 2 문장으로 쓰면?

4. **<⑩자율탐구 프로젝트 참여자만>** 특별히 배운 점이나 느낀 점을 2 문장으로 쓰면?

[5-6.] **<수업 및 평가 활동>**

5.(미니특강) 교사가 두레장들에게 미니특강을 실시하고 각 두레별로 또래가르치기 활동을 통해 교수-학습을 실시한 것은?
① 아주 좋음 ② 좋음 ③ 보통 ④ 별로 안 좋음 ⑤ 아주 안 좋음

5-1. (위④, ⑤번에 답한 학생만) 그런 평가를 한 이유를 1 문장 이상으로 쓰면?

6. 수업에 대한 전체적인 평가는?
① 아주 좋음 ② 좋음 ③ 보통 ④ 별로 안 좋음 ⑤ 아주 안 좋음

6-1. 위 평가에서 (①, ②) 를 선택한 이유를 2 문장 이상으로 적으면?

6-2. 위 평가에서 (④, ⑤) 를 선택한 이유를 2 문장 이상으로 적으면?

7. **<(지식확장)수업내용 중 궁금한 것을 더 찾아보거나, 추가 조사/연구한 것이 있다면?>**

8. **<교과세특에 특별히 기록하고 싶은 내용이 있다면 추가로 서술 가능>**

- 2 -

지고 있어서 학생들의 성장에 대해 어떻게 기록해줄지 선생님들이 많은 고민을 하고 계십니다. 주제통합 영어 수업을 하게 되면서 저는 이런 고민들을 많은 부분 해소할 수 있었습니다. 어휘력이나 독해력이 향상되었다는 기능적인 부분을 기록해주는 차원을 넘어 삶의 주제에 대한 인식의 폭과 깊이를 넓히고 실제적인 역량을 길렀다고 써줄 수 있기 때문입니다. 영어 수업이 삶의 주제로 풍요로워지면 학생들도 다양한 방향으로 성장하기 때문에 교과 세특은 자연스럽게 차고 넘칠 수밖에 없습니다. 주제통합수업을 본격적으로 영어 수업에 도입하고 난 후 저는 무엇을 기록해줄까를 고민하기보다 무

엇을 빼야 할까를 생각하는 데 더 많은 시간을 보내곤 했습니다. 주제통합 영어 수업이 우리에게 현실적으로 도움이 되는 지점이기도 합니다. 다음은 영어 상처 프로젝트를 끝내고 난 후 기록한 교과 세특의 일부입니다.

Ⓐ '긍정적 정서와 학습의 관계'에 대한 수업을 듣고, '안면 피드백 가설'에 관한 실험과 '제임스-랑게' 이론을 영어 공부 방법론에 어떻게 접목시킬지 고민해보고 이를 실천해봄. 심리학적 이론을 배우는 데에 그치지 않고 수업 시간에 즐거운 마음으로 활동에 참여하는 실천적인 모습을 보여줌. 은유법을 사용하여 영어를 정의하는 활동을 통해 영어 학습의 걸림돌을 진단해보고, 학습 효능감을 기르는 활동을 수행함. "영어는 안경이다."라는 창의적인 정의를 통해 영어의 인지적 확장 기능을 문학적으로 표현하여 깊은 인상을 남김. "영어를 알면 잘 보이지 않는 것도 볼 수 있다."라고 발표를 하여 특유의 재치와 긍정적 인식을 보여주어 타의 모범이 됨.

Ⓑ '영어 상처 치유하기' 프로젝트에 참여하여 영어 학습으로 인한 스트레스를 어떤 방식으로 풀 수 있는지 고민하고 발표함. 통제 불가능한 스트레스의 경우 회피 전략이나 투쟁 전략보다 인지적 재해석을 사용하여 대처하면 좋다는 것을 배움. 영어를 양파라고 은유적으로 재해석하는 과정을 통해 영어의 부정적인 이미지를 바꿔 영어에 대한 스트레스를 감소시킴. 특히 '그냥 먹으면 맵지만, 조리해서 먹으면 달

다'는 양파의 특성을 '그냥 하려면 힘들지만, 천천히 배우고 알아 가면 재미있는' 영어의 특성에 비유하여 해석한 것이 탁월했음.

Ⓒ '긍정적 정서와 학습의 관계'에 대한 수업을 듣고, 학습 효과를 증진시키기 위해서는 긍정적인 마음가짐이 필수적이라는 것을 잘 이해하고 수업 시간의 모든 활동에 적극적으로 참여함. 특히, '최고의 나' 그려보기 활동에서는 미래에 끊임없는 자기 계발의 노력과 끈기로 다양한 분야에서 10여 개의 자격증을 따고, 세계적인 호텔리어이자 쉐프로서 사람들을 수평적 리더십으로 이끌고 있는 모습을 상세히 묘사하여 진로 탐색에 대한 열정을 보여주어 타의 모범이 됨.

위의 세 가지 사례는 전공 관련성과 진로 탐색의 측면에서 의미 있는 기록들입니다. Ⓐ는 심리학과와 문학 관련 학과에 Ⓑ는 보건, 의학 관련 학과에 진학을 희망하게 될 경우 도움이 될 수 있습니다. Ⓒ는 호텔·관광이나 요리 관련 학과를 지망할 때 도움이 되는 교과세특입니다.

수업 정보+

영어 상처 프로젝트는 여러 가지 자료들에서 영감을 받아 만들어진 수업들입니다. 수업을 하는 과정에서 은유, 이미지, 상상력, 정서, 의미 등 삶에서 중요한 개념들과 가치들에 대해 저 역시 다시 한번 생각해보며 성장할 수 있었습니다. 제 수업에 영감을 주었거나 수업 중에 직접 인용한 정보들을 한곳에 모아서 정리했습니다. 단행본의 경우 가장 최근의 판본으로 제시했으며, 자료들은 책에서 소개한 순서대로 배치했습니다.

인터넷 자료(영상, 기사 등)

1) '영어 정의 길거리 인터뷰'

- 관련 활동 : 영어를 은유적으로 정의하기(영어는 ○○이다)

영상 링크

http://tiny.cc/9q8ytz

2) '마음을 망치면 공부도 망친다'

- 관련 활동 : 공부와 정서의 관계

영상 링크

http://tiny.cc/cr8ytz

3) 'How to Make Stress Your Friend'

- 관련 활동 : 이미지와 상상력으로 영어 상처 치유하기

영상 링크

http://tiny.cc/45m9uz

4) "영어 광풍은 합리적인 행위다"(강준만, 한겨레21, 2007.7.12.)

- 관련 활동 : 글쓰기를 통해 영어 공부의 의미 발견하기

기사 링크

http://tiny.cc/m0sxtz

5) 'What Jack Ma can teach international students about learning English.(Kong, L. 2018. June 26. Study International).'

- 관련 활동 : 글쓰기를 통해 영어 공부의 의미 발견하기

기사 링크

http://tiny.cc/8x13uz

6) 'Obama hosts panel with Alibaba CEO(APEC CEO SUMMIT 2015)'

- 관련 활동 : 글쓰기를 통해 영어 공부의 의미 발견하기

영상 링크

http://tiny.cc/kulluz

단행본

1) 조지 레이코프, 마크 존슨, 『삶으로서의 은유』, 노양진, 나익주 옮김, 박이정, 2006.

- 관련 활동 : 영어를 은유적으로 정의하기
- 설명 : 은유가 우리의 생각과 사고 체계와 밀접한 연관성이 있다는 이론과 체험주의를 소개한 책입니다.

2) 윤가현 외, 『심리학의 이해』, 학지사, 2019.

권석만, 『긍정심리학』, 학지사, 2008.

- 관련 활동 : 정서와 학습의 관계
- 설명 : 『심리학의 이해』는 영어 공부를 할 때 긍정적 정서가 얼마나 중요한지를 설명하면서 이야기한 심리학 실험들의 사례가 잘 정리되어 있는 책입니다. 『긍정심리학』은 '긍정 정서의 확대 및 증강 이론'을 살펴볼 수 있는 책입니다.

3) Richard J. Gerrig, Philip G. Zimbardo, 『심리학과 삶』, 박권생 외 옮김, 시그마프레스, 2015.

캘리 맥고니걸, 『스트레스의 힘』, 신예경 옮김, 21세기북스, 2015.

- 관련 활동 : 이미지와 상상력으로 영어 상처 치유하기
- 설명 : 『심리학과 삶』에는 스트레스에 대처하는 방법이 체계적으로 제시

되어 있습니다. 『스트레스의 힘』은 의미 부여를 통해 스트레스를 극복할 수 있다는 메세지를 담고 있는 책입니다.

4) 빅터 프랭클, 『죽음의 수용소에서』, 이시형 옮김, 청아출판사, 2005.

빅터 프랭클, 『삶의 의미를 찾아서』, 이시형 옮김, 청아출판사, 2005.

- 관련 활동 : 글쓰기를 통해 영어 공부의 의미 발견하기
- 설명 : 의미치료법을 만든 프랭클의 대표적인 저작들입니다. 삶에서 의미가 중요한 이유를 제가 알고 있는 한 가장 경험적이면서 철학적으로 말하고 있는 책입니다.

2

코로나와 죽음을 대면하기

'I Am Corona'와 'Memories'

"Music is the language of the spirit. It opens the secret of life bringing peace, abolishing strife."[38)]

- Kahlil Gibran

칼릴 지브란은 음악을 영혼의 언어라고 정의했습니다. 평화를 가져오고 갈등을 사라지게 하는 신비를 간직한 영혼의 언어! 팝송을 좋아하셨던 아버지 덕분에 어린 시절부터 팝송을 듣고 자랐습니다. 덕분에 오래된 팝송을 들으면 마음이 평온해지고 기분까지 좋아집니다. 생각해보면 제가 영어를 좋아하게 된 것은 음악을 통해

38) Gibran, Kahlil (2009). The Treasured Writings of Kahlil Gibran. NJ:Castle Books. p.484.

영어를 접했기 때문이었습니다. 영어는 애써서 뜻을 밝혀내야만 하는 외국어가 아니라 마음을 즐겁게 해주는 음악이었습니다. 저는 학생들도 저처럼 영어의 즐거움을 알게 되면 좋겠다는 생각을 했습니다. 그래서 음악을 통해 영어를 접할 수 있는 시간을 최대한 많이 가지려고 노력하는 편입니다. 주제통합 영어 수업을 구상할 때도 그 주제와 관련된 음악을 제일 먼저 찾아보는 편입니다.

코로나 극복 프로젝트

2019년 12월, 코로나 바이러스 감염증이 출현하여 이와 관련된 수업을 준비할 때도 가장 먼저 한 일은 주제와 연관된 음악을 찾는 것이었습니다. 사상 초유의 온라인 개학을 했던 2020년 3월, 저는 '코로나 극복 프로젝트'라는 온라인 수업을 준비했습니다. 코로나 바이러스가 무엇이며, 감염증을 예방하기 위해서는 어떻게 해야 하는지를 수업에서 다루고 싶었습니다. 때마침 적당한 음악이 있었습니다. 바로 스웨덴 의사가 만든 'I Am Corona(Widegren, 2020)'라는 노래였습니다. 노래는 어렵지 않은 영어로 감염 증상과 감염을 예방하기 위한 간단한 수칙을 담고 있었습니다. 재미와 의미, 흥미를 모두 담고 있어 코로나 예방을 주제로 하는 수업에서 쓰기에 최적의 자료였습니다. 노래의 경쾌하고 신나는 리듬은 코로나로 우울해진 우리의 마음을 달래주기에도 충분했습니다. 코로나 바이러스에 대한 듣기 영상 자료를 추가해 〈표6〉와 같이 프로젝트를 기획했습니다. 프로젝트 계획에는 코로나19 예방 행동수칙을 영문 포스터로 만들어 게시하는 것이 포함되어 있었습니다. 하지만 프로젝트가 진행되는 동안 대면 수업을 할 수 없었기 때문에 포스터 제작 활동은 이루어지지 못했습니다.

코로나 극복 프로젝트는 처음부터 끝까지 원격수업으로 이루어졌습니다. 원격수업을 준비하고 진행했던 과정을 요약해 소개해 보겠습니다. 온라인 수업을 하기 위해서 'EBS 온라인 클래스'를 주 플랫폼으로, '네이버 밴드'를 보조 플랫폼으로 사용했습니다. 당시 EBS 온라인 클래스에서는 실시간 강의나 채팅, 투표, 댓글 저장 등의 기능이 없었습니다. 학생들과 상호작용을 하면서 수업을 하기 위해서는 보조 플랫폼이 필요했는데, 구글 클래스룸은 저에게 익숙하지 않았기 때문에 당장 사용하기에는 밴드가 편리했습니다.[39] EBS 온라인 클래스와 밴드에는 영상 파일을 올릴 수 있는 용량에 제한이 있었기 때문에 추가적인 준비가 필요했습니다. 그래서 유튜브 채

---

39) 밴드를 만든 후 함께 사용하기를 원하는 선생님들을 초대했습니다. 이렇게 같이 사용하면 학생들의 접근성도 높아지고, 자연스럽게 수업 나눔도 될 수 있어서 좋았습니다. 비슷한 시기에 블렌디드 러닝(blended learning)을 주제로 함께 공부하고, 공동으로 원격수업 콘텐츠를 만드는 교사 동아리(전문적 학습공동체)도 조직했습니다. 이때 구성했던 동아리 덕분에 앞서 소개해드렸던 영어 상처 프로젝트의 '보이는 라디오' 콘텐츠를 제작할 수 있었고, 곧 소개할 '길벗샘의 팝스 잉글리쉬'와 '세계 시문학제' 등을 기획하고 실천할 수 있었습니다. 코로나19로 혼란스러웠던 2020년은 '함께하면 멀리 갈 수 있다.'라는 격언을 몸소 체험할 수 있었던 해로 오래도록 기억에 남을 것 같습니다.

〈표6〉 코로나 극복 프로젝트 수업 과정안

<table>
<tr><td colspan="2">코로나 극복 프로젝트  전체 학습지 다운받기
http://tiny.cc/q1ehuz</td></tr>
<tr><td>'음악'으로
명랑하게</td><td>• 마음 열기 : 음악 감상하기
- 팝송 'I Am Corona' 초점 질문으로 감상하기
• 주제 만나기 : 코로나19 감염증이란 무엇인가?
- COVID-19과 RNA 바이러스(SARS-CoV-2)
- 활동과제 [1] RNA와 DNA의 차이는 뭘까?
- 왜 코로나19 백신을 만들기가 어려울까?
• 탐구하기 : 가사 집중 탐구
- 활동과제 [2] 퀴즈렛(Quizlet)으로 단어 학습하기
- 구문 학습하기 [현재완료형, 명령문, 순서에 따라 설명하기, 가주어]
- 활동과제 [3] 가사 집중 탐구하기 : 바이러스가 좋아하는 것과 대표 증상</td></tr>
<tr><td>'지식'을
실천하며</td><td>• 코로나에 관한 거의 모든 것(All about COVID-19)
- 듣기 활동 7단계
1) 준비하기 2) 초점 질문으로 집중 듣기
3) 영문 보면서 듣기 4) 듣기 원리에 집중해서 듣기
5) 국문 보면서 듣기 6) 빈칸 채우기
7) 그림자 읽기(shadowing)
• 올바른 손 씻기 방법
- 영상 'Why and How to Wash Hands Properly'
- 영상 'How to Wash Your Hands Properly to Stay Safe and Healthy'
• 코로나19 감염증 예방법
- 활동과제 [4] 외국인들을 위한 코로나19 행동수칙 포스터 만들기</td></tr>
</table>

널을 열고 콘텐츠를 업로드할 수 있는 독립적인 공간을 만들었습니다. 그리고 난 후 아이캔노트, 뱁믹스, 멸치 등의 프로그램 활용법을 익혀 수업 영상을 제작했습니다.

"안녕하세요. 여러분의 영어 공부의 길을 함께 가겠습니다. 길벗샘입니다. 코로나 바이러스로 학교에 나올 수 없는 여러분들을 위해 특별한 수업을 준비했습니다. 스웨덴 의사인 헨드리크 비드그리엔Henrik Widegren이 만든 유쾌한 노래입니다. 노래를 통해 이 어려운 시절을 극복해봅시다."

수업은 노래 'I Am Corona'를 소개하면서 시작되었습니다. 학생들은 노래를 연속으로 두 번 들으면서 '초점 듣기' 활동을 합니다. 초점 듣기란 전체적인 내용을 흘려들으면서 주어진 질문focus question에 대한 답을 생각해보는 듣기 활동입니다. 이렇게 하면 막연하게 들을 때보다 학생들이 더욱 집중하면서 노래를 들을 수 있습니다.[40] 제시된 초점 질문은 두 가지입니다.

1) How many times? ("I am corona")

2) When will Corona Virus give you a rose?

40) 초점 듣기 활동을 할 때는 노래 영상에서 자막 기능을 끈 상태에서 진행합니다. 팝송 영상 자체에 자막이 삽입되어 있을 경우에는 영상을 보여주지 않고, 노랫소리만 들려줍니다. 다음은 'I Am Corona' 노래 영상 링크입니다. [http://abit.ly/vszrqa]

팝송 수업을 할 때 제가 가장 즐겨 사용하는 질문 방식은 1번 질문과 같이 특정 구절이 몇 번 반복해서 등장하는지를 묻는 것입니다. 이 질문은 학생들이 특정한 소리와 음운의 원리에 집중할 수 있도록 합니다. 이와 함께 2번과 같은 질문을 제시하면 노래에 대한 집중도가 더욱 올라갑니다. 제가 이렇게 초점 질문과 함께 팝송을 소개하게 되기까지에는 시행착오가 있었습니다. 팝송 수업을 하면 자칫 음악을 듣고 노는, 쉬는 시간이 되어버릴 수 있습니다. 초창기에 저의 팝송 수업 시간은 으레 그런 시간이었습니다. 팝송에 집중하지 않고 소란스러운 분위기를 연출하는 학생들 때문에 고생을 했었습니다. 어떤 때에는 너무 소란스러워서 옆 교실 선생님에게 항의를 받았던 적도 있었습니다. 어떤 학생들은 팝송이 좋다고 큰 소리로 따라 부르기도 하고, 또 어떤 학생들은 자기가 좋아하지 않은 노래라면서 전혀 듣지 않기도 했으니 그야말로 혼란스러운 상황이었습니다. 그래서 팝송은 음악이면서 동시에 영어 공부의 대상이라는 점을 명확히 해야만 했습니다. 초점 질문을 만들어 제시하면서부터 통제되지 않았던 팝송 수업 시간이 점점 질서를 찾아갔습니다. 저에게 초점 질문은 그런 마법 같은 도구입니다.

초점 질문을 해결하고 나서 학생들은 COVID-19과 SARS-CoV-2(코로나19 바이러스)의 차이를 배웠습니다. 코로나19가 영어로 무엇인지, DNA 바이러스와 RNA 바이러스의 차이점은 무엇인지를 공부하고 코로나19 백신이 만들어지기 어려운 이유를 스스로 찾아보게 했습니다. 마침 백신 제작의 어려움을 과학적으로 설명한 동아 사이언스 기사[41]를 발견했습니다. 기사에 의하면 RNA 바이러스는 DNA 바이러스에 비해 돌연변이가 일어날 확률이 10만에서 100만 배 이상 높은데 코로나19 바이러스는 RNA 바이러스라고 합니다. 기사를 읽으면서 학생들은 코로나19 백신을 만들기 어려운 이유를 찾을 수 있었으며, 코로나Corona라는 말의 원래 의미가 일식이나 월식 때 볼 수 있는 빛의 고리라는 것도 알게 됩니다.

이제 학생들은 노래에 나온 단어들을 퀴즈렛Quizlet을 통해 학습합니다.[42] 퀴즈렛은 영어 단어를 플래시 카드로 만들어 게임을 하거나 스스로 시험을 볼 수 있도록 고안된 온라인 학습 도구입니다. 카드 맞추기와 그래비티, 라이브 게임 기능을 활용한 활동은 학생들에게 인기 만점입니다. 퀴즈렛에 가입하면 게임을 할 때마다 아이디별로 기록이 누적됩니다. 카드 맞추기 게임은 완수하는 데 걸린 시간이 올림픽처럼 기록되는데, 새로운 기록이 갱신될 때마다 사용자들에게 알림을 보내줍니다. 저는 의도적으로 게임을 느리게 완수해서 학생들이 저를 이길 수 있도록 배려를 합니다. 그러면 영어를 잘하지 못하는 친구들도 여러 번 게임을 반복하는 과정에서 선생님을 이겼다고 자랑하는, 웃지 못할 장면이 연출되기도 합니다. 그런 과정이 반복되면 이제 선생님이 아니라 학교 친구들의 기록을 깨기 위해 계속 단어들을 공부하게 됩니다. 어떤 때에는 새벽에도 알림

41) 서영표, "DNA는 알겠는데 RNA는 뭐지?", 동아사이언스, 2015.06.09. [http://abit.ly/fozn5p]

42) 해당 퀴즈렛 링크는 다음과 같습니다. [http://abit.ly/j4olsh]

문자가 계속 와서 놀란 적도 있었습니다. 어떤 친구가 기록을 세우면, 그것에 자극받은 친구가 다시 기록을 갱신하는 치열한 대결이 새벽까지 일어나고 있었던 것이죠. 솔직히 그 정도로 학생들이 단어 암기 게임에 몰두할 줄은 몰랐습니다. 아마도 코로나19가 새롭게 만든 이색적인 풍경이 아닐까 합니다. 퀴즈렛을 통해 단어를 공부하고 나서는 중요한 구문을 배우고, 가사 내용을 집중 탐구하는 시간을 갖습니다. 팝송에는 코로나 바이러스가 좋아하는 사람들의 행동 네 가지와 대표 증상 일곱 가지가 소개되어 있습니다. 학생들은 팝송을 해석해보면서 이 두 문제에 대한 답을 찾게 됩니다. 답을 모두 찾은 후에는 즐겁게 팝송을 불러보면서 수업을 마무리합니다.

음악을 통해 유쾌한 시간을 보낸 후, 다음 시간에는 코로나 바이러스 모양을 한 캐릭터의 자기소개 영상[43]을 듣기 자료로 공부하게 됩니다. 이번 시간의 목표는 코로나19 바이러스에 대한 다양한 정보를 익히는 것뿐만 아니라 듣기를 어렵게 하는 연음 현상linking과 효과적인 듣기 공부법인 그림자 읽기shadowing와 받아쓰기dictation에 대해 배우는 것입니다. 듣기 수업은 다음의 일곱 단계로 이루어집니다.

① (준비하기) 학생들은 퀴즈렛으로 단어와 주요 구문을 공부하며 듣기 활동을 준비합니다.

---

43) 'I Am Corona, Hear Me Well' [http://tiny.cc/bg6huz]

② (초점 질문으로 집중 듣기) 바이러스가 어디에서 발생했는지, 무엇을 두려워하는지에 초점을 맞춰 1차 듣기 활동을 수행합니다.

③ (영문 보면서 듣기) 영문 스크립트를 보면서 영어 문장들이 어떻게 소리 나고 있는지 확인합니다.

④ (듣기 원리에 집중해서 듣기) 연음 현상이 적용되고 있는 부분에 집중하면서 다시 들어봅니다.

⑤ (국문 보면서 듣기) 우리말을 보고 마음속으로 동시통역을 하면서 다시 들어봅니다.

⑥ (빈칸 채우기) 듣기 어려운 부분들을 받아쓰며 정확히 듣는 연습을 합니다.

⑦ (그림자 읽기) 원어민의 그림자가 된 듯이 최대한 비슷하게 흉내를 내보면서 말하기 연습을 합니다.

이 중에서 제가 특히 강조하는 단계는 듣기의 원리를 익히는 4단계와 듣기 학습법과 관련된 6, 7단계입니다. 마지막 두 단계에는 전통적인 듣기 학습법인 받아쓰기와 통역사들이 주로 쓰는 그림자 읽기가 포함되어 있습니다. 받아쓰기는 정확성을, 그림자 읽기는 유창성을 기르는 데에 효과적입니다. 저는 영어 공부의 초기 단계에서는 정확성보다 유창성이 중요하다는 것을 강조하면서 평소에 듣기 공부를 할 때 받아쓰기 한 번보다 그림자 읽기 세 번이 더 효율적이라고 말해줍니다.

듣기 공부가 끝난 후 저는 학생들에게 질문을 던집니다. "코로나19 바이러스를 예방하기 위해 왜 최소한 20초 이상 손을 씻어야 할까요?" 그리고 이에 대한 해답을 제시해주는 감각적인 영상[44]을 보여줍니다. 영상을 보고 난 후 20초 이상 손을 씻어야 하는 이유를 정리하게 하고, 손을 올바로 씻는 방법을 설명하는 영상[45]을 이어서 보여줍니다. 이 프로젝트의 마지막에는 '코로나19 예방 수칙 포스터' 만들기 활동이 있었습니다. 우리나라에 살고 있는 외국인들에게 코로나19 예방 수칙을 포스터로 제작하여 알려준다는 시나리오를 가지고 활동을 하게 되면 학생들이 더 적극적으로 참여할 수 있을 것이라고 기대했었습니다. 하지만 원격수업이 장기화되자 이 활동은 할 수 없었습니다. 언젠가 기회가 되면 꼭 다시 해보고 싶은 활동입니다.

우리들의 파이(PIE) 프로젝트

시간이 흘러 학생들이 등교하게 되었습니다. 상황이 안 좋아지면 갑작스럽게 원격수업으로 전환되기도 했지만 이제 학생들도 교사들도 이런 상황에 익숙해졌습니다. 하지만 여전히 코로나19로 인

44) 'Why and How to Wash Hands Properly' [http://tiny.cc/pl6huz]
45) 'How to Wash Your Hands Properly to Stay Safe and Healthy' [http://tiny.cc/tl6huz]

한 피로도는 높았으며, 코로나 블루Corona Blue라는 말이 생길 정도로 무력감과 우울함을 겪고 있었습니다. 그래서 다시 수업 시간에 음악을 다루었습니다. 음악은 마음을 치유하는 기능이 있기 때문입니다. 기존의 팝송 수업에서는 제가 팝송을 골랐다면, 이번에는 학생들이 즐겨 듣는 팝송을 활용해보기로 했습니다. 저는 밴드에 이런 글을 올렸습니다.

'내 삶의 팝송이 있다면?'

친구들에게 소개하고 싶은 팝송, 함께 공부하고 싶은 팝송이 있다면 아래의 양식으로 밴드 댓글을 써주세요.

(1) 팝송 제목 (2) 가수(밴드) 이름 (3) 추천 이유

가장 많이 나온 세 곡을 골라 온라인 투표를 해서
함께 공부할 노래를 선정할 예정입니다.

신청곡으로 들어온 노래들은 아주 다양했습니다. 애니메이션 〈모아나〉의 OST로 사용되었던 'How Far I'll Go'부터, 삶의 절망과 희망을 노래한 'That's Life'(Frank Sinatra), 제목부터 따뜻한 'Count On Me(Bruno Mars)', 사회적 문제를 다루고 있는 'What about

Us(P!nk)' 까지……. 심지어 제가 전혀 들어보지 못했던 노래들도 있었습니다. 학생들이 추천해준 다양한 노래들을 들어보며, 노래만큼 다양한 학생들의 개성을 느낄 수 있었습니다. 이렇게 다양한 빛깔과 감성을 가진 아이들에게 똑같은 노래를 가지고 수업을 해야 한다고 생각하니 미안해졌습니다. 마음 같아서는 학급마다 다르게, 가능하다면 개별화시켜서 수업을 진행할 수 있으면 좋겠다는 생각도 잠시 해보았습니다. 하지만 10개 학급이 넘고, 학생 수만 해도 300명이 넘는데 이런 수업은 현실적으로 불가능하다는 자기 합리화를 하며 몇 개의 노래들로 범위를 줄였습니다. 학생들이 가장 많이 추천해준 세 곡을 선별했습니다. 'A Whole New World(영화 알라딘 OST)'와 'Juice(Lizzo)', 'Memories(Maroon5)'였습니다. 이 중에서 'Juice'라는 곡은 비속어(slang)가 많고, 선정적인 표현들도 포함되어 있었기 때문에 후보에서 제외하고 나머지 두 곡을 투표에 부쳤습니다. 두 곡 가사의 대략적인 내용과 그 곡을 배울 때 하게 될 학습 활동들을 미리 제시해서 학생들이 더 현명한 선택을 할 수 있도록 도왔습니다. 다음은 제가 밴드에 올린 글의 일부입니다.

> 친구들이 추천해준 팝송들을 모두 들어봤습니다. 혼자 듣기 아까운 곡들도 많아서 아래 액셀 파일로 노래들을 정리해봤으니, 친구들도 찾아서 들어보세요! 투표를 해서 표가 많이 나온 곡으로 수업을 준비하겠습니다.

[1번 곡 설명] 'Memories'는 Maroon5의 매니저이자 친구였던 이가 죽고 난 후 그를 기리기 위해서 만든 곡입니다. 많은 사람들이 좋아하는 클래식 음악인 파헬벨의 캐논을 기본 음으로 따와 작곡된 곡입니다.

[2번 곡 설명] 'A Whole New World'는 작년(2019)에 리메이크 개봉한 알라딘의 OST인데, 원래 1992년에 제작된 애니메이션 OST였습니다. 애니메이션 OST로는 보기 드물게 그래미상과 아카데미주제가상을 모두 수상한 기념비적인 곡입니다.

샘과 함께 수업을 한다면 'Memories'는 '주술일치'와 '관계대명사'를 중심으로 공부하고, '소중한 것/사람을 어떻게 기리고 추억할 것인가?'라는 질문으로 삶과 연결 짓기를 할 것입니다. 'A Whole New World'를 배우게 된다면, '현재분사'와 '사역동사' 구문을 중심으로 공부하고, '사랑하는 이에게 무엇을 해줄 것인가?'라는 질문으로 미션 활동을 해볼 것입니다. 또한, 시대에 따라 변하고 있는 '성 역할'에 대한 인식도 한번 다루어볼 예정입니다. 자, 그럼 친구들 투표해주세요!

투표 결과, 'Memories'가 압도적인 표를 얻었습니다. 다음 〈표 7〉은 'Memories'를 수업 내용으로 디자인한 프로젝트의 수업 과정안입니다.

〈표7〉 우리들의 PIE 프로젝트 수업 과정안

우리들의 PIE 프로젝트	 전체 학습지 다운받기 http://tiny.cc/91fhuz
노래 정하기	• 내 삶의 PIE(Pop music In English)는? - 나를 감동시킨 팝송 추천하기 (추천의 말 + 곡 소개) - Best 3 온라인 투표 (배울 수 있는 학습 요소 + 곡 소개) - 함께 배울 노래 선정하기
마음 열기	• 팝송 'Memories' 감상하기 - 상실의 시대와 소중한 추억들 생각해보기 - 초점 질문을 중심으로 감상하기
탐구하기	• 단어 및 구문 탐구 - 활동과제 [1] Quizlet으로 단어 학습하기 - 구문 학습하기 [that과 when의 다양한 쓰임, too ~ to 용법] • 심층 탐구 - 활동과제 [2] 분석적 이해 활동 [문법성, 운율, 상징 분석]
표현하기	• 그리움을 그리다 [잊지 못할 사람, 사건, 사물, 반려동물] - 의사소통기능 학습하기 (기억이나 망각, 바람 표현하기) - 활동과제 [3] 그리고/쓰고/공유하기(Draw-Write-Share Activity) • 노래를 불러봐! 못해도 괜찮아, 여기는 방구석이니까! - 길벗샘의 팝스 잉글리쉬 - 함께 불러보는 'Memories'

Memories,
상실의 시대에 죽음을 대면하는 방법

"코로나 바이러스가 기승을 부려 세계적인 대유행 단계에 접어들면서, 뜻하지 않게 죽음을 맞이하는 사람들이 늘어나고 있습니다. 단순한 감기인 줄 알고 병원에 들렀는데 그 길로 격리되어 가족들과 이별 인사도 못 하고 세상을 떠난 이들. 의료 시스템 붕괴로 적절한 치료를 받지 못해서 죽음을 맞이한 이들. 묫자리가 부족해서 죽은 가족을 묻지도 못한 이들. 2020년은 상실과 고통의 시대로 기억될 것 같습니다. 오늘 우리는 친구를 잃은 상실과 고통을 희망으로 노래한 'Memories(추억들)'를 공부해볼 겁니다. 'Memories'는 '우리들의 PIE'에 선정된 팝송이기도 합니다."

'Memories' 수업은 이렇게 시작되었습니다. 이 노래의 특별한 점은 마지막 가사에 있습니다. 상실의 슬픔을 결연한 의지로 승화시키는 구절입니다. 코로나 시기가 아니더라도 우리가 경험할 수 있는 상실의 슬픔을 어떻게 대면하고 극복할 수 있는지를 잘 보여주는 아름다운 곡이기에 노래의 핵심으로 바로 다가갈 수 있는 질문을 던졌습니다.

"살아가다 문득 지금은 곁에 없는 것에 대한 추억이 떠오른 적이 있나요? 지금은 헤어져서 그리운 사람, 그리운 추억들이 있다면 적어봅시다."

"선생님, 혹시 반려동물도 되나요? 어렸을 때 키우던 동물이 생각나서요."

"전학 가서 헤어진 친구도 쓸 수 있는 거죠?"

"어렸을 때 엄마랑 같이 봤던 영화 같은 것도 되나요? 지금은 엄마랑 같이 극장에 안 가는데, 어렸을 때는 같이 갔었어요. 지금은 그럴 수 없는데, 그리워요."

"물론, 지금 여러분들이 말한 모든 것들을 다 적을 수 있을 것 같습니다. 우리가 지금 하고 있는 수업의 주제는 그리움입니다. 사람, 사물, 동물, 사건……. 소중한 과거의 기억들. 우리는 이 소중한 과거를 그리워합니다. 그리움의 대상이면 뭐든 적어봅시다."

"그런데, 선생님. 지금 당장 그리워하는 것이 없으면 안 적어도 되나요? 특별히 생각나는 것이 없어요."

"아, 그런 경우라면 지금 소중한 것들을 적어봅시다. 나중에 절대 잊고 싶지 않은 사람이나 물건, 아니면 꼭 기억하고 싶은 일과 같은 것들 말이죠."

학생들은 다양한 기억들을 떠올렸습니다. 어렸을 때 영웅이었던 번개맨, 정성 들여 키웠는데 이제는 볼 수 없는 가재(반려동물), 아쉬움 가득했던 초등학교 졸업식, 행복했던 가족 여행, 시험에서 100점을 맞아 기뻐했던 일, 요양원으로 생애 첫 봉사 활동을 나가던 날……. 그중, 세상을 일찍 떠난 친구에 대한 한 학생의 글이 제 마음을 흔들었습니다. 사실 제게도 고등학교 때 갑작스러운 사고로 세상을 일찍 떠난 친구가 있었는데, 학생의 글에서 제 과거의 모습을 보는 듯했습니다. '지금 이 순간(고등학교 시절)'이라고 적었던 친구도 기억이 납니다. 그 친구는 지금 이 순간은 영원히 다시 돌아오지 않을 순간이기 때문에 소중하다고 했습니다.

소중함에 대한 기억을 환기시키고 나서 학생들과 저는 'Memories'를 초점 질문과 함께 감상했습니다. 먼저, 친구에 대한 그리움을 애절하게 노래한 애덤 르빈Adam Levine의 뮤직비디오 영상[46]을 함께 봤습니다. 이 영상은 마룬5의 다른 뮤직비디오와는 달리 화려하게 구성되지 않고 오직 애덤의 모습만이 클로즈업되어 있습니다. 세상을 떠난 친구에게 마치 고백하듯이 노래를 부르는 애덤의 모습은 절제된 슬픔의 정서를 자아냅니다. 다음으로 함께 감상한 영상은 〈아메리카 갓 탤런트*America's Got Talent*〉에 나와 유명해진 One Voice 합창단의 커버 영상[47]이었습니다. 영상은 아름다운 아카펠라로 시작됩니다. 애덤의 영상이 슬픔의 정서를 깔고 있었다면 이 영상은 밝고 희망적입니다. 코로나19 때문에 함께 연습하지 못했던 합창단원들은 각자 집에서 카메라를 두고 연습했다고 합니다. 연습 영상들을 모아서 편집을 통해 완성시킨 이 영상은 그야말로 감동입니다.

초점 질문을 학생들과 함께 해결하고 나서는 노래에 나와 있는 단어와 중요 구문들을 공부했습니다. 이 노래는 that과 when의 다양한 쓰임을 공부하기에 아주 좋습니다. 두 단어 모두 문맥에 따라

---

46) 'Memories(Maroon 5)'- Official Video [https://url.kr/UgehlO]
47) 'Memories(One Voice Children's Choir Cover)' [http://tiny.cc/oddhuz]

관계사나 접속사로 사용되고 있습니다. 학생들이 중학교에서 중요하게 배운 'too ~ to' 용법도 다룰 수 있습니다. 한 곡에서 이렇게 다양한 어법을 배울 수 있는 팝송은 드뭅니다. 이 곡은 노래 가사도 훌륭합니다. 시처럼 운율감rhyme을 살려 작사되었고, 상징어를 통해 슬픔을 희망으로 승화시키고 있는 부분도 있습니다. 다음은 이러한 노래의 특징을 살려 만들어본 활동과제입니다.

활동과제 2 | 분석적으로 이해하기 [문법성, 운율, 상징 분석]

Q1. 시나 노래와 같은 예술 작품에서는 문법적 오류를 허용하기도 합니다. 위 노래의 밑줄 친 부분(ⓐ~ⓔ)에는 각각 한 가지 이상의 문법적 오류가 포함되어 있습니다. 정확한 문장으로 다시 써봅시다.

Q2. 위 노래를 한 편의 시라고 생각했을 때, Chorus 부분의 rhyme(운율) 구조를 분석해봅시다.

(예시. a–a–b–b)

Q3. 위 노래의 마지막 단락은 이별의 상실감을 긍정적으로 승화시키고 있습니다. 상실감으로 인해 갖게 된 세상에 대한 원망을 상징하는 시어 (가)를 찾아 쓰고, 이것이 긍정적으로 승화된 시어

(나)는 무엇인지 밝혀봅시다.

(가) : (나) :

"선생님, 원망은 부정적인 것이니 (가)는 dark일 것 같습니다. 그리고 이 어둠을 torch로 밝히는 것이라고 했으니까 (나)는 torch입니다."

곰곰이 생각하던 지은이가 활동과제의 답을 발표합니다.

"저는 지은이랑 조금 다르게 생각했어요. 어둠을 밝히는 것이 ember이니까 (나)는 torch가 아니라 ember가 아닐까요?"

"자, 친구들! 마지막 단락만 보지 말고, 그 앞 단락과 연결 지어 생각해볼까요? 노래 속 화자는 상실감과 증오심이 너무 심했던 날들을 생각하고 있어요. 증오심이 너무 커서 멈출 수 없었다는 부분이 나오지요? 그리고 바로 연결된 부분에 내 마음이 타다 남은 불씨와 같다고 했습니다. 화가 나면 열이 난다고 하잖아요. '불같이 화냈다'라는 표현도 있고요. 선생님은 노래를 들으면서 이렇게 생각했어요. 친구를 데려간 세상에 대한 증오심이 불처럼 훨훨 타올랐었다. 그런데 이제는 그 불이 약해져서 작은 불씨가 되었다. 그 불씨는 어둠을 밝히고 있는 것이다. 그런데 그 불씨가 이제는 긍정적인 무언가로 변한다. 어떤가요? 선생님이 생각하는 포인트를 알겠어요?"

"아, 선생님, 부정과 긍정으로만 생각하니 어둠과 빛만 생각했는데, 아닌 것 같아요. (가)는 타다 남은 불씨 즉, ember, (나)는 불씨가 다시 타올라 어둠을 비추고 있는 횃불 즉, torch 아닐까요?"

"와우! 멋집니다. 지은이가 선생님의 마음을 읽었네요. 선생님이 생각하고 있는 답이 바로 그겁니다. ember와 torch는 모두 불의 이미지를 갖고 있지만, ember는 상실감과 증오심으로 타올랐던 불이고, torch는 세상을 밝히는 긍정적인 이미지의 불입니다. 같은 불이지만 다른 것을 상징하고 있어요. 선생님의 생각이 틀릴 수도 있을 것 같아서 국어 선생님들께도 자문을 받아봤어요. 선생님들도 모두 똑같이 생각하셨습니다."

"오호, 그렇군요. 이제 정확히 이해했습니다. 이 노래가 이렇게 깊은 의미를 갖고 있는지 몰랐어요. 수업하기 전에도 좋아했던 노래였는데, 수업을 통해서 이 노래가 더 좋아지네요."

"그렇죠? 선생님도 사실 수업을 준비하면서 노래를 더 깊이 이해할 수 있었습니다. 깜짝 놀랐죠? 가사도 정말 좋고, 심지어 중요한 영어 문법 사항도 함께 공부할 수 있고……. 아주 멋진 노래라고 생각합니다. 자, 그럼 이제 다음 활동과제로 넘어갈까요?"

저는 그리기와 쓰기 활동이 결합된 다음 활동과제를 소개했습니다.

활동과제 3 | Draw-Write-Share Activity

First, draw a picture of someone/something/pet you('ll)

always remember. Under the drawing, complete the sentence. You can use other expressions that you learned. Then, share the story about the drawing with others.

I will never forget ______________________________

because ______________________________

____

- 기억이나 망각 표현하기

  [I (don't/can't) remember, I (nearly/completely) forgot (about), I'll never forget...]

- 바람 표현하기

  [I want, I'd like, I wish I could...]

활동과제는 소중한 것들을 그림으로 표현하고, 간단한 영어 구문을 활용해 그림을 설명해보는 것입니다. 그림과 쓰기를 결합한 이 활동은 영어 능력과 무관하게 학생들이 적극적으로 참여할 수 있어서 매력적인 활동입니다. 바로 영작을 하도록 하면 영어 능력이 부족한 학생들은 처음부터 포기해버리는 경우가 많습니다. 아무리 독려를 해도 쓰기 활동만으로는 친구들 모두를 참여시키기 어려웠습니다. 하지만 그림 활동을 결합시키고 나서는 상황이 달라졌습니다. 영어를 잘 못하는 친구들도 일단 그림을 그리면서 활동에 참여하기 시작한 것입니다. 그림을 그리고 난 후에는 친구들이나 저에게 물어보면서 부족하지만 영어 문장을 만들어보려는 노력도 합니다. 그림은 언어보다 강한 힘을 가지고 있는 것 같습니다.

영어를 그렇게 잘하진 못했던 윤승이의 그림이 아직도 선명하게 기억납니다. 윤승이는 수업 시간에 가끔 엉뚱한 말로 수업의 맥을 끊기도 하는 학생이었습니다. 그런데 제가 본 것 중에 가장 멋진 그림을 그렸고, 영어 문장도 충분히 훌륭했습니다. 그림은 과거 역사의 조각들을 퍼즐로 형상화한 것이었습니다. 각각의 조각들에는 3.1 운동, 학생독립운동, 광복절, 5.18 민주화운동, 촛불혁명 등 학생이 역사적으로 중요하다고 생각하는 사건들이 섬세하게 그려져 있었습니다. 이 퍼즐의 제목은 'Memories'입니다. 윤승이는 그림을 설명하기 위해 저에게 몇 가지 단어들을 질문하더니 이런 문장을 완성시켰습니다. 'I will never forget our history because we should remember their sacrifice!' 저는 그 학생의 발표를 듣고 정말 놀랐습니다. their이라는 말이 지칭하는 선행 명사가 없었기 때문에 문법적으로 약간 어색한 문장이지만 너무나 훌륭한 내용을 담고 있었기 때문입니다.

평소에는 영어 수업에 잘 참여하지 않았던 학생이 이토록 열정을 보이면서 참여할 수 있었던 이유를 곰곰이 생각해봤습니다. 돌이켜보니 윤승이는 'Memories' 가사를 공부할 때도 열의를 보였고, 노래를 들려줄 때도 리듬에 맞춰 흥얼거렸던 것 같습니다. 그림도 이렇게나 열심히 그렸습니다. 저의 결론은 '예술은 사람을 움직인다'였습니다. 음악과 미술을 영어 수업에 접목시키니 영어를 좋아하지 않던 친구도 공부를 하게 된 것입니다. 언젠가 TV에서 '인간은 모두 예술가로 태어난다'라는 말을 들은 적이 있습니다. 그래서 어린 아이들은 집안 구석구석에 자기만의 작품을 만들고 다닌다고 합니다. 이곳저곳에 낙서를 하고, 스티커를 붙이고, 어른들은 이해할 수 없는 것들을 만듭니다. 어디선가 흥겨운 노래가 들리면 몸을 들썩이며 춤을 추고, 자연스럽게 노래를 따라 부릅니다. 어쩌면 우리들 모두 예술가로 태어났는데 나이가 들면서 그런 재능이 모두 사라져버린 것은 아닌가 싶습니다. 음악과 그림을 활용한 영어 수업이 학생들에게 도움이 될 수 있는 이유는 우리 모두 예술가로 태어났기 때문은 아닐까 하는 생각을 했습니다.

이제 저는 학생들과 함께 팝송 가사를 복습해봅니다. 수업 첫 부분에 소개했던 One Voice 합창단의 커버곡을 들으며 학생들에게 작은 미션을 내줍니다. 합창단이 원곡 가사와 다르게 부르는 부분 세 곳이 있습니다. 저는 이 부분을 찾아서 주의 깊게 다시 들어보라고 하면서 영상을 보여줍니다. 학생들은 drinks, cheers, a glass

를 각각 dreams, close, your voice로 바꿔 부른 부분을 찾아냅니다. 원곡 가사도 좋지만 이것을 아이들 수준에 맞게 바꿔 부른 합창단의 가사는 더 좋습니다. 이렇게 원곡의 가사를 복습하고 난 후에는 J. Fla나 Blue D.와 같은 여성 보컬이 부르는 커버곡[48]도 함께 들어봅니다. 이제 드디어 반주만 있는 영상[49]을 틀고 팝송을 합창해 볼 시간입니다. 저는 노래를 잘 부르지는 못하지만 일부러 조금 크고 과장되게 노래를 불러봅니다. 제가 부르지 않고 학생들만 불러보라고 하면 거의 부르지 않기 때문에, 잘 못하더라도 최선을 다해 불러봅니다. 이럴 때면 영어 교사인 제가 음악 선생님의 고뇌를 느끼기 시작합니다. 학생들마다, 또 학급마다 반응의 편차가 아주 크기 때문입니다. 음악 시간에도 노래를 잘 부르지 않는다는 어떤 학급에서는 결국 저 혼자 부르다가 나왔습니다.

'어떻게 하면 학생들이 이 노래를 더 잘 부르게 할 수 있을까?' 고민하다가 생각한 것이 제가 학창 시절에 즐겨 듣던 라디오 프로그램 '굿모닝 팝스'였습니다. 이 프로그램의 형식을 빌려 영상을 제작해보기로 결심했습니다. 그래서 탄생한 것이 '길벗 샘의 팝스 잉글리쉬'라는 특별 영상[50]입니다. 평소 수업 나눔을 자주 했던 선생님들과 의기투합해서 영상을 녹화했습니다. 학생들이 따라 부르기

---

48) 'Memories(J. Fla Cover)' [http://tiny.cc/rddhuz], 'Memories(Blue D. Cover)' [http://tiny.cc/yddhuz]

49) 'Memories(Instrumental Version)' [http://tiny.cc/8edhuz]

50) '길벗샘의 팝스잉글리쉬(메모리즈)' [http://tiny.cc/z0fhuz]

어려운 부분을 집중적으로 동료 선생님들과 연습하고, 함께 불러보는 컨셉을 잡아 영상을 만들었습니다. 잘하는 것보다는 즐기는 것이 중요하고, 노력하면 된다는 것을 메시지로 담아 제작했습니다. 오랫동안 창고에 먼지만 쌓여가던 우쿨렐레도 다시 꺼내서 반주 연습도 해보았습니다. 형편없는 실력을 갖고 있지만 선생님이 어설프게라도 최선을 다하고 있다는 것을 보여주고 싶었습니다. 결과는 성공적이었습니다. 특별 영상은 원격수업 기간에 올린 영상 중에 가장 인기 있는 영상이 되었고, 학생들의 좋은 피드백도 많았습니다. 학교에서는 노래를 부르지 않았던 학생이 집에서는 마음 놓고 큰 소리로 따라 불렀다는 후기를 보고는 정말 뿌듯했습니다. 이런 보람이 있다면 며칠 동안의 수고로움은 잊고 또다시 할 수 있겠다는 생각도 들었습니다. '학생들은 어떤 팝송을 좋아할까?'라는 고민에서 시작된 프로젝트는 이렇게 작은 보람으로 마무리되었습니다.

학생들의 수업성찰과 기록

다음은 코로나 극복 프로젝트와 우리들의 파이 프로젝트가 끝난 후에 받은 학생 피드백의 일부입니다.

"영어 시간인데 코로나 극복을 위해 해야 할 일을 배우다니……. 특별한 시간이었습니다. 코로나 극복을 위해 제가 할 수 있는 일이 무엇일지 찾아보다가 지역 방문 방역을 할 수 있다는 것을 알게 되었습니다. 그런데 성인만 참여할 수 있어서 아쉽게도 못 했습니다. 하지만 '#의료진분들_감사합니다'라는 해시태그를 사용해 SNS 캠페인을 했습니다. 수업 덕분에 코로나에 대해 더 많이 알게 되고, 관심을 갖게 되어서 좋았습니다." - 정○원

"영상에서 선생님들께서 메모리즈를 함께 부르시니, 저도 모르게 어깨가 들썩거리며 메모리즈를 불렀네요! 시험 공부도 되고, 웃음을 주셔서 너무 좋았습니다. 옆에서 영상을 함께 보시던 저희 어머니가 대단하시다고 하셨어요." - 노○언

"코로나 시기, 선생님도 힘드실 텐데 항상 학생들을 생각해주시는 게 여러 방면으로 느껴져서 참 고맙습니다. 메모리즈 수업을 하실 때도 다른 수업 시간과는 다르게 스마트폰도 쓸 수 있게 해주시고, 노트북

을 활용해서 수업하시고……. 아무튼, 제가 지금까지 받았던 영어 수업 중에 가장 재미있고 흥미로웠던 수업이었어요! 앞으로도 지금처럼 유익하고 재밌는 수업 많이 해주세요. 수업 더더욱 열심히 듣겠습니다." - 조○서

"메모리즈 영상을 보며 집에서 열심히 따라 불렀습니다! 너무 즐겁게 영상을 찍어주셔서 저도 즐겁게 15분을 순식간에 보낸 것 같아요. 혼자 들을 때는 노래 반주가 빠르게 지나가서 부르기가 어려웠었는데, 선생님들께서 함께 불러주시니 훨씬 더 쉽고 잘 외워졌습니다. 학교 선생님들께서 서툴지만 열심히 노력해서 같이 불러주시는 모습이 보기 좋았습니다." - 김○빛

"원격수업 기간에 EBS 콘텐츠를 활용하는 수업들이 많았었는데, 선생님 수업은 직접 제작하신 동영상으로 공부를 하니 좋았습니다. 좋은 노래를 들으면서 같이 공부한다는 것이 이렇게 쉽고 좋은 일인지 새삼 느꼈습니다." -최○지

아래 Ⓐ와 Ⓑ는 수업 활동이 끝나고 생활기록부에 기록해준 교과 세특입니다. Ⓐ는 1학년 때부터 의학 분야에 남다른 관심을 가진 학생이라는 것을 보여줄 수 있는 사례입니다. 의학에 대한 관심은 보통 과학 교과세특이나 진로 활동 기록에서 찾아볼 수 있습니다. 영어 교과 활동에서 의학적 관심을 보이는 학생들은 그렇게 많

지 않다는 점에서 이 학생은 학생부종합전형에서 눈에 띄는 학생이 될 것입니다. 수업 활동을 디자인할 때 이러한 점을 고려하면 영어 수업에 학생들의 다양한 진로 관심 분야가 반영될 수 있을 것입니다. Ⓑ에서는 팝송을 배우면서도 역사를 생각하는 학생이라고 묘사했습니다. 실제로 이 학생은 영어 역량이 그렇게 뛰어난 학생은 아닙니다. 진로 희망 계열도 아직 정하지 못했기 때문에 이렇게 기록해주는 것이 학생의 미래에 도움이 될지는 미지수입니다. 그래서 저는 2학기 때 학생이 보여준 학업 의지를 구체적인 사례와 함께 기록해주었습니다. 학생부종합전형에서는 학업 성취도가 중요하기는 하지만 발전 가능성이 있는 학생을 더욱 높이 평가합니다. 교과세특을 기록해줄 때 성적이 상대적으로 낮은 학생들의 경우 발전 가능성과 학업 의지를 서술해주면 많은 도움이 될 수 있을 것입니다.

> Ⓐ 코로나 극복 프로젝트에 참여해 코로나19 감염증 예방에 대해 배움. 수업을 통해 바이러스는 항생제로 치유할 수 없는 것이라는 사실을 새롭게 알고 난 후 코로나 바이러스에 대한 궁금증이 생겨 이와 관련된 정보를 추가적으로 조사하여 심화 탐구 활동지를 제출함. '바이러스 쇼크(최강석)'와 인터넷 강연 '우리가 코로나 바이러스에 대해 아는 것과 모르는 것'을 보고 핵심 내용을 요약한 점이 인상적임. 코로나 바이러스의 역사적 기원, 전파 경로, 감염 증상 등을 체계적으로 정리하여 학생의 진로 관심 분야인 '의학'에 대한 진정성 있는 관심을 보여줌.

Ⓑ 팝송 'Memories(Maroon5)'를 공부한 후, '소중한 것 표현하기' 활동에 적극적으로 참여함. 3.1 운동, 학생독립운동, 광복절 등 역사의 중요한 장면을 역사 퍼즐 형식으로 그리고 이를 바탕으로 우리나라 역사의 소중함을 표현하는 영어 작문 활동과 발표 활동을 통해 남다른 역사의식을 보여주었음. 영어에 대한 자신감을 회복하기 위해 교사와 상담을 통해 개별적인 학습계약을 맺고 자기조절학습을 실시하여 남다른 학업 의지를 보여 줌. 단어등반프로젝트에 참여해 점심시간(매일)과 방과후 시간(주2회)을 활용하여 단어를 꾸준히 공부함. 프로젝트에 함께 참여하는 친구들을 위해 자발적으로 단어 학습 앱을 활용하여 복습용 퀴즈를 출제하고 공유하여 친구들의 학습을 적극적으로 조력함.

수업 정보+

팝송 자료는 다양한 목소리와 버전으로 학생들에게 들려주기 위해 노력하는 편입니다. 학생들마다 선호하는 버전이 다르기도 하고, 어떤 곡들은 원곡이 오래되어 현대적 감성에 맞지 않는 경우도 있기 때문입니다. 'I Am Corona'의 경우 수업 당시에 원곡 이외의 버전이 존재하지 않았기 때문에 다양한 커버곡을 들려주지 못했지만 'Memories'는 다양한 커버곡을 활용해서 수업을 했습니다.

인터넷 자료(영상, 기사 등)

1) 'I Am Corona'

- 관련 활동 : 마음 열기

영상 링크 : I Am Corona

http://abit.ly/vszrqa

2) "DNA는 알겠는데 RNA는 뭐지?"

(서영표, 동아사이언스, 2015.06.09)

- 관련 활동 : RNA와 DNA의 차이는 뭘까?

기사 링크

http://abit.ly/fozn5p

3) 'I Am Corona' 단어 학습

- 관련 활동 : 퀴즈렛Quizlet으로 단어 학습하기

링크 : 학습하기 (낱말카드, 테스트, 그래비티 게임 등)

http://abit.ly/j4olsh

4) 'All about COVID-19' 단어 학습

- 관련 활동 : 퀴즈렛으로 단어 학습하기

링크 : 학습하기 (낱말카드, 테스트, 그래비티 게임 등)

http://tiny.cc/kk4lnz

5) 'All About COVID-19'

- 관련 활동 : 초점 질문으로 집중해서 듣기

듣기 영상 링크 : All About COVID-19

http://tiny.cc/bg6huz

6) '코로나19 예방을 위한 올바른 손 씻기'

- 관련 활동 : 왜 최소한 20초 이상 손을 씻어야 할까요?

영상 링크 : Why and How to Wash Hands Properly

http://tiny.cc/pl6huz

- 관련 활동 : 올바른 손 씻기 실천하기

영상 링크 : How to Wash Your Hands Properly to Stay Safe and Healthy

http://tiny.cc/tl6huz

7) 'Memories'

- 관련 활동 : 마음 열기

영상 링크 : Memories 원곡 뮤직비디오

https://url.kr/UgehlO

영상 링크 : One Voice Children's Choir 커버

http://tiny.cc/oddhuz

- 관련 활동 : 함께 불러보는 Memories

영상 링크 : J. Fla 커버

http://tiny.cc/rddhuz

영상 링크 : Blue D. 커버

http://tiny.cc/yddhuz

8) 'Memories' 단어 학습

- 관련 활동 : 퀴즈렛으로 단어 학습하기

링크 : 학습하기 (낱말카드, 테스트, 그래비티 게임 등)

http://tiny.cc/ja9huz

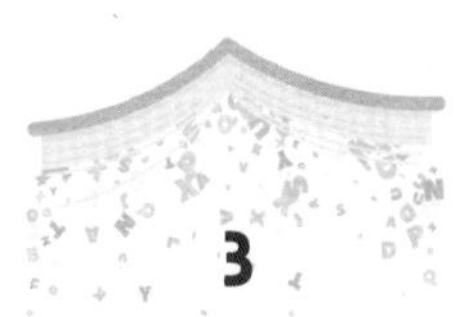

시로 가치를 가르칠 수 있을까?

세계 시문학제에서 휴스와 김수영, 롤스가 만나다

"The figure a poem makes. It begins in delight and ends in wisdom."[50)]

\- Robert Frost

「가지 않는 길*The Road Not Taken*」(1915)로 100년이 넘은 지금까지도 많은 사람들의 사랑을 받고 있는 프로스트는 시가 그려내는 아름다움에 대해 이렇게 말했습니다. "그것은 기쁨에서 시작되고 지

50) [Frost, Robert (1939). "The Figure a Poem Makes" from Collected Poems of Robert Frost. NY : Holt, Rinehart, and Winston.] 이 구절은 프로스트 시집 서두에 실린 글에서 따온 인용구입니다. 이 글은 프로스트 시론의 핵심을 담고 있어 연구자들에게 아주 중요한 자료라고 합니다. 원문은 다음 링크를 통해 확인할 수 있습니다. [http://tiny.cc/edshuz]

혜로 끝난다." 하지만 대학 시절 영문학 수업 시간에는 그런 기쁨과 지혜를 찾을 수 없었던 것 같습니다. 시 한 편을 느긋하게 감상하고 이해하는 것이 아니라 시대를 대표하는 많은 시들을 빠르게 해석하고 중요한 것들은 외우면서 수업을 들었습니다. 영시는 기쁨과 지혜가 아니라 해석과 암기의 대상으로 다가왔습니다. 영문학 수업을 통해 학생들이 문학을 좋아하게 되어야 하는데, 저의 경우는 그 반대였던 것 같습니다. 수업을 통해 영문학과 더 멀어졌기 때문입니다. 영문학에 다시 관심을 갖게 된 것은 아이러니하게도 영문학 공부를 더 이상 하지 않아도 되는 때였습니다. 영문학을 삼키듯이 공부해야 했던 임용시험이 끝나고 교사가 되고 나니 비로소 문학을 음미할 수 있는 시간이 생겼습니다. 강제로 공부해야 할 필요가 사라지니 제가 관심이 있는 작가의 작품들을 천천히 살펴볼 수 있게 된 것입니다.

아시아 시 암송의 날과 대회 연계 수업 디자인

영시를 본격적으로 수업에 활용해야겠다는 생각이 든 것은 '아시아 시 암송의 날' 포스터를 보게 된 후부터였습니다. 그 포스터에는 '시를 잊은 그대에게…'라는 부제가 붙어 있었고, 중국어와 일본어로 된 애송시를 암송하는 행사에 대한 설명이 적혀있었습니다. 학교의 일본어 선생님과 중국어 선생님이 기획하신 행사였습니다. 이듬해 저는 두 선생님께 영시도 프로그램에 넣어서 함께 하면 좋을 것 같다는 제안을 했습니다. 그렇게 해서 '아시아 시 암송의 날'은 '세계 시문학제'로 새롭게 탄생하게 됩니다. 세계 시문학제를 추진하는 단계에서 어려움이 없었던 것은 아니었습니다. 세계 시문학제도 하나의 대회이기 때문에 기획하는 단계에서 영어 선생님들의 협조가 필요했습니다. 문제는 기존의 영어과 대회가 이미 네 개(어휘, 듣기, 독해, 쓰기 분야)나 되었기 때문에 대회를 하나 더 하는 것은 추가적인 업무 부담이 된다는 것이었습니다. 이에 교과 협의회를 열고 영어과 대회를 발전적으로 통폐합하기로 했습니다. 쓰기 대회는 그대로 남겨두고 어휘, 듣기, 독해력 분야 대회는 폐지했습니다. 그 대신 세계 시문학제와 영어 융합탐구 발표회를 신설했습니다. 언어 기능을 단순히 측정하기보다 학생들이 심미적 감성 역량, 창의력과 같은 미래 핵심 역량을 발휘할 수 있는 대회를 만들었습니다. 네 개의 대회를 세 개로 줄이고, 신설 대회의 기획과 진행은 제가 맡아서 하겠다고 말씀드리니 다른 선생님들도 큰 반대 없이 동의해주셨습니다.

세계 시문학제를 다른 과와 함께 진행하는 영어과 대회로 기획하고 난 뒤에 한 일은 세계 시문학제와 연계된 수업을 준비하는 것이었습니다. 대회 연계 수업은 여러 가지 장점을 가지고 있습니다. 우선, 영어 대회 참여율을 높일 수 있습니다. 최근 낮은 참여율로 인해 교내 대회 운영이 힘들다는 얘기를 자주 듣습니다. 참여하는 학생 수가 적어 상을 줄 수 있는 인원을 겨우 채우고 있는 대회들도 있습니다. 하지만 수업 연계형 대회를 추진하게 되면 대회 홍보를 따로 할 필요 없이 수업 중에 학생들을 모집할 수 있기 때문에 참여율을 높일 수 있습니다. 또한, 더 많은 학생들에게 학업적인 면에서 도움을 줄 수 있습니다. 참여자 수가 많아지면 수상자 수 역시 자연스럽게 늘어납니다. 이에 따라 학생부종합전형에서 자신의 학업 역량을 객관적으로 증명할 수 있는 학생들의 수도 늘어나게 됩니다. 마지막으로 가장 중요한 점은 대회가 단순한 '경연'이 아니라 '수업의 총화'로 진화할 수 있다는 것입니다. 수업과 상관없이 진행되는 대회는 능력을 겨루는 경연 이상의 의미를 갖기 어렵습니다. 저는 대회가 출중한 소수의 학생들만 경쟁하는 장이 아니라 평범한 다수의 학생들도 참여해서 성장할 수 있는 기회가 되면 좋겠다고 생각합니다. 영어를 잘하지 못하는 학생들도 참여할 수 있는 대회를 만들 수는 없을까요? 영어를 못하는 학생들에게 대회는 자신과 상관없는 학교 행사일 뿐입니다. 대회에 참여해도 영어를 잘하는 소수의 학생들이 상장을 독식할 것이 분명한 상황에서 대회 참여는 시간 낭비이자 자존감을 떨어트리는 행위에 불과합니다. 대회 연계형 수업을 하게 되면 공부를 잘하지 못하는 학생들도 '노력하면 나도 할 수 있다.'라는 자신감과 효능감을 갖게 할 수 있습니다.[52)]

세계 시문학제 수업을 디자인할 때 중요하게 생각했던 점은 앞서 2장에서 말씀드린 삼미(흥미, 재미, 의미)의 조건을 충족시키는 시를 찾는 것이었습니다. 그런데 가능한 한 많은 학생들이 즐거움을 느끼고 삶의 지혜를 발견할 수 있는 적절한 수준의 시를 찾는 것은 쉬운 일이 아니었습니다. 이것이다 싶으면 고교 수준에서 다루기 어려운 어휘들이 많거나, 시의 길이가 너무 길었습니다. 위트가 넘치고 재미있는 시들 중에는 사회적인 가치를 충분히 담고 있지 않은 시들도 있었습니다. 시를 찾기 위해 거의 한 달 동안을 고심한 끝에 몇 편의 시들을 고를 수 있었습니다. 선정된 시들의 목록은 다음(〈표8〉)과 같습니다.

이 모든 작품들을 수업 시간에 다루게 되면 대학교 영문학 수업에서의 끔찍한 경험을 학생들에게 고스란히 돌려주게 될 것 같았습니다. 그래서 수업에서는 시인 한 명을 골라 집중적으로 다루고, 나머지 시들은 목록을 제공해 학생 스스로 찾아서 읽어볼 수 있도록 디자인했습니다. 수업 시간에 다룰 시인은 '할렘의 셰익스피어'라고도 불리는 랭스턴 휴스Langston Hughes였습니다. 그가 쓴 시 중에서 1연으로 된, 짧지만 강렬한 시 「Justice」(1932)와 5연으로 구성된 시 「Democracy」(1949)를 감상해보기로 결정했습니다. 휴스는 인

52) 이런 관점에서 대회 자체를 '노력하면 할 수 있는' 정도의 것으로 기획하는 것이 중요합니다. '세계 시문학제'는 학생들이 노력하면 충분히 상을 받을 수 있도록 기획했습니다. 시문학제에서 학생들은 자신이 좋아하는 영시를 찾아 암송하면 됩니다. 영어를 잘하지 못하는 학생들도 시를 좋아한다면 충분히 연습해서 도전해볼 수 있는 것입니다. '영어 융합탐구 발표회'도 이와 같은 성격을 갖고 있습니다. 학생들은 비교문화 탐구 영역과 진로 융합탐구 영역에 참여할 수 있는데, 비교문화 탐구 영역의 경우에는 영어를 사용하지 않고 우리말로 발표할 수 있습니다. 평소 영어권 문화와 우리나라 문화의 공통점과 차이점에 관심을 갖고 있는 친구라면 누구나 대회에 참여할 수 있습니다. 음악을 좋아하는 학생들을 위해 'Pop and Soul Festival'을 개최해본 적도 있습니다. 이렇듯 문학, 문화, 음악과 같은 다른 장르를 영어과 대회와 연결 지으면 영어 실력과 상관없이 학생들이 참여할 수 있는 대회가 됩니다.

〈표8〉 세계 시문학 프로젝트 관련 영시 목록

연번	길이 (연)	시 제목	작가	우리말 제목(번역)
1	1	The Power of a Smile	Tupac Shakur	미소의 힘
2	1	Justice	Langston Hughes	정의
3	2	How Happy I Was If I Could Forget	Emily Dickinson	잊을 수 있다면 얼마나 행복할까
4	3	The Rose that Grew from Concrete	Tupac Sharkur	콘크리트에서 자란 장미
5	3	Fire and Ice	Robert Frost	불과 얼음
6	3	Hope is the thing with feathers	Emily Dickinson	희망은 날개를 달고 있다
7	3	Success	Ralph Emerson	성공
8	4	Bread and Roses	James Oppenheim	빵과 장미
9	5	Democracy	Langston Hughes	민주주의

종 차별과 사회적 억압에 저항했던 대표적인 저항 시인이자 흑인문학의 르네상스를 일구어낸 사람입니다. 휴스의 작품은 사회 비판적인 시선을 가지고 있으면서도 유머를 잃지 않는 명랑함을 특징으로 해 학생들에게 소개하기에도 좋을 것 같았습니다. 코로나 상황에서 국제적인 이슈로 대두된 인종 차별 문제를 다루고 있는 작품

이기 때문에 더욱 적절하다는 생각이 들기도 했습니다. 휴스의 시를 다루면서 우리나라 시를 함께 엮어 감상하면 비교문학적 관점에서 시를 이해할 수 있을 것 같았습니다. 그래서 휴스와 비슷한 주제 의식을 갖고 있는 김수영의 시를 국어 선생님들의 자문을 받아 함께 소개했습니다. 자문 과정에서 국어 수업 시간에는 윤동주의 「자화상」과 고재종의 「첫사랑」을 배우면서 시의 주요 요소들을 공부했으며, 앞으로 시조와 고려가요를 통해 시문학을 더 깊이 있게 배울 것이라는 사실도 알게 되었습니다.

휴스와 김수영을 비교하면서 시문학을 이해해보고 난 후에는 휴스가 고민했던 중심 가치인 '차별'과 '정의'를 심층적으로 이해하기 위한 시간을 마련해보았습니다. 「Democracy」에 나왔던 '공간에 대한 권리'를 영화 〈히든 피겨스*Hidden Figures*〉를 통해 다루고, 「Justice」에 나왔던 정의의 여신을 롤스의 '무지의 베일veil of ignorance' 개념과 연결시키는 작업을 해보고 싶었습니다. 무지의 베일은 학생들이 이미 통합사회 시간에 배웠던 개념입니다. 심층 탐구 활동이 끝나고 나서는 다시 학생들의 삶과 시를 연결 짓는 일을 했습니다. 마음을 흔드는 시를 찾아 공부한 후 이를 함께 나누는 시간을 갖도록 했습니다. 프로젝트의 최종 마무리는 세계 시문학제에 참여해 자기에게 의미 있는 시를 선생님들과 친구들에게 발표하는 것으로 매듭지었습니다. 다음은 세계 시문학 프로젝트의 수업 과정안입니다.

〈표9〉 세계 시문학 수업 과정안

<table>
<tr><td colspan="2">세계 시문학 프로젝트  전체 학습지 다운받기 http://tiny.cc/7h1iuz</td></tr>
<tr><td>주제
만나기</td><td>• 시란 무엇인가?
- 시에 대한 우리말 정의와 영어 정의 비교해보기 (국어 교과서와 Longman Dictionary)
- 질문 ① 우리말 정의와 영어 정의에서 드러나는 차이점이 있다면?
• 랭스턴 휴스의 「Justice」 감상하기
- 시의 주요 요소(주제, 운율, 심상) 이해하기
- That의 다양한 쓰임새 학습하기</td></tr>
<tr><td>비교문학
탐구</td><td>• 영시와 우리 시 비교하며 감상하기
- 휴스의 「Democracy」 이해 및 감상
- 김수영의 「푸른 하늘을」 이해 및 감상
- 활동과제 [1] 휴스와 김수영의 시의 공통점과 차이점 찾아보기</td></tr>
<tr><td>비교문학
심층 탐구</td><td>• 영화 〈히든 피겨스 Hidden Figures〉로 휴스의 「Democracy」 깊게 읽기
- 「Democracy」의 구절 살펴보기 ('right to own the land')
- 영화 속 장면의 대사 집중해서 듣기 (7단계)
- 활동과제 [2] 영화 속 차별과 현실 속 차별 연결 짓기
• 고전 『정의론 A Theory of Justice』으로 휴스의 「Justice」 깊게 읽기
- 휴스와 롤스의 정의 연결 짓기
- 질문 ② 쿠키를 공정하게 나누어 먹는 방법은 무엇일까?
- 롤스의 '무지의 베일(veil of ignorance)' 살펴보기
- 활동과제 [3] '무지의 베일'을 삶에서 적용해보기
- 『정의론』 함께 읽기</td></tr>
</table>

삶과 연결하기	• 활동과제 [4] 인생 시 발견하기 - 질문 ③ 내 마음을 흔드는 시는 어디에? - 우리말 시, 영시, 중시, 일시 중에서 내 인생 시 찾아보기 - 시를 외국어로 번역해보기 - 시가 마음에 든 이유 생각해보기, 시 낭독에 어울리는 배경 음악 찾아보기
평가하기	• 활동과제 [5] 세계 시문학제 참여하기 - 세계 시문학 발표회에 친구들과 선생님들 초대하기 - 발표 자료 제작 및 발표하기 (1) 중국어 분야 : 중시 발표하기, 우리 시 번역해서 발표하기 (2) 일본어 분야 : 일시 발표하기, 우리 시 번역해서 발표하기 (3) 영어 분야 : 영시 발표하기, 우리 시 번역해서 발표하기

영어로 '시'란 무엇일까?

"여러분, 우리 학교에는 '아시아 시 암송의 날'이라는 행사가 있습니다. 일본어 선생님과 중국어 선생님께서 주관하시는 행사인데 여러분들이 좋아하는 일시와 중시를 암송해보는 행사입니다. 올해부터는 영어과에서도 함께하기로 했습니다. 그래서 행사 이름도 바꿨습니다. 세계 시문학제! 어때요? 근사하지 않습니까? 이번 프로젝트는 '세계 시문학제'와 연계된 프로젝트입니다. 오늘은 시문학 이해의 기본기를 다지기 위해 시의 중심 요소를 배우고, 우리말 시와 영어 시를 비교해서 이해해보는 활동을 할 겁니다."

"오~ 선생님. 그럼 영시를 배우는 것인가요? 영시는 한 번도 배워본 적이 없는데, 어려울 것 같습니다."

"네, 영시를 배울 겁니다. 오늘은 일단 1연으로 된 짧은 시 한 편을 배울 것이라서 그렇게 두려워하지 않아도 됩니다. 자, 그럼 시를 본격적으로 배우기 전에…… 영어로 시란 무엇일까요? 다음 단어들 중에 시를 의미하는 단어를 골라보세요. Poet, Poem, Poetry, Prose."

저는 시와 관련된 영단어를 나열하면서 질문을 던졌습니다. 혼동되는 단어를 한 번에 제시하고 학생들을 혼란스럽게 만드는 것은 제가 종종 사용하는 수업 전략입니다. 알고 있다고 생각하는 것을 일부러 애매하게 만들어서 문제 상황을 연출하는 것이죠.

"선생님, 다 P로 시작하네요. 왠지 모르게, 모두 시를 의미하는 단어일 것 같은데요?"

"그러니까……. Poetry로 알고 있었는데, 다 비슷한 모양이라서 헷갈리네요."

"오, 아주 예리한 관찰입니다. 모두 P로 시작하죠. 그런데 조금 더 살펴보세요. 하나만 두드러지게 다르지 않나요?"

"아, 맨 뒤에 있는 단어가 약간 다르네요. 다른 단어들은 모두 poe로 시작하는데 그 단어만 pro로 시작해요."

"맞습니다. 앞의 세 단어는 모두 시와 관련된 단어이고, 마지막 단어는 시가 아닌 줄글, 즉 산문을 의미하는 단어입니다. 그럼 세 단어의 차이를 간단히 설명해보겠습니다. 시 한 편 한 편을 가리킬 때는 poem이라는 말을 씁니다. 이 시들이 모여 있는 시문학 장르를 의미할 때는 poetry, 그리고 시문학 작품을 쓰는 시인은 poet이라고 합니다. 다소 혼란스러울 수 있으니 이번 기회에 정확히 알아두면 도움이 될 겁니다. 이 단어들을 외우기 쉽게 선생님이 만든 유치한 이야기를 하나 들려줄게요. 아름다운 시 한 편을 인터넷에서 퍼왔어요. 시 한 편을 퍼옴! 퍼옴은 poem(포음)과 비슷하죠? 어때요? 참 쉽죠? Poet은 이렇게 외우면 편해요. 시인은 우리처럼 시 한 편을 다른 곳에서 퍼올 수 없어요. 스스로 새롭게 창작해야죠. 창작은 고통스럽습니다. 그래서 '에잇!' 하는 소리가 들리죠. '퍼~올려고 했는데, 에잇' 소리가 나서 '퍼우잇'(poet)인 거죠."

"아, 선생님. 그런 유머는 정말 무리수인 것 같은데요?"

"선생님 제자들의 처음 반응은 다 그랬습니다. 하지만 나중에는 이게 오래 기억된다는 친구들이 많았어요. 선배들을 통해 검증된 것이니 한번 믿어보세요. 조금만 더 견디면서 들어봐요."

"그러면 poetry와 prose는 어떻게 외우면 될까요?"

"그건 이렇게 외우면 됩니다. 시인이 '에잇'하고 성질내면서 만든 여러 편의 시들이 모여 하나의 나무(트리)가 됩니다. 이 나무가 시문학이죠. 그래서 peotry(퍼우잇트리)! Prose는 줄글로 '풀어서 쓰니까' prose(프러우즈)!"

"오, prose는 정말 기억하기 쉬운 것 같아요."

"선생님의 말도 안 되는 이런 단어 이야기가 나중에 문득 생각날 겁니다. 자, 그럼. 본격적으로 수업을 시작해볼까요?"

저는 슬라이드에 나와 있는, 시에 대한 우리말 정의와 영어 정의를 비교해보면서 두 정의의 공통점과 차이점을 생각해보게 했습니다. 학생들은 시의 음악적 요소에 주목하게 됩니다. 저는 여기서 영시의 경우 동일한 소리로 끝나는 단어들을 활용해 운율을 형성한다는 점을 부각시켜 보여줍니다. 랩과 관련되어 익숙한 '라임rhyme' 이라는 말이 사실은 영문학 용어라는 점을 설명해주면서 랭스턴 휴스의 시 「Justice」를 영상[53]으로 소개합니다.

Justice

Langston Hughes

That Justice is a blind goddess
Is a thing to which we black are wise:
Her bandage hides two festering sores
That once perhaps were eyes.

시 전문이 나와 있는 영상의 마지막 부분을 잠시 멈춰두고 저는 질문을 던집니다.

"자, 여러분. 이 시에서 라임을 찾아봅시다. 라임을 형성하고 있

53) 'Poetry Reading' [http://tiny.cc/eunluz]

는 단어가 네 개가 있는데, 찾아볼 수 있을까요? 단어들을 찾아서 노트에 적어볼까요?"

"아, 선생님, 그런데 영상에 나와 있는 영어가 필기체로 되어 있어서 무슨 단어인지 잘 모르겠는데요?"

"네, 인쇄체가 아니라 알아보기가 조금 어려울 수도 있어요. 그런데 익숙해지면 또 그렇게 어려운 것도 아닙니다. 영어권 사람들은 글을 주로 필기체로 씁니다. 그러니 이번 기회에 알아두는 것도 좋겠죠? 인쇄체와 필기체의 형태가 아주 다른 글자들이 있어요. 그걸 알면 필기체는 의외로 아주 간단합니다. 일단 몇 가지 글자만 눈을 부릅뜨고 쓰면 됩니다. 바로 b, r, s입니다. 선생님이 눈을 굳이 '부릅뜨고 써야 한다'고 말한 이유는 이 세 알파벳의 소리가 '부(b)릅(r)뜨고 써(s)'야 한다는 말에 모두 포함되어 있기 때문입니다. 자! 연습장에 한 번씩 연습해봅시다."

저는 b, r, s의 필기체 형태를 칠판에 크게 쓰고 학생들에게 몇 번 써보면서 익힐 수 있게 한 다음 수업을 계속 진행했습니다. 라임을 이루고 있는 단어들을 모두 찾아보게 한 후에 저는 학습지를 나누어주고, 제시된 과제들을 함께 수행했습니다. 과제에는 that의 다양한 쓰임새를 익히고 시를 함께 독해해보는 것도 포함되어 있었습니다. 가장 중요한 활동은 휴스가 살았던 당시 미국의 상황과 정의의 여신상에 대한 자료를 읽고 시의 주제를 알아보는 활동이었습니다. 이때, 동일한 사건을 다른 각도에서 찍은 사진을 슬라이드로 보여주면서 힌트를 주었습니다(〈표9〉 학습지 파일 참조). 학생들은 이 활동을 통해 그 당시 백인들에게는 공평하게 적용되었던 법률이 흑인들에게는 그렇지 못했다는 사실을 알게 됩니다. 백인들의 관점에서 볼 때 정의의 여신은 공평무사한 판단을 하기 위해 눈가리개를 하고 있는 것처럼 보입니다. 하지만 흑인들의 관점에서 그것은 상처 입은 눈을 가린 붕대에 불과합니다. 그것도 상처가 깊어 이제는 제대로 볼 수조차 없는 정의의 여신의 눈을 가리고 있는 붕대입니다. 이렇듯 기존의 인식을 전복시키는 휴스의 시 「Justice」는 학생들에게 관점이 바뀌는 경험을 제공합니다. 관점에 따른 인식의 차이를 다루기에 이보다 적절한 시가 또 있을까 싶습니다.

휴스와 김수영의 만남

학생들은 정의의 여신상의 이면을 접하고 난 후에 휴스의 또 다른 시를 만나게 됩니다. 자유와 민주주의를 간절한 마음으로 노래한 시 「Democracy」입니다. 저는 영상[54)]을 통해 시를 소개한 후 학습지를 배부하고 주요 단어와 표현들을 설명했습니다. 시의 내용을 대략적으로 파악한 후 저는 함께 고민해볼 문제를 던집니다.

---

54) 'Democracy by Langston Hughes' [http://tiny.cc/lunluz] 이 영상은 2017년 1월 21일, 워싱턴 D.C.에서 일어났던 여성 행진(Women's March on Washington)을 기념하기 위해 만든 영상으로 휴스의 시를 여섯 명의 여성이 생동감 있게 낭송하고 있습니다.

1) 시에서 운율을 형성하기 위해 쓴 라임rhyme 패턴을 연별로 분석해보시오.

(예시. 1연 : a-b-b-b)

2) 시적 화자가 비판적으로 보고 있는 사람들이 자주 하는 말을 찾아 두 문장(영어)으로 쓰시오.

3) 자유를 비유하여 정의한 영어 문장을 찾아 쓰고, 우리말로 바르게 해석하시오.

조금 어렵지 않을까 생각했었는데, 이번 문제의 답을 수월하게 찾아내는 학생들을 보고 이 시가 학생들에게 그렇게 어렵진 않다는 것을 알 수 있었습니다. 저는 이 시에도 휴스 특유의 전복적인 시선이 드러난다는 점을 강조했습니다.

"여러분, 「Justice」라는 시에는 정의의 여신이 하고 있었던 안대가 사실은 붕대에 불과하다는 이야기가 나옵니다. 휴스 특유의 위트와 통찰이 돋보이는 지점이었습니다. 이렇게 기존의 인식을 뒤집는 부분이 이 시에서도 나옵니다. 바로 'Tomorrow is another day.'라는 표현이죠. 이 표현은 보통 '오늘 일이 잘 안 풀리더라도 내일이 있으니 희망을 버리지 말라'는 의미로 자주 사용되는 관용구입니다. 선생님도 학생 시절에 그렇게 배웠고 실제로 낙담을 하고 있는 미국인 친구에게 그런 표현을 쓴 적도 있었습니다. 그런데 휴스는 이 관용구를 다르게 해석합니다. 휴스가 보기에 이 말은 불의한 상황을 그대로 내버려두는 것let things take their course이며, 불공평한 상황을 두려움fear 때문에 바꾸지 못한 채로 현실과 타협compromise하는 사람들이 하는 말입니다. 낙담하는 사람에게 용기를 주는 말이 아니라 오늘 바꿔야 할 일을 내일로 미루는 비겁함이 담겨 있는 말입니다. 휴스는 불의한 현실과 타협하게 되면 진정한 민주주의는 결코 찾아올 수 없다고 단언하면서 바로 오늘, 바로 지금 행동할 것을 시를 통해 노래하고 있습니다. 선생님은 이 시에서 이 구절을 가장 좋아합니다. 'I cannot live on tomorrow's bread(저는 내일의 빵으로는 지금을 살아갈 수 없습니다).' 정말 멋지지 않나요?"

"선생님, 휴스는 정말 멋진 사람이네요. 알수록 빠져드는 것 같아요."

"아, 역시 시인은 같은 말을 해도 참……. 아주 멋집니다. 그런데 선생님, 수업을 하다 보니 영어 수업이라기보다는 국어 수업 같은 느낌도 들고 그래요. 조금 이상하지만 그래도 재미있네요."

"'조금 이상하다'라……. 선생님 생각으로는 이상할 게 없어요. 국어 수업 시간에 우리말로 된 시를 배우죠? 그런 것처럼 영어 수업 시간에는 영어로 된 시를 배우는 거죠. 영어권 국가에서 영어 수업 시간에는 무엇을 배울까요? 대부분 영문학 작품을 배웁니다. 그러니 국어 시간 같다는 생각보다는 '이것이 진짜 영어 수업이다.'라는 생각을 해줬으면 좋겠습니다." 저는 제 수업 시간에 시를 다루는 것이 이상하지 않다는 점을 다시 한번 설명해주었습니다.

"국어 시간 같다는 말이 나왔으니 이번에는 우리말로 된 시를 휴스의 시와 비교해서 감상해볼까요? 아까 어떤 친구가 시를 읽으면서 휴스는 투사 같다고 했는데, 우리나라에도 투사 같은 시인이 있습니다. 휴스랑 비슷한 성향을 가지고 있는 시인을 생각해볼까요? 우리나라에서 투사 하면 떠오르는 시인 말이죠." 제 물음에 대한 학생들의 반응은 침묵이었습니다. 그러다가 일제 강점기와 저항이라는 단어를 제시하자 학생들이 조금씩 반응을 보입니다.

"윤동주요."

"이육사요."

"네, 맞습니다. 두 분 모두 일제 강점기에 치열한 고민을 하고 저항했던 시인들입니다. 그렇다면 시기를 조금 바꿔서 현대에는 저항 시인이 있었을까요?" 또다시 침묵이 흐릅니다. 저는 학생들에게 김수영 시인을 소개했습니다. 김수영이 미국에서 태어났다면 아마도 휴스와 절친한 친구가 되었을 것이라는 이야기를[55] 해주면서, 「푸른 하늘을」이라는 시가 실린 학습지를 나눠주었습니다.

「푸른 하늘을」은 김수영이 1960년 4.19 혁명 이후에 혁명의 본

---

55) 물론 이런 가정은 실제로 일어날 수 없는 일입니다. 그런데 공교롭게도 휴스(1901~1967)가 발표한 첫 시인 「The Negro Speaks of Rivers」가 출판된 해가 김수영(1921~1968)이 태어난 1921년입니다. 김수영이 불의의 사고로 목숨을 잃었던 1968년은 휴스가 세상을 떠난 다음 해였습니다. 두 시인에 대해 공부하는 동안 발견한 이 우연한 사실 덕분에 김수영이 미국에서 태어났다면 휴스와 친구가 되었을 것이라는 생각을 하게 되었습니다.

래 의미를 환기시키기 위해 쓴 시라고 합니다. 저는 이 시를 다룰 때 최대한 조심스럽게 접근했습니다. 왜냐하면 자칫 잘못 다루었다가 학생들에게 시에 대한 잘못된 이해를 심어줄 수 있었기 때문입니다. 혹시라도 모의고사나 수능 국어 영역에 이 시가 문제로 나오게 되었는데, 제가 잘못 알려준 지식 때문에 학생들이 혼란이라도 겪게 된다면 큰일이었습니다. 그래서 저는 같은 학년을 가르치고 계시는 국어 선생님께 조언을 부탁드렸습니다. 다행히 선생님께서 이 시를 알고 계신다고 하셨고 여러 자료를 찾아서 시에 대한 상세한 설명을 해주셨습니다. 저는 휴스의 시를 보여드리면서 비교문학적 관점에서 학습지를 만들고 싶다고 말씀드렸고, 학습지 전체를 검토해줄 것을 부탁드렸습니다. 선생님께 1차 검토를 받은 후 다른 학년을 담당하고 계시는 또 다른 국어 선생님께 2차 검토를 부탁드렸습니다. 그렇게 해서 나온 학습지의 문제들은 다음과 같습니다.

1) 위 시에서는 운율을 어떻게 형성하고 있는가?

2) 위 시에서 시적 화자가 비판적으로 보고 있는 사람이 했던 말을 찾아 우리말 문장으로 쓰시오.

3) 위 시에서 말하고 있는 자유의 특성 두 가지를 찾아 간단히 설명하시오.

[활동과제] 「Democracy」와 「푸른 하늘을」에서 찾을 수 있는 공통점과 차이점을 각각 한 가지 이상 찾아보자.

저는 혹시라도 잘못된 정보를 전달할까 봐 김수영의 「푸른 하늘을」에 대한 설명을 할 때는 최대한 말을 아꼈습니다. 문학평론가 김현 선생님의 해설과 국어 선생님들께 확인을 받은 작품 감상평을 읽어주는 것으로 작품 설명을 대신했습니다. 학생들에게 국어 선생님들의 도움을 얻어 만든 학습지라는 사실을 주지시킨 후 문제들을 함께 고민해봤습니다. 특히 많은 시간을 할애했던 문제는 활동과제입니다. 두 시의 공통점과 차이점을 생각해보는 활동이었는데, 실제로 국어 선생님과 가장 많은 토의를 했던 문제이기도 합니다. 학생들이 찾아낸 공통점과 차이점은 제가 국어 선생님과 얘기를 나누었던 내용과 너무 비슷해서 놀라기도 했습니다. 학생들과 함께 찾아낸 것들을 가령 다음과 같았습니다.

공통점

① 자신이 처한 현실을 비판적으로 바라보고 있다.

「Democracy」 - 사람들의 지겨운 말들에 대해서

「푸른 하늘을」 - 자유에 대해 잘못된 관점을 가지고 있는 사람들에 대해서

② 현대 사회에서 중요한 가치들에 대한 확고한 신념을 바탕으로 창작된 시들이다.

「Democracy」 - 민주주의, 권리, 자유

「푸른 하늘을」 - 자유, 혁명

③ 자유의 의미를 적절한 비유와 상징을 통해 효과적으로 표현하고 있다.

「Democracy」 - 힘찬 씨앗

「푸른 하늘을」 - 푸른 하늘, 피

차이점

① 자유의 지연 상태를 '내일의 빵'으로 비유하고 있다. (「Democracy」)

② 고독의 본질에 대한 철저한 성찰을 바탕으로 개념을 재정의하고 있다. (「푸른 하늘을」 - 자유에 대한 적극적 요청)

③ 모든 사람들이 누려야 할 인간의 기본적 권리를 말하고 있다. (「Democracy」 - 자립권, 소유권)

이 수업은 제가 처음으로 시도했던 비교문학 수업이었기 때문에 다른 수업을 준비할 때보다 더 많이 신경 쓰였습니다. 수업을 진행하는 도중에 갑작스러운 코로나 확산세로 대면수업과 원격수업을 혼합해야만 하는 위기도 있었습니다. 김수영을 제 수업 시간에 다루는 것이 혹시 국어 선생님들께 누가 되는 것은 아닐까 하는 우려와 걱정 때문에 주저하기도 했습니다. 하지만 결국 무사히 수업을 마칠 수 있었습니다. 만약 다음에 비교문학 프로젝트를 다시 진행하게 된다면 그때는 국어 시간과 진도를 맞춰 교과통합 프로젝트를 추진하고 싶습니다.

시와 영화, 고전을 연결 짓기

휴스와 김수영의 시를 비교하는 수업을 마무리하고 다음 시간에는 다시 휴스의 시로 돌아갔습니다. 휴스의 시 「Democracy」에는 땅을 가질 권리를 말하는 부분이 있습니다. 저는 이 부분을 통해 공간에 대한 소유와 사용마저 제한되었던 흑인들의 삶을 다루고 싶었습니다. 그래서 당시 흑백 분리 정책의 일면을 명확하게 보여주는 영화 〈히든 피겨스*Hidden Figures*〉의 일부를 수업에서 다루었습니다. 그 무렵에는 코로나19의 재확산으로 등교수업을 하지 못했기 때문에 모든 수업은 밴드를 활용해 원격으로 이루어졌습니다.

"지난 시간에는 휴스의 「Democracy」와 김수영의 「푸른 하늘을」을 비교해서 감상해보았죠? 오늘은 조금 더 심화된 내용을 다뤄보도록 하겠습니다. 「Democracy」에 나온 구절을 조금 더 자세히 살펴볼까요? 아래는 시의 2연입니다."

I have as much right

As the other fellow has

To stand

On my two feet

And ⓐ own the land.

"선생님이 지난 시간에 ⓐ own the land 구절을 설명하면서 이 부분은 '토지 소유권'이라는 뜻도 있지만 '공간 사용권'으로 확장해서 이해할 수 있다는 말을 했는데, 기억하나요? 그 당시 흑인들은 버스 좌석은 물론이고 학교나 화장실과 같은 공공장소를 사용하는 데에도 차별을 받았다고 이야기했죠? 그래서 ⓐ는 단순히 땅을 가질 권리를 넘어서서 공간을 자유롭게 사용할 수 있는 권리로 이해할 수 있습니다. 이번 시간에는 공간에 대한 권리에 대해 생각해볼 수 있는 영화 〈히든 피겨스〉의 명장면을 함께 보면서 공부해보겠습니다."

〈히든 피겨스〉는 미국 항공우주국NASA에서 활약한 세 명의 숨겨진 흑인 영웅들(수학자 캐서린 존슨, 프로그래머 도로시 본, 엔지니어 매리 잭슨)의 실제 삶을 바탕으로 만들어진 영화입니다. 수업은 원격수업에 맞게 앞서 소개해드렸던 듣기 활동 7단계로 구성했습니다. 1단계(준비하기)에서는 영상을 보여주기 전에 해당 장면에 등장하는 단어와 표현들을 퀴즈렛[56]을 통해 공부할 수 있도록 했습니다. 2단계(초점 질문으로 집중 듣기)에서는 근무 중에 화장실을 이용하기 위해 자리를 장시간 비워서 갈등이 일어나는 영화 속 장면[57]을 초점 질문과 함께 보여주었습니다.

[영화 장면 설명]

캐서린이 NASA 수뇌부로 옮기게 되면서 겪은 가장 큰 수난은 바로 화장실과 관련되어 있다. 그녀는 화장실에 가야 할 때마다 "Colored(흑인용)"이라고 표시된, (흑인 동료들이 있는) 다른 건물의 여자 화장실을 가야 한다. 문제는 이 건물까지 하이힐을 신고 30분은 족히 걸어야 한다는 것이다. 그녀가 자리를 오래 비운 것을 본 해리슨(상사)는 전 직원 앞에서 화를 내며 망신을 준다.

[초점 질문]

1) 캐서린이 40분이나 자리를 비운 이유는 무엇일까요?

2) 해리슨이 캐서린의 말을 듣고 한 행동은 무엇인가요?

3단계(영문 보면서 듣기)에서는 영문 대사를 보면서 영어 문장들

---

56) 단어카드 학습 링크 [http://tiny.cc/r1yhuz], 카드 맞추기 게임 링크 [http://tiny.cc/u1yhuz]

57) 'No more colored bathroom, no more white bathroom' [http://tiny.cc/14oqsz]

이 어떻게 발음되고 있는지 확인합니다. 이때 학습지에는 플랩flap 현상이 일어나고 있는 부분에 밑줄이 쳐져 있습니다. 4단계(듣기 원리에 집중해서 듣기)에서는 그 부분에 집중하면서 다시 들어볼 수 있도록 했습니다.

"대사를 보니 밑줄 친 부분이 있죠? 이 부분이 특히 듣기 어려웠을 겁니다. 여러분들이 예상했던 소리대로 발음이 되지 않기 때문입니다. 왜 그럴까요? 그건 미국식 영어의 특징인 플랩flap 현상 때문입니다. 'flap'은 펄럭거림을 뜻하는데, 플랩 현상은 미국식 영어에서 't'가 모음과 모음 사이에 있을 때, 'ㅌ' 소리가 나는 것이 아니라 'ㄷ'과 'ㄹ'의 중간음(거의 'ㄹ'로 들림)으로 변하는 현상을 의미합니다. 그래서 'you to be'는 '유 투 비'로 소리 나지 않고 '유러비'처럼 들리는 것이죠. 마찬가지로 'what do you'는 '와러유', 'put a lot of'는 '푸러라러브', 'go to'는 '고러'처럼 들리게 됩니다. 자, 그럼 이번에는 학습지를 참고해 대사를 해석하면서 들어보세요."

저는 이어서 5단계(국문 보면서 듣기)와 6단계(빈칸 채우기), 7단계(그림자 읽기) 활동을 하게 합니다. 듣기 활동 7단계가 모두 끝난 후에는 원격수업 댓글 작성 미션을 내주었습니다.

"영화에서 캐서린이 겪은 인종 차별은 직장 내 차별 문제로도 볼 수 있습니다. 여러분들이 미래에 갖고 싶은 직장이 있다면 그 직장에서 일어날 수 있는 차별에 대해 조사해서 알아보고 비밀 댓글로 적어주세요. 또, 그런 차별이 발생했을 때 여러분들은 어떻게 대처할 것인가 생각해보고 댓글을 남겨주세요. 만약 아직 희망 직업이 없다면 일상생활 속에서 자주 볼 수 있는 차별 사례를 적고, 자신이 그런 상황에 처한다면 어떻게 대처할 것인지를 써보세요."

[댓글 작성 예시]

1) 희망 직업 : 행정 공무원

2) 차별 사례 : 여자라는 이유로 업무와 상관없는 차(커피) 심부름을 시킴

3) 대처법 : 차 심부름은 "직장에서의 지위 또는 관계 등의 우위를 이용하여 업무상 적정범위를 넘어 다른 근로자에게 신체적·정신적 고통을 주거나 근무환경을 악화시키는 행위"라는 것을 상사에게 알리고, 이는 직장 내 괴롭힘 금지법을 위반하는 것임을 명백히 한다. 시정이 되지 않을 경우 고용노동부 상담센터에 연락한다.

밴드에 올라온 251개의 댓글을 통해 살펴볼 수 있는 직장 내 차별은 아주 많았습니다. 남녀차별부터 지역, 학벌, 인종, 성소수자, 장애인 차별까지 그 종류도 변별할 수 없을 만큼 말입니다. 그중에 눈에 띄는 것은 장래 희망이 교사였던 학생들이 올린 글이었습니다. 저는 학생의 시선으로 볼 때 교직 사회에 어떤 차별이 존재한다고 생각하는지 궁금했습니다. 학생들이 올린 글은 아주 구체적이었

습니다. 기간제 교사의 처우에 대한 차별 사례가 가장 많았는데 업무 중 순직 규정의 불공정성과 성과급 부지급, 업무상 불이익과 같은 것들이었습니다. 교대나 사대를 나오지 않은 교사들에 대한 은근한 차별이 존재한다는 친구도 있었고, 심지어 남교사 휴게실이나 여교사 휴게실만 있었던 학교를 사례로 들며 모든 교사에게는 쉴 권리가 있다고 글을 쓴 학생도 있었습니다. 우리 사회 전반에 스며 있는 나이에 따른 사회적 차별, 즉 연령주의ageism에 대해 쓴 글도 돋보였습니다. 나이가 적다는 이유로 궂은일을 시키고 무시하는 사례는 우리나라 어느 직장에서나 발견할 수 있다며, 그럴 때일수록 젊은 패기와 탁월한 업무 능력으로 차별하는 사람들에게 본때를 보여주어야 한다는 댓글은 아직도 선명하게 기억이 납니다.

영화 속 차별과 현실 속 차별을 연결 짓고 난 후에는 휴스의 시 「Justice」를 영어 철학서와 관련지어보았습니다. 휴스의 시는 정의의 여신인 유스티치아Justitia가 정의 실현을 위해 눈가리개를 했다는 우리의 통념을 뒤집어놓는 시였습니다. 정의로운 판결이라는 공공의 목적을 위해 눈을 가린 것이 아니라 자신의 상처를 가리려는 사적인 목적으로 눈을 가렸다는 휴스의 충격적인 폭로는 새로운 통찰에 이르게 해줍니다. 사회적 약자와 불공정한 사회에 대해 진지하게 고민하고, 정의 실현을 위해 노력한 사람이 또 있습니다. 아리스토텔레스 이후 정의에 관한 최고의 이론가라고 평가받고 있는 존 롤스John Rawls입니다. 롤스는 한평생 '정의란 무엇인가?'라는 질문에 답하기 위해 고민하고 현대적인 의미에서 정의의 개념을 재정립하려고 노력한 사람입니다. 통합사회, 생활과 윤리 등 고등학교 교육과정에서 중요하게 다루어지고 있으며, 거의 매년 수능에 출제되는 등 아주 중요한 철학자입니다. 때마침 학생들이 본 서술형 시험에도 롤스의 정의 원칙이 출제되었습니다. 이런 맥락에서 저는 현대판 고전이라고 부를 수 있는 롤스의 『정의론*A Theory of Justice*』(1971)을 수업으로 끌어왔습니다. 수업은 통합사회 교과서의 '학생과 롤스의 가상 인터뷰'[58]를 인용하면서 시작됩니다.

학생 롤스 선생님, 선생님은 왜 정의를 탐구하게 되셨나요?

롤스 저는 자유주의자입니다. 제도적으로는 모든 이의 자유가 보장되지만 현실적으로 흑인은 백인에 비해, 여성은 남성에 비해, 장애인은 비장애인에 비해 개인이 누려야 할 자유를 충분히 누릴 수 없었어요. 저는 이를 어떻게 하면 합리적으로 해결할 수 있을까를 고민했어요.

학생 그럼 롤스 선생님의 정의에 대한 기본적인 생각은 무엇인가요?

롤스 공정한 정의를 도출하기 위해서는 몇 가지 전제가 꼭 필요합니다. 먼저, 정의의 원칙을 세우는 사람은 합리적이면서 자신의 이익을 최대한 추구하는 사람이어야 합니다. 또 공정한 정의의 원칙을 만들어내기 위해 자신의 사회적 지위, 능력, 재능, 가치관 등을 알 수 없는 상태에 두어야 합니다. 이것을 '무지의 베일'이라고 합니다. 그래야만

58) 박병기 외, 『고등학교 통합사회』, 비상교육, 2015, 177쪽, '사회적 약자를 배려하자고 주장한 롤스'에서

규칙을 정하는 사람에게만 유리하게 규칙이 정해지지 않고, 가장 불리한 상황에 있는 최소 수혜자까지 배려한 규칙이 만들어질 것입니다.

"인터뷰에 의하면 롤스는 '무지의 베일veil of ignorance'이 정의 실현을 위해 필수적이라고 생각하고 있습니다. 하지만 휴스의 시 「Justice」에서는 '무지의 베일'에 해당하는 기능을 해야 하는 눈가리개가 사실은 '이것'에 불과하다고 선언합니다. 여기서 '이것'은 영어로 무엇일까요?" 저는 bandage(붕대)라는 단어를 학생들이 찾을 수 있도록 휴스의 「Justice」를 다시 한 번 보여주었습니다. 학생들이 답을 찾고 난 후에는 조금 어려울 수 있는 질문을 던졌습니다.

"가상 인터뷰을 통해 알 수 있는 롤스와 휴스의 공통점은 무엇일까요?" 롤스는 인터뷰에서 사회적 약자의 공평한 자유를 보장하기 위해 정의를 탐구했다고 말합니다. 공정한 사회가 되기 위해 규칙을 정하는 사람들이 무지의 베일 상태에 있어야 한다고 주장한 점은 휴스가 시에서 다룬 정의의 여신 유스티치아의 눈가리개를 떠올리게 합니다. 결국 이 두 사람이 공통적으로 추구하고 있는 이상향은 모두가 공평하게 대우받을 수 있는 정의로운 사회라고 할 수 있습니다. 저는 이렇게 휴스의 시와 롤스의 무지의 베일을 연결 짓고 난 후, 흥미로운 문제 상황 하나를 제시했습니다.

"자, 그럼 이제 이런 상황을 생각해봅시다. 선생님이 동생과 함께 쿠키를 맛있게 먹고 있었습니다. 그런데 어느덧 쿠키가 하나밖에 남지 않게 되었습니다. 쿠키가 정말 맛있었기 때문에 선생님도 동생도 쿠키를 양보하지 않았습니다. 동생은 마지막 하나 남은 쿠키를 공평하게 나눠서 먹자고 합니다. 그런데 저는 쿠키가 너무 맛있어서 동생에게 양보하고 싶지는 않습니다. 자, 선생님을 도와줄 수 있는 사람 있나요? 쿠키를 가장 공정하게 나누는 방법은 무엇일까요?"

"아, 선생님. 그럴 때는 형이 보통 동생에게 양보하지 않나요? 그냥 동생 주세요."

"그냥 보통 쿠키면 선생님도 양보하죠. 그런데 이 쿠키는 세계에서 제일 맛있다고 소문난 그런 쿠키예요. 너무 맛있어서 그냥 양보해버리면 두고두고 생각날 정도입니다. 어떻게 나누면 좋을까요?"

"그냥 반으로 공정하게 쪼개서 드시면 되잖아요. 그렇게 심각한 고민을 하지 않아도 될 것 같은데요."

"선생님에게는 아주 심각한 문제입니다. 선생님은 쿠키를 세상에서 제일 좋아하거든요."

"선생님, 진짜 쿠키를 제일 좋아하세요?"

"아, 그렇지는 않아요. 지금 수업을 위해 캐릭터 설정을 하고 있는 겁니다. 선생님이 역할에 몰입할 수 있도록 다른 질문은 자제해 주세요."

"케이크 자를 때 쓰는 그……, 뭐죠? 커터라고 하나요? 그런 것으로 정확하게 이등분해서 드시면 되지 않을까요?"

"커터를 이용해서 자를 때 혹시 실수로 크기가 달라지면 어쩌죠? 선생님은 만약 그렇게 됐을 때 작은 것을 먹고 싶지 않아요. 그리고 또 하나 궁금한 것은 누가 자르는 것이 좋을까요? 선생님이 아니면 동생이?"

"아, 그거야 잘 자르는 사람이 하면 되죠."

"그런데 선생님도 동생도 커터를 한 번도 사용해보지 못해서 누가 잘 자르는지 몰라요."

"아, 선생님. 그러면 도대체 어떻게 도움을 드릴 수 있겠어요? 아, 어렵습니다. 이것도 힘들다, 저것도 힘들다고 하시면……"

"좋습니다. 이것으로 충분히 동기 유발은 된 것 같군요. 이제 함께 아주 멋진 방법을 소개하고 있는 영상을 봅시다. 물론 영어로 되어 있고 조금 깁니다. 하지만 쿠키를 나누는 멋진 아이디어가 나올 겁니다. 같이 볼까요?" 저는 학생들에게 공평하게 분배하는 것이 그렇게 쉬운 문제가 아니라는 것을 상황 설정을 통해 보여주고 난 후 롤스의 무지의 베일 개념을 쿠키 나누기를 통해 설명한 영상[59]을 보여주었습니다.

영상에 나온 영어를 바로 이해하기에는 조금 어려웠기 때문에 학생들이 영상 속 주요 단어와 표현을 퀴즈렛을 통해 공부하고, 지문 해석을 통해 내용을 이해할 수 있도록 했습니다. 독후 활동에서 던진 질문은 세 가지였습니다.

---

59) 'John Rawls and the Veil of Ignorance' [http://tiny.cc/5vnluz]. 철학적 지식을 알기 쉽게 영상으로 만들어 배포하고 있는 철학 전문 채널 Thinking About Stuff에서 가져온 영상입니다. 영어 수업 시간에 철학적 문제들을 다룰 때 활용할 만한 유용한 영상들이 많습니다.

1) 신디와 카를로스가 마지막 남은 쿠키를 나눌 수 있는 가장 공평한 방법은 무엇일까?

2) 글 ①, ②, ③에서 어법상 가장 적절한 단어들을 고르면?

3) **[활동과제]** 윗글에서는 쿠키를 나누거나 법률 혹은 정책을 만들 때 '무지의 베일'의 원리를 적용하면 정의를 실현할 수 있다고 했다. 우리들의 일상생활이나 사회에서 이 원리를 적용할 수 있는 경우로는 어떤 것들이 있을까?

세 질문 중에 제가 제일 강조했던 것은 마지막 활동과제였습니다. 통합사회 시험에 서술형 문제로 출제되어서 대부분의 학생들에게 익숙했던 무지의 베일 개념을 삶과 연결 지어 생각해보는 것입니다. 가장 많이 나온 의견은 학교에서 급식을 먹는 순서를 정할 때 무지의 베일을 이용하자는 것이었습니다. 이 수업은 1학년 수업이었는데, 당시 저희 학교에서 1학년 학생들이 급식을 제일 마지막에 먹고 있었습니다. 그래서 불만이 많이 쌓였었나 봅니다. 거의 모든 학급에서 이 아이디어가 나왔으니 말입니다. 지문의 마지막에 등장하는 'That person could be you.(그 사람이 바로 당신이 될 수 있다.)'를 인용하면서 이런 방식으로 급식 먹는 순서를 다시 정했으면 좋겠다고 했습니다. 생각해보니 1년 내내 마지막에 급식을 먹어야 하는 1

학년들 입장에서는 억울할 수도 있겠다 싶었습니다. 교직원 회의 시간에 관련 문제를 제기하고 공론화시켜도 좋겠다는 생각을 했었습니다.

급식 순서뿐만 아니라 학교에서 청소 구역을 정할 때 적용하면 좋겠다는 의견도 있었습니다. 임원 선거나 학생회장 선거에서 공약을 만들 때도 무지의 베일 개념을 적용하면 더 정의로운 공약들이 나올 수 있을 것이라는 의견을 낸 친구도 있었습니다. 심지어 이 개념을 교육하는 프로그램을 만들어 지방자치단체에 보급하여 모든 정치인들을 교육시키고, 이를 바탕으로 법률을 제정하고 실행할 수 있게 하면 좋겠다는 열정적인 제안을 피력하는 학생도 있었습니다. 미국의 배심원 제도도 롤스의 무지의 베일 개념으로 이해할 수 있다는 저의 말[60]을 듣고, 한 학생은 우리나라 법정에서도 배심원 제도를 더욱 활성화시키면 좋겠다는 말을 하기도 했습니다.

그다음 시간에는 롤스의 『정의론』에서 무지의 베일과 원초적 입장을 설명한 부분을 가져와 함께 읽었습니다. 원문 중에서 지나치게 어렵거나 복잡한 문장은 고등학교 수준으로 고쳐서 지문을 재구성했습니다. 유명한 철학자의 원서를 읽는다는 부담감을 주기보다는 지금까지 연습해온 수능 유형 문제를 푼다는 느낌을 주기 위해

---

60) 미국의 배심원 제도는 엄밀한 차원에서 무지의 베일을 적용한 사례는 아니라고 하더라도 공평한 재판을 위해 해당 사건에 대해 무지한 제3자가 참여한다는 점에서 근본적으로는 무지의 베일의 개념이 활용된다고 이해할 수 있을 것입니다

서 원서의 지문을 활용하여 수능형 독해 지문을 만들어 학습지로 제공해주었습니다(〈표9〉 학습지 참조). 가령 아래와 같은 지문입니다.

다음 글을 읽고 빈칸에 들어갈 말로 가장 적절한 것은?

In justice as fairness, the original position of equality corresponds to the state of nature in the traditional theory of the social contract. It is understood as a purely hypothetical situation. One of the essential features of this situation is that no one knows his place in society, nor does anyone know his fortune in the distribution of natural assets and abilities, his intelligence, strength, and the like. The principles of justice are ________________. This ensures that no one is advantaged or disadvantaged in the choice of principles by the outcome of natural chance or the contingency of social circumstances.

① chosen behind a veil of ignorance

② agreed upon by great philosophers

③ accepted only by the disadvantaged

④ only acceptable for the greatest happiness

⑤ established to improve efficiency of society

지문 내용이 조금 어려울 수 있지만 이미 익숙한 수능 문제 유형이었기 때문에 학생들은 비교적 쉽게 답을 찾아낼 수 있었습니다. 저는 지문들에 나온 중요 구문을 설명하고 지문의 내용을 다시 정리해주었습니다. 철학이나 정치학 분야에 진지한 관심을 갖고 있는 친구들을 위해 『정의론』을 우리말로 공부할 수 있는 책과 만화를 소개해주기도 했습니다.[61)]

"롤스의 무지의 베일이란 개념은 정의를 실현하기 위한 완벽한 개념이 아닙니다. 어쩌면 모든 사람에게 공정하게 적용될 수 있는 법이나 원리를 만드는 것 자체가 현실적으로는 불가능할 수도 있습니다. 하지만 불가능하다고 해서 포기하면 안 됩니다. '우리 모두 리얼리스트가 되자. 그러나 가슴 속에 불가능한 꿈을 갖자.'라는 말이 있습니다. 아르헨티나의 저항 운동가 체 게바라Ernesto Che Guevara가 한 말입니다. 정의로운 사회에서는 사회경제적 약자들도 존중받고 인간다운 삶을 살아갈 수 있어야 합니다. 그렇게 모두가 존중받고, 더

---

61) [존 롤스, 『정의론 A Theory of Justice』, 황경식 옮김, 이학사, 2003.]는 널리 읽히고 있는 우리말 번역서이나 700쪽이 넘는 두꺼운 책이어서 고등학생들에게는 접근하기가 쉽지 않을 수 있습니다. 그래서 롤스의 정의론을 요약해서 설명하고 있는 [황경식, 『존 롤스 정의론』, 쌤앤파커스, 2018.]와 만화로 핵심적인 내용을 살펴볼 수 있는 [김면수 글, 남기영 그림, 『서울대 선정 인문고전 60선 : 존 롤스 정의론』, 주니어김영사, 2019.]를 추천해주었습니다.

불어 행복하게 살 수 있는 사회를 만드는 것은 선생님과 여러분들이 끊임없이 추구해야 할 목표이자 가치입니다."

저는 휴스의 「Democracy」로 시작해서 〈히든 피겨스〉를 거쳐 롤스의 『정의론』으로 이어지는 긴 수업을 이렇게 마무리했습니다.

내 마음을 흔드는 시는 어디에?

'시란 무엇일까?'라는 질문에서 시작된 세계 시문학 프로젝트는 이제 막바지에 이르게 됩니다. 학생들은 휴스의 시를 김수영의 시와 비교해서 감상해보았으며, 영화와 고전을 통해 휴스가 추구했던 가치를 더욱 깊이 있게 생각해봤습니다. 이제 다시 처음으로 돌아와 시를 삶과 연결 짓는 활동을 해봅니다. 내 마음을 흔드는 인생 시를 찾고 이 시를 친구들과 나누어보는 것입니다. 공유는 수업 시간뿐만 아니라, 보다 공식적인 자리에서도 이뤄집니다. 바로 세계 시문학제에 참여함으로써 말이죠.

"여러분, 우리는 '시란 무엇일까?'라는 질문으로 시작하여 먼 길을 걸어왔습니다. 그 길 위에서 랭스턴 휴스와 김수영을 만나고, 캐서린 존슨과 존 롤스를 만났습니다. 이 만남을 통해 우리의 지혜가 깊어졌을 것이라 믿습니다. 이제 우리는 다시 시라는 주제로 돌아갑니다. 지금부터는 '세계 시문학제'를 함께 준비해볼 겁니다. 지금부터 '내 마음을 흔드는 시'를 찾아봅시다. 영시를 찾는 것이 우선이지만 영시가 아니라도 괜찮습니다. 영시가 내 마음을 울리지 않는다면 우리말이나 다른 외국어로 된 시도 좋습니다. 단, 외국어 시의 경우 영어로 번역해서 공유해야 합니다."

저는 학생들에게 세계 시문학제 사전 활동지[62]를 배부하면서 이 대회의 취지와 참여 방법을 간단히 소개했습니다. 사전 활동에는 시가 마음에 드는 이유를 자신의 삶과 연결 지어 서술하고, 시인에 대해 자세히 조사하는 활동이 포함되어 있습니다. 시를 친구들 앞에서 발표할 때 나오면 좋을 배경 음악을 찾아보는 과제도 추가했습니다. 문학제에 참여하고 싶지 않은 경우 활동지만 제출해도 된다고 했지만 놀랍게도 불참하겠다는 학생은 단 한 명도 없었습니다. 영어 실력이 충분하지 못해 시를 검색하기 어려운 경우에는 제가 미리 찾아둔 영시 목록(〈표8〉 참조)을 제공해주었습니다. 학생들이 찾은 시들 중에는 정말 멋진 작품이 많았습니다. 멋진 작품만큼이나 작품을 선정한 이유들도 훌륭했습니다. 함께 나누고 싶은 작품들이 수없이 많지만 몇 개만 골라 소개해봅니다.

> 성공 Success (Ralph W. Emerson)
>
> 저는 대학을 잘 가고, 좋은 직장을 얻어, 괜찮은 사람과 결혼하는

62) 사전 활동지 다운로드 링크 [http://tiny.cc/eh1iuz]

것이 성공이라고 생각했어요. 하지만 선생님이 추천해주신 「성공 Success」라는 시를 읽고 제가 행복을 느끼면 그것 또한 성공이구나 하고 생각했습니다. 물론 대학교를 좋은 곳으로 가고, 좋은 직장을 얻는 것도 크나큰 성공이지만 단지 그것만을 위해 달려가는 삶을 살아가다 보면 나중에 후회가 될 것 같아요. 목표를 명확히 잡고 해내는 것도 좋지만 시에 나오는 것처럼 자주 웃고, 아름다운 것이 무엇인지 알고, 제가 지금 살고 있는 삶을 조금 더 개선하는 것도 중요하다는 것을 깨달았어요.

옛날에는 꿈도 없고, 목표도 없이 놀기만을 좋아했던 아이였는데 중학교 3학년 때 거의 처음으로 공부를 시작하고 나서 구체적인 목표를 생각할 수 있었거든요. 그런데 이제 「성공」을 읽고 나서 진정한 성공에 대해서 생각하게 되었습니다. 다른 사람들의 삶을 더 나아지게 하는 것. 그런 삶을 저의 미래의 삶으로 만들어야겠어요.

생명의 언어 Language of Life (한하운)

병을 얻고 싶어서 얻은 사람은 없을 것입니다. 이 시의 작가인 한하운 역시 나병(한센병)을 갑작스럽게 앓으면서 사람들의 차가운 시선과 신체적 고통 속에서 살아왔다고 합니다. 시문학제를 준비하면서 병을 앓고 있는 사람들이 쓴 시들도 읽어보았습니다. 그들 중 아무도 원해서 병을 얻은 사람은 없었을 텐데, 병으로 고통받는 모습이 안타까웠습니다. 고통이 너무 힘들어 결국에는 삶을 포기한 사람들도 있었습니다. 최근 TV에서 아직 치료제가 개발되지 않아 매번 부담스러운 치료비를 감당하면서도 고통을 인내하며 열심히 살아가는 사람들을 봤습니다. 제 꿈은 신약 개발 연구원입니다. 열심히 공부하고 노력해서 그런 사람들이 더 나은 삶을 살 수 있도록 힘을 보태고 싶습니다. 신약을 개발하여 사람들의 고통을 줄이고 희망을 줄 수 있다면 그것만큼 뿌듯하고 행복한 순간이 없지 않을까 싶습니다. 이번 세계 시문학 탐구 활동을 하면서 저는 질병으로 고통받는 이들의 삶을 시를 통해 더 잘 느낄 수 있었습니다.

밤에 At Night On the High Seas (Hermann Hesse)

이 시는 고독에 대해 쓴 시입니다. 시에는 제가 공감할 수 있는 부분이 많았습니다. 저는 사실 18살입니다. 다른 친구들보다 나이가 더 많습니다. 마이스터고에 진학해 학교를 다녔습니다. 성적은 잘 나왔지만 적성에 맞지 않았습니다. 전학과 자퇴를 고민했습니다. 일반계 고등학교는 처음에는 생각하지 않고 있었기 때문에 잘 적응을 할 수 있을지, 성적은 잘 받을 수 있을지 고민이 되었습니다. 하지만 결국 자퇴를 선택했습니다. 1년이 늦더라도 저에게 더 맞는 학교를 다니고 싶었습니다. 자퇴를 하고 집에 있는 동안 외로웠습니다. 집에서 혼자 있는 시간이 많아지니 저도 모르게 정말 외로워졌습니다. 자연스럽게 친구들과 만나는 시간이 적어지면서 친구들이 그립기도 했습니다.

이제는 중간에 포기하지 않고 3년 동안 고등학교 생활을 잘할 것입니다. 공부도 지겹도록 할 것입니다. 하다 보면 또 포기하고 싶고, 외롭고, 고독해질 수도 있을 것입니다. 하지만 이 시를 보면 왠지 모르게 이겨낼 것 같습니다. 그래서 이 시를 골랐습니다.

학생들이 발표하고 제출한 작품들이 너무 훌륭했기 때문에 저 혼자서 시문학제 본선에 올릴 후보들을 고르는 것은 무리였습니다. 그래서 동료 선생님께 도움을 요청했습니다. 동료 선생님은 심사를 도와주시면서 감탄사를 연발하셨습니다. 사실 저 역시 그럴 수밖에 없었는데, 그만큼 많은 학생들의 글이 저희의 마음을 흔들었기 때문입니다. 심사를 도와주신 선생님께서도 영시 수업을 이렇게 해봐야겠다고 하시면서 마음에 드는 학생들의 작품들을 사진으로 여러 장 담아 가셨습니다. 시문학제 예선을 심사하는 그 시간에 느꼈던 감동과 희열은 아직까지 제 가슴에 남아 있습니다. 세계 시문학제 본선에서는 제가 가르치는 학생들의 영시뿐만 아니라 일본어와 중국어를 선택한 학생들의 시까지 감상할 수 있었습니다. 일시와 중시에 대해서 전혀 알지 못했던 저에게 세계 시문학제는 정말 새로운 경험이었습니다. 학생들의 '인생 시'가 궁금하셨던 다른 과목의 선생님들도 문학제에 참여하셔서 자리를 빛내주셨습니다. 세계 시문학제가 끝나고 난 후 함께 행사를 치른 일본어 선생님과 중국어 선생님은 '아시아 시 암송의 날'이 영시 덕분에 더욱 풍성하고 다채로운 행사가 되었다고 하시면서 문학제의 여운을 정리해주셨습니다. 학생들이 자신의 감정을 오롯이 담아 시를 낭송하던 그날의 기억은 오래도록 잊히지 않을 것 같습니다.

학생들의 수업성찰과 기록

"무지의 베일은 통합사회 시간에 서술형 시험으로 나왔던 내용이라 외우기만 했었는데, 다시 한번 깊이 있게 공부를 하니 좋았습니다. 특히 롤스의 책을 수업 시간에 읽게 될 줄이야……. 어려웠지만 모두 해석하고 나니 뭔가 제가 대단한 사람이 된 것 같은 느낌이 들었습니다. 무지의 베일을 적용해서 우리 학교의 급식 먹는 순서를 꼭 정하면 좋겠습니다. 매번 급식을 늦게 먹는 것은 좀 아닌 것 같습니다. 아, 그리고 이제부터라도 음식을 나눠 먹을 때에는 무지의 베일을 이용할 생각입니다." - 이○영

"〈히든 피겨스〉에서 본 극심했던 인종 차별 문제가 아직도 여전히 남아 있다는 것이 너무 안타까웠습니다. 차별 문제를 다시 생각해보고 저는 그런 차별을 하지는 않았는지 돌아보게 되었습니다. 다시 한번 민주주의와 자유의 진정한 의미를 깊이 고심하게 되는 좋은 계기가 되었습니다." - 노○언

"이번 수업도 지금까지 경험해보지 못했던 특별한 수업이었습니다. 다양한 시들과 영화, 고전을 바탕으로 한 프로젝트라서 놀랐습니다. 다른 수업과도 연결이 되고, 영어 수업의 폭이 이렇게 넓어질 수 있다

니……. 사실 영시와 고전은 좀 어려웠습니다. 그래도 흥미로운 주제여서 열심히 참여했습니다. 영시는 처음 배워보는데, 우리 시처럼 운율이 있다니……. 새로웠습니다. 우리 시뿐만 아니라 영시도 감성이 그대로 전달될 수 있구나, 하고 느꼈습니다. 평소에 영시를 잘 찾아보지 않지만 이번 계기를 통해 앞으로 더 찾아볼 생각입니다." - 서○빈

"영어만 공부하는 것이 아니라 시와 함께 공부하니 즐거웠고 시간 가는 줄 몰랐습니다. 가장 기억에 남는 것은 자유라는 것이 마냥 좋고 기쁜 것만은 아니라는 것이었습니다. 자유를 실현하기 위해서 많은 고통과 아픔이 있었다는 것. 오늘도 5.18 민중 항쟁의 아픔을 기억하게 됩니다." - 이○성

"영어 수업은 항상 지루하고 재미없는 시간이었습니다. 영어를 싫어했는데 이런 수업을 한다면 매일 듣고 싶을 것 같습니다. 그런데 영어 시는 역시 영어로 되어 있기 때문에 쉬운 내용이라도 어려웠습니다. 그래도 '자유'라는 비슷한 주제를 가지고 있는 '영시와 우리말 시 비교하기' 수업은 굉장히 잘 이해되었습니다." - 김○균

"랭스턴 휴스는 정말 멋진 시인인 것 같습니다. 사람들마다 관점이 다르다는 것은 알고 있었지만 흑인과 백인이 바라보는 정의가 다르다는 것을 휴스의 시를 통해 배울 수 있어서 좋았습니다. 정의와 관련된 시를 더 찾아보기도 했는데, 고은의 「화살」이라는 시가 있었습니다. 이

시는 1978년에 발표되어 불의한 세상에 맞서 정의롭고 치열하게 싸울 것을 다짐하고 독려하는 내용의 저항적인 작품이었습니다. 저도 정의롭게 살아야겠다는 생각이 드는 유익한 시간이었습니다." - 조○연

"휴스의 〈정의〉라는 시는 참 멋지고 놀라운 시였습니다. 안대가 사실은 붕대였다니요. 한편으로는 마음이 아팠습니다. 휴스와 김수영이 노래한 진정한 자유도 가슴에 와닿았습니다. 우리가 평소에 당연하게 누리는 자유가 예전에는 그렇지 않았다는 것이……. 자유를 보장받지 못하는 사람들에게 자유가 얼마나 소중하고 의미 있는 것인지 생각할 수 있었던 시간이었습니다. 지연된 자유를 상징했던 '내일의 빵 tomorrow's bread'이라는 구절이 아직도 생각납니다." -김○현

"영어 수업에서 시를 배울 줄은 몰랐는데, 저는 국어를 좋아하고 시를 배우는 것도 정말 좋아해서 재밌는 시간이었어요! 영시에도 운율이 있다는 걸 알게 되었고, 이제 영시를 소리 내어 읽어봐야겠다는 생각을 했어요. 세 시 모두 자유에 대해 강렬히 소리 내고 있는 좋은 시들 같아요. 차별 문제로 시와 영화를 연결시킨 수업도 좋았습니다. 최근 미국의 흑인 차별 사건이 떠오르고 과거에서부터 아직까지 현재진행형이라는 것에 반성하게 되네요. 자유와 민주주의를 향한 치열했던 역사가 떠오르면서 누구도 부당하게 차별받지 않는 세상을 만들어나가고 싶다는 생각을 다시금 하게 됐습니다. 이렇게 훌륭한 시들에 대해 알려주셔서 감사합니다!" - 김○영

다음은 세계 시문학 프로젝트에 대한 교과 세특 일부입니다.

Ⓐ 비교문학 탐구 프로젝트에 참여해 영시와 우리말 시를 비교 감상함. 김수영의 '푸른 하늘을'과 랭스턴 휴스의 'Democracy'를 운율, 시적 화자, 상징 측면에서 비교 분석하는 탐구 활동지를 제출함. 학생의 진로 관심 분야(물리학)에 대한 도서 '조지 가모브 물리열차를 타다(조지 가모브)'에 소개된 과학 시 'Oh Atom'을 영어로 번역하여 친구들 앞에서 낭송함. 우주의 시작을 원자론적으로 해석한 시를 과학 수업 시간에 배운 빅뱅 이론과 관련지어 소개한 부분이 인상적이었으며, 과학에 대한 각별한 애정을 보여주어 호평을 받았음.

Ⓑ 세계 시문학 탐구 활동에 참여해 자신의 애송시('A Night On the High Seas')를 친구들 앞에서 발표함. 인간의 근원적 고독을 노래한 헤르만 헤세의 영어 번역시를 학생의 삶과 연관 지어 감동적으로 낭송함. 공감과 위안을 주고 삶을 반추할 수 있게 해주는 시의 본질적 기능을 깨달았다는 발표를 통해 친구들에게 많은 울림을 주었음. 통합사회에서 배운 롤스의 정의 개념과 랭스턴 휴스의 시 'Justice'를 연결 지어 감상해보고, 고전 'Justice(John Rawls)'에서 '무지의 베일'을 설명한 부분을 발췌해서 독해함. 공정한 학교 학생생활규정의 제정을 위해 롤스의 정의의 개념과 무지의 베일의 원칙을 활용하자는 창의적인 제안으로 교사는 물론 친구들을 놀라게 함. 영화 '히든 피겨스'를 보고 미국의 차별 문제를 실제적으로 이해하고 이를 바탕으로 학생의 관심

진로 분야(경찰)의 차별 사례를 조사하고 이를 개선할 수 있는 방안을 작성한 심화 활동지를 제출함. 특히 경찰에 대한 사회적 편견과 업무 차별에 대한 구체적인 조사가 돋보였음.

Ⓒ 비교문학 탐구 프로젝트에 참여해 랭스턴 휴스의 'Democracy'와 김수영의 '푸른 하늘을'을 비교 분석해보는 활동을 수행함. 두 시의 공통점과 차이점을 탁월하게 분석함. 내 삶의 시 발표 시간에는 Charlotte Bronte의 'Life'를 친구들 앞에서 낭송함. 삶은 항상 어둠과 빛이 함께 공존하며 시련이 찾아와도 희망과 용기를 가지면 극복할 수 있다는 시의 주제를 학생의 진로 관심 분야(역사, 방송)와 연관 지어 호소력 있게 발표함. 역사적 기록이나 방송들은 필연적으로 주관이 개입될 수밖에 없으므로 긍정적인 면과 부정적인 면을 총체적으로 파악할 수 있는 객관적 시각을 길러야 한다는 점을 인상 깊게 피력함.

Ⓓ 영문학 탐구 프로젝트에 참여해 프로스트, 에머슨, 디킨슨의 시를 찾아 감상하고 시의 삼대 요소를 통해 시문학을 깊이 있게 이해함. 이를 바탕으로 김수영의 '푸른 하늘을'과 랭스턴 휴스의 'Democracy'를 비교 감상함. 주제와 운율, 시적 화자의 태도를 상징어와 연결 지어 비교 분석한 탁월한 탐구 활동지를 제출함. 우리말 시 '생명의 언어(한하운)'를 영어로 번역하여 친구들 앞에서 낭송하기도 함. 시의 내용을 토대로 삶을 성찰하고 자신의 진로(신약 개발 연구원)와 연관 지어 시를 재해석한 부분이 깊은 인상을 남겼음. 치료약이 없어서 병으로 고통받

고 있는 환자들을 위해서 신약을 개발하겠다는 진로 포부를 밝혀 친구들과 교사의 박수를 받음.

Ⓔ 비교문학 심층탐구 활동으로 랭스턴 휴스의 시 'Justice'를 통합사회에서 배운 롤스의 정의 개념과 연결 지어 감상해보고, 정의에 대한 개념을 깊이 이해하기 위해 존 롤스의 '정의론'의 일부를 발췌해서 독해함. 독후 활동으로 실시된 '무지의 베일 적용해보기' 활동에서 학교나 지방자치단체에서 안건을 상정하고 결정할 때 롤스의 정의론을 적용해 구체적인 절차를 마련하면 좋겠다는 발표를 통해 뛰어난 응용력을 보여줌. 영화 '히든 피겨스' 감상 후 활동으로 학생의 진로 희망 분야(음악)의 차별 사례를 조사하고 이를 개선할 수 있는 방안을 작성한 활동지를 제출함. 음악계에서 상존하는 장르, 경력, 인종에 따른 차별을 불식시키기 위해서는 의식적인 측면에서 근본적인 변화가 필요하다는 의견을 호소력 있게 제시함.

위 사례들은 수업 활동과제를 기획할 때 학생들의 삶과 연관 지어 생각해보는 부분을 넣으면 얼마나 교과세특이 풍부해질 수 있는지를 보여줍니다. 학생들이 마음에 드는 시를 골라 발표할 때도 마음에 들었던 구체적인 이유를 자신의 삶과 연관 지어 생각해보게 했습니다. 사실 대부분의 친구들이 진로를 생각하면서 시를 고르지는 않았지만, 놀랍게도 진로와 연관 있는 시를 골라 발표한 학생들(Ⓐ,Ⓒ,Ⓓ)이 있었습니다. 특히 눈에 띄었던 사례는 Ⓐ입니다. 그 학생은 물리학자를 꿈꾸고 있었는데, 빅뱅 이론을 제안하고 DNA의 구조를 밝혀내는 데 기여한 구소련 출신의 물리학자 조지 가모브의 책에 나온 인상적인 시를 가져왔습니다. 이 시는 한국어 번역본을 보면서 영어로 직접 번역을 해야만 했는데, 학생의 영어가 아직 서툴렀기 때문에 저의 도움을 받아 매끄럽게 다듬는 과정을 거쳤습니다. 지금도 그 학생과 함께 번역했던 시의 내용이 기억납니다. 가모브의 책에는 벨기에 천문학자 조르주 르메르트Georges Lemaître의 아리아가 나오는데, 함께 번역한 시는 그 아리아의 첫 소절입니다. 번역이 완전하지는 못하더라도 그때 그 감동을 여러분께 전해주고 싶은 마음에 여기에 공유해봅니다.

오 원자여!

오 태초의 원자여!
만물을 담은 원자여!
너무나 작게 산산히 흩어져
은하를 형성한 최초의 에너지여!

오, 방사성의 원자여!
오 만물을 담은 원자여!
오 만유의 원자여!
주님의 작품이로다!

Oh, Atom

Oh, primitive atom!
All-containing atom!
Dissolved into fragments, extremely small
Forming the galaxy
Each primary energy!

Oh, radioactive atom!
Oh, all-containing atom!
Oh, universal atom!
Work of the Lord

기나긴 우주의 진화는
한 줌의 재와 연기로 화한
기적의 불꽃놀이를 말해주노라.

식어가는 태양을 마주 보며
우리는 잿더미 위에 서있으니,
그 시원의 장엄함을
기억하고자 하노라.

오, 만유의 원자여!

주님의 작품이로다!

The long evolution of the universe

Tells us about the fireworks of the miracles

That turned into ashes and smokes

Facing the sun that is cooling down,

We stand on the ashes

We want to remember

The majesty of the very beginning

Oh, universal atom!

Work of the Lord

수업 정보+

세계 시문학 프로젝트를 기획하는 과정에서 가장 많은 시간을 들였던 일은 학생들과 함께 집중적으로 공부할 시와 시인을 고르는 것이었습니다. 이를 위해 대학시절에 배웠던 영문학 개론서와 작품들을 다시 살펴봤고, 국내 영시를 번역해 소개한 자료들도 광범위하게 검토했습니다. 다음은 수업에 직접 활용한 자료들의 정보를 모아 정리한 목록입니다.

인터넷 자료

1) 'Poetry Reading : Justice by Langston Hughes'

- 설명 : 랭스턴 휴스의 시 「Justice」의 낭송 영상입니다.

영상 링크 : Justice by Langston Hughes(Pearls of Wisdom)

http://tiny.cc/eunluz

2) 'Democracy by Langston Hughes'

- 설명 : 휴스의 시 「Democracy」를 6명의 여성이 생동감 있게 낭송하는 영상입니다. 이 영상은 2017년 1월 21일, 워싱턴 D.C.에서 일어났던 여성 행진(Women's March on Washington)을 기념하기 위해 만든 영상으로 미국 최초의 흑인 여성 하원 의원이자 대통령 경선 후보가 되었던 셜리 치솜

(Shirley Chisholm)이 등장하기도 합니다.

영상 링크 : Democracy by Langston Hughes(Move On)

https://url.kr/BvdyL1

3) 'No More Colored Bathroom, No More White Bathroom'

- 설명 : 영화 〈Hidden Figures〉(2016)에서 화장실 사용을 위해 자리를 비운 캐서린과 상사의 갈등을 보여주는 장면을 담은 영상입니다. 듣기 연습을 위한 자료로 활용했습니다.

영상 링크 : No More Colored Bathroom, No More White Bathroom

http://tiny.cc/14oqsz

4) 'John Rawls and the Veil of Ignorance'

-설명 : 롤스의 무지의 베일 개념을 쿠키 나누기 사례를 통해 알기 쉽게 설명한 동영상입니다. 롤스의 『정의론』을 발췌하여 읽기 전에 사전 지식을 쌓는 의미에서 학습한 지문입니다. 영상을 발췌해온 채널에는 이 영상 말고도 좋은 영상들이 많습니다. 영어 수업 시간에 철학적 문제들을 다루고자 하신다면 살펴보시기를 권합니다.

영상 링크 : John Rawls and the Veil of Ignorance(Thinking About Stuff)

http://tiny.cc/5vnluz

단행본

1) 존 롤스, 『정의론 A Theory of Justice』, 황경식 옮김, 이학사, 2003. (원저는 1971 출판)

- 관련 활동 : 고전으로 휴스의 「Justice」 깊게 읽기
- 설명 : 휴스의 시에 나오는 정의의 여신의 눈가리개를 무지의 베일과 연관 지어 깊이 있게 탐구하기 위해 관련 고전을 발췌독하는 활동을 했습니다. 영어 원저 자체의 분량이 워낙 방대한 작품이기 때문에 번역본으로 대략적인 내용을 파악하고, 무지의 베일과 관련된 핵심적 부분을 찾아 영어로 발췌했습니다.

2) 황경식, 『존 롤스 정의론』, 쌤앤파커스, 2018.

- 관련 활동 : 고전으로 휴스의 「Justice」 깊게 읽기
- 설명 : 700쪽이 넘는 책인 『정의론』은 꼼꼼하게 읽기가 쉽지 않을 수 있기 때문에 롤스의 책을 짧게 정리한 안내서를 먼저 읽어보는 것도 고전에 접근하는 좋은 방법이 될 것입니다.

3) 김면수 글, 남기영 그림, 『서울대 선정 인문고전 60선 : 존 롤스 정의론』, 주니어김영사, 2019.

- 관련 활동 : 고전으로 휴스의 「Justice」 깊게 읽기
- 설명 : 그림을 좋아하는 친구들에게 추천해주면 좋을 만한 롤스의 정의론 안내서입니다. 만화나 애니메이션 작가를 꿈꾸고 있는 학생들에게는 고

전을 그림으로 어떻게 풀어낼 수 있는지 살펴볼 수 있는 기회가 될 것입니다.

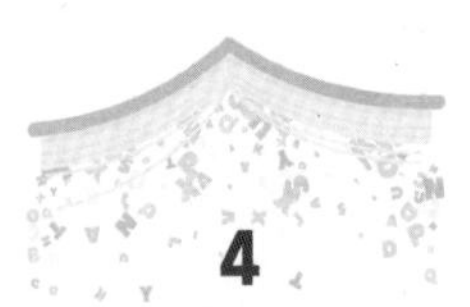

4

다수결은 그래도 항상 옳은가?

집단지성, 숙의민주주의, 위키백과

"대개 평균이란 '보통 수준'을 의미한다.

그러나 집단의 지혜가 개입되면 평균은 '탁월함'으로 변한다."[63)]

- 제임스 서로위키

해안가에 빨간 게들이 떼를 지어 걸어가고 있습니다. 하늘을 날던 갈매기가 군침을 삼키며 게들에게 돌진합니다. 게 한 마리가 갈매기를 보고는 신호를 합니다. 게들이 일사불란하게 대열을 이루어 모입니다. 게들은 저마다 집게발을 하늘 높이 올린 채로 돌진하던 갈매기를 맞이합니다. 먹음직스러운 게들을 보고 너무 빨리 날았던 갈매기는 속

63) 제임스 서로위키, 『대중의 지혜』, 홍대운, 이창근 옮김, 랜덤하우스중앙, 2004, 38쪽.

도를 줄이지 못하고 게들의 집게에 털이 모조리 뽑히고는 바닥에 쓰러집니다. 용맹했던 갈매기가 오히려 먹음직스러운 치킨처럼 보입니다.

집단지성 수업의 동기유발에 썼던 영상은 벨기에 공공버스 회사 De Lijn(The Line)이 제작한 광고 영상[64)]입니다. 혼자 여행하지 말고 함께 여행하라It's smarter to travel in groups는 메시지를 가진 영상인데 유럽에서는 유명한 영상입니다. 영상은 천적의 공격에 힘을 모아서 저항하는 동물들을 다루고 있습니다. 게, 펭귄, 개미들이 등장합니다. 영상이 재미있고 기발해서 어떤 노동조합은 이 영상을 편집하여 노조 가입 홍보 영상으로도 썼다고 합니다.

영상을 보는 내내 이곳저곳에서 학생들의 웃음소리가 납니다.

"와~ 갈매기, 완전 새됐네!"

"원래 갈매기는 새야."

"게 잡을 때 조심해야겠다!"

이어서 무시무시한 상어를 물리치는 펭귄들이 나오고 거대한 개미핥기를 쓰러뜨리는 개미들이 나옵니다. 저는 갑작스럽게 영상을 멈춥니다.

"아, 샘! 영상 끝까지 봐요."

"조금만 더 보면 안 될까요?"

학생들이 영상을 더 보자며 성화를 냅니다. 학생들을 진정시키

64) 'Benefits Of Traveling In Groups' [http://tiny.cc/bum9uz]

고 저는 질문을 하나 던집니다.

"여러분, 이 세 가지 영상의 교훈은 뭘까요?"

"영상에 영어로 나왔는데……."

"여행은 단체로 하는 것이 현명하다, 뭐 그런 거 아니었어?"

"버스 타자, 아니었냐?"

"야, 갑자기 버스가 왜 나와? 아, 나온 것 같기도 하다."

여기저기 학생들의 말들이 터져 나옵니다. 영상이 재미있으니 그만큼 학생들의 반응도 좋습니다. 모든 수업의 초반부가 이렇게 진행되면 좋겠다는 생각을 하며 수업을 계속합니다. 지금까지 묘사한 장면은 집단지성을 주제로 하는 수업의 첫 장면이었습니다.

프로젝트의 시작,
오래된 질문과 삶이 만나다

집단지성 프로젝트는 오랫동안 해결되지 못한 개인적인 질문에서 비롯되었습니다.

'다수결은 그래도 항상 옳은가?'

학교생활을 하다 보면 다수의 참여를 통해 의사를 결정하는 것이 항상 최선의 결과를 가져오지 않는 경우가 있습니다. 학급회의는 물론이고 교사들의 부장회의나 교직원 회의에서조차 다수결에 의한 결정이 만족스럽지 않을 때마다 들리는 내면의 목소리는 '다수결은 그래도 항상 최선인가?'라는 것이었습니다. 관련 사안에 대해서 더 많은 경험이 있고, 더 많이 알고 있는 소수의 사람들이 존재할 때 이 질문은 저에게 더욱 큰 위력을 가지고 다가옵니다. 그런데 의사결정을 할 때 매번 소수의 전문가들에게 의지하는 것은 평범한 다수의 힘을 믿는 민주주의의 가치와 반대되는 것은 아닐까 하는 생각이 들었습니다. 그런 고민을 하고 있었던 시기에 정부의 탈원전 정책이 사회적인 이슈가 되었습니다.

정부는 평범한 시민들이 참여하는 공론화위원회를 통해 신고리 원전 5, 6호기의 재건설 문제를 결정하겠다고 발표했습니다. 우리나라 정부 차원에서 처음으로 시도되는 숙의민주주의deliberative democracy 실험이었습니다. 숙의민주주의[65]란 의사결정에 영향을 받는 모든 시민들이 숙고된 토의를 통해 자신의 의견을 표현하여 의사결정 과정에 참여하는 민주주의를 의미합니다. 숙의민주주의는 소수 전문가 집단보다 평범한 시민 다수의 참여를 독려하고 집단지성의 힘을 믿는 의사결정 모델입니다. 집단지성과 민주주의라는 중

65) 숙의민주주의를 심의민주주의라고 번역하는 경우도 있습니다. 숙의는 깊이 생각하여 충분히 의논하는 것을, 심의는 자세히 조사하여 토의하는 것을 의미합니다. 신고리 원전 공론화위원회는 시민들이 집중도 높은 토의를 통해 자신의 의견을 다시 한번 숙고하는 절차를 통해 의사결정을 했다고 합니다. 그렇기 때문에 저는 '숙의'라는 단어가 그런 과정을 더 잘 드러낸다고 생각합니다.

요한 삶의 주제를 학교 현장에서 이야기해볼 수 있는 아주 좋은 기회였습니다. 집단지성 프로젝트는 이렇게 저의 오랜 고민과 시사적 이슈가 만나 탄생했습니다.

수업 디자인

저는 집단지성 수업을 통해 '뛰어난 소수보다 평범한 다수의 지혜가 더 바람직한가'라는 문제를 진지하게 다루고 싶었습니다. 우리 학생들이 자라서 특정 분야의 전문가가 되었을 때, 전문가가 아닌 사람들의 의견도 진심으로 존중하고 협력을 통해 문제를 해결할 수 있는 사람이 되면 좋겠다는 바람도 있었습니다. 그런 바람을 담아 〈표10〉과 같이 전체 수업을 디자인했습니다. 활동과제 2는 이전에 수행했던 다른 주제통합 수행평가 과제(학교 진로부서 협조)와 연계한 활동이며, 활동과제 3은 영어 쓰기 대회와 연계[66]한 활동입니다.

---

66) 일반계 고등학교의 영어 대회는 영어 실력이 출중한 소수의 학생들을 위주로 기획되고 운영될 가능성이 큽니다. 성적이 우수한 학생들의 입시 경쟁력을 강화시켜주는 것도 좋지만, 학생들 모두가 참여해서 성장할 수 있는 기회로 만들 수는 없을까요? 그런 고민 끝에 제가 내린 결론은 '영어 대회 연계수업'입니다. 연계수업은 입시 준비와 학생의 성장을 동시에 도모할 수 있다는 장점을 갖고 있습니다. 최근 교내 대회의 학생 참여율이 낮아 대회 운영에 차질이 생긴다는 이야기를 듣는데, 수업 연계형 대회를 추진하게 되면 학생 참여율이 자연스럽게 높아집니다. 그렇게 되면 상을 받을 수 있는 학생 수도 늘어나서 더 많은 학생들이 학업적 효능감을 느끼도록 할 수 있습니다.

수업 장면 속으로

다시 수업 장면 속으로 들어가보겠습니다. 버스 광고를 보여주고 나서 저는 광고에 새로운 제목을 붙여보는 활동과제를 제시합니다.

활동과제 1

이 버스 광고가 전할 수 있는 교육적 메시지를 다음 첫 글자로 시작하는 영어 문장으로 만들면 무엇일까요?

[U________ I__ S__________!]

수행 규칙

① 영어사전(한영, 영한)을 모두 사용할 수 있음

② 세 단어의 품사 : 첫 번째 단어(명사), 두 번째 단어(동사), 마지막 단어(명사)

③ 모둠별로 여러 개의 문장이 나올 경우 모두 칠판에 기록할 것

"자! 5분입니다. 5분 후에 칠판 나누기를 통해 모둠별로 공유할 예정이니, 함께 고민해봅시다!" 시간제한이 있다는 말을 듣고 학생들이 부산하게 움직입니다.

"협동하면 좋다. 이런 것이면 좋을 것 같은데……."

"그런데 협동은 콜라보 아니야? 콜라보레이션?"

"야, 콜라보가 아니라 코아퍼레이션 같은데?"

"근데, 둘 다 C로 시작하는 것 같은데, 주어진 글자는 U잖아."

영식이네 모둠이 활발하게 대화를 나누고 있습니다. 첫 번째 단어부터 막히자 경태가 조용히 일어나서 수업 카트에 비치되어 있는 한영사전을 가져옵니다.

"야, 사전을 쓰라고 하셨잖아. 분명히 협동을 의미하는 U로 시작하는 단어가 있을 거야!"

"그래, 좋은 생각이야. 빨리 찾아봐!"

"야, 종이 사전으로 언제 찾냐? 선생님 노트북으로 인터넷 검색해봐. 선생님이 온라인 사전 이용해도 좋다고 하셨잖아."

"노트북은 이미 애들 줄 서 있잖아. 그냥 이 사전이 빠를 것 같아."

한영사전을 계속 넘겨보던 경태가 미션을 포기하는 듯 이야기합니다.

"아, 협동이나 협력을 의미하는 단어들을 찾아봤는데, U로 시작하는 단어가 없어."

"야, 제대로 찾아봤냐? 이리 줘봐."

"어, 그런데 진짜 없다. 선생님, 사전에 나오지 않은 단어도 있을 수 있나요?"

"물론 나오지 않을 수도 있지요. 그런데 여러분들이 찾는 단어

〈표10〉 집단지성 프로젝트 수업 과정안

집단지성 프로젝트	 전체 학습지 다운받기 http://tiny.cc/zw6htz
마음 열기	• 벨기에 공공버스 회사 광고 감상 - 광고 편집본 감상 및 질문 - 활동과제 [1] 광고에 새로운 제목 붙이기
주제 만나기	• 배경지식 익히기 - 우리말로 '집단지성'에 대한 개념 익히기 질문 ① 집단지성이라는 개념을 처음 제시한 사람은? 질문 ② 다양한 실험을 통해 집단의 지적인 우월성을 주장한 사람은? 질문 ③ 집단지성은 개인들의 (　) 혹은 (　)을 통해 나타나는 집단적 지능을 의미한다. 질문 ④ 일상에서 관찰할 수 있는 집단지성의 사례는?
탐구하기	• 영어 고전을 통해 집단지성 이해하기 (1) - James Surowiecki(2005), 『The Wisdom of Crowds』 지문 독해 (1) The Meaning of Crowds : 세부 내용 파악 탐구과제【1】프랑스의 르봉과 미국의 니부어가 만난다면? 지문 독해 (2) Jelly-beans-in-the-jar Experiment : 연결어 추론 탐구과제【2】젤리빈 실험 결과의 의미를 분석하면?
표현하기	• 영어 고전을 통해 집단지성 이해하기 (2) - James Surowiecki(2005), 『The Wisdom of Crowds』 질문 ⑤ 집단지성의 작동 조건과 집단 평균 추정치의 수학적 이점은? 탐구과제【3】르봉과 니부어를 비판해보면? 집단의 판단은 항상 옳은가?

삶과 연결하기	• 집단지성 실천하기 - 위키백과 편집자 되기 활동과제 2 영문 위키백과 편집자 되기 (1) 아이디 및 표제어 생성, 편집법 학습하기 (2) 르네-광주 UCC 제작 프로젝트로 제출한 영문을 모둠별로 협력해서 고쳐 쓰기 (3) 고친 글을 바탕으로 광주를 세계에 알리는 글을 영문 위키백과에 올리기 (선택형 과제) - 교내 영어 쓰기 대회와 연계하기 활동과제 3 신고리 5, 6호기 건설과 숙의민주주의에 관한 글쓰기 (1) 전통적 민주주의와 숙의민주주의의 차이를 영어로 서술하기 (2) 공론화위원회의 권고 수용 여부에 관해 글쓰기 (3) 공론화위원회의 최종 결정과 그 근거를 영어로 서술하기 (4) 원자력 발전소 존폐에 관한 자기 의견 쓰기
평가하기	• 수업성찰일지 쓰기 • 성찰일지를 바탕으로 교과 세부능력 및 특기사항 기록해주기

가 협동이나 협력이 아닐 수도 있습니다." 저는 학생들에게 힌트를 줍니다.

"아, 진짜 너무하신다. 그럼 미리 말씀을 해주시지 그러셨어요. 우리 제대로 낚였다. 아까 우리 모둠에서 협동이라고 했을 때 고개를 끄덕이셨는데, 샘, 아카데미 주연상 타시겠어요."

학생들에게 질문의 답을 찾아 충분히 헤맬 수 있게 하고 난 후 저는 다시 중요한 힌트를 건넵니다. "첫 단어는 여러분들이 생각하는 뜻의 단어가 아닐 수 있어요. 이 단어는 모임, 연합, (노동)조합의 뜻을 가지고 있고, 여러분들이 수학의 집합 단원에서 배우는 합집합을 의미하는 말이기도 합니다."

학생들은 필요 이상의 시간을 허비했다고 생각하며 다시 사전을 찾기 시작합니다. 제한된 시간 내에 답을 찾지 못한 모둠을 위해 추가 시간을 부여하고 칠판 나누기를 통해 모둠별로 찾은 답을 비교합니다. 시행착오를 겪고 결국 답을 찾은 모둠이 눈에 들어옵니다. Union is Strength! 영어 문화권에서 Union은 보통 노동조합이라는 단어로 쓰인다는 이야기와 함께 합집합을 나타낸 기호와 Union의 닮은 점을 설명해줍니다.

"수학 샘이 그런 것은 안 가르쳐주던데요?"

"수학 샘이 영어까지 잘하면 영어 샘이 됐지, 수학 샘 했겠냐?"

"오, 이제 알겠어. 그래서 수학 시간에 집합을 배울 때 U라는 알파벳을 많이 썼구나!"

"아, 근데 쌤, 수업 시간이 얼마 안 남았는데요? 오늘 영어를 배운 것이 별로 없는 것 같은데, 시간이 이렇게나 많이 갔네요. 물론 저희는 좋지만……."

"시간을 많이 쓴 것은 맞아요. 그래도 샘은 충분히 그럴 가치가 있다고 생각합니다."

사실 한 문장을 만드는 활동과제인데도 동영상을 보는 시간을 포함하면 수업 시간을 20분 정도나 써버렸습니다. 예전에 저였다면 이렇게 작은 활동 하나에 많은 시간을 쓸 수 있는 용기가 없었을 겁니다. 하지만 지금은 다릅니다. 자신의 답을 찾기 위해 고민하고 방황하는 시간, 그 시간만큼 배움이 단단해지고 깨달음은 지속된다고 생각하기 때문입니다. 시간의 속박에서 자유로울 수 있을 때 배움이 깊어진다는 것을 늦었지만 이제는 알게 되어서 참 다행이라는 생각을 합니다.

"자, 친구들! 이 영어 한 문장을 배우려고 너무 많은 시간을 썼다고 생각하는 사람들 있죠? 맞는 말입니다. 선생님이 여러분들의 방황을 가만히 즐기고 있었다고 생각하는 학생들이 있다면, 그것 역시 맞는 말입니다. 하지만 선생님은 방황, 실수, 실패, 이런 것들을 통해 배운 지식들은 절대 잊히지 않는 지혜가 된다고 생각합니다. 실패를 두려워하지 마세요. 우리는 실패를 통해서만 진짜로 배울 수 있습니다. 우리에게 친숙한 『드라큘라*Dracula*』라는 소설을 쓴 아일랜드의 소설가 브램 스토커Bram Stoker는 이런 말을 했다고 합니다. "We learn from failure, not from success!" '우리는 성공을 통해 배우는 것이 아니라 실패를 통해 배운다'라는 뜻이죠."

저는 "Union is Strength!"라는 문장 위에 이 문장을 크게 씁니다.

"아, 역시 명언 제조기!"

"뭔가 멋있기는 한데……."

"샘, 그냥 우리에게 힌트를 줄 시간을 놓쳐서 저희를 고생시킨 걸 멋지게 포장한 것 아닌가요?" 학생들의 웃음소리가 이곳저곳에서 터져 나옵니다.

학생들과 하는 활동과제가 어려워 시간을 너무 많이 쓰게 되는 경우 저는 대체로 위와 같은 장면을 연출합니다. 지금 우리는 시간을 허비하고 있는 것이 아니라 배움을 깊게 하고 있다고 말하면서 배움의 폭과 깊이를 갖추기 위해서는 그만큼의 시간과 노력을 투자해야 한다는 말을 잊지 않습니다. 외국어를 익히는 영어 시간이지만 저는 학생들이 배움의 본질에 대해 고민하고 생각하면 좋겠다고 자주 생각합니다.

'광고에 새로운 제목 붙이기' 활동을 이렇게 마무리하고 난 후에는 본격적으로 학생들이 주제와 만날 수 있도록 돕습니다. 집단지성에 대해 바로 영어로 다루면 영어를 잘하지 못하는 친구들이 수업을 잘 따라오지 못할 수 있기 때문에 우리말 백과사전의 '집단지성' 항목을 가져와서 배경지식을 쌓아줍니다. 영어 독해의 사전 활동으로 지문과 관련된 배경지식을 먼저 익히게 되면 지문에 대한 독해의 속도와 정확도가 올라간다는 것은 익히 알려진 사실입니다. 집단지성의 개념을 우리말로 배우는 과정에서 학생들은 집단지성이 협동과 관련되어 있다는 점을 인지하고 제가 수업의 서두에 보여준 영상을 집단지성의 의미와 연관 지어 생각해봅니다. 저는 학생들에게 일상에서 발견할 수 있는 집단지성의 사례가 더 있는지 질문하고 학생들의 답변들을 모두 칠판에 적어 집단지성이 언어로만 존재하는 것이 아님을 보여줍니다.

이제 첫 번째 수업을 마무리할 시간입니다. 집단지성이라는 주제를 소개하면서 이야기했던 영어 문장과 주요 개념들을 칠판에 크게 적습니다. 앞으로 이런 단어들의 의미를 깊이 있게 탐구해보는 시간이 될 것임을 상기시키면서 다음 시간부터는 『The Wisdom of Crowds(대중의 지혜)』라는 원서를 함께 읽어볼 것이라고 예고합니다. 이렇게 주제통합수업의 첫 번째 시간에는 이 주제가 우리의 삶과 동떨어진 것이 아니며, 삶에서 어떤 가치를 지니는지 이야기하면서 다음 수업을 예비합니다.

집단의 힘에 대한 의문을 던지다

두 번째 수업 시간입니다. 이번 수업은 영어 원서를 활용해 만든 지문으로 수능 유형 문제를 푸는 시간입니다. 표면적으로는 세부 내용 파악이라는 영어 문제 풀이 기술을 습득하는 시간인 것처럼 보이지만 실제로는 이전 시간에 배웠던 집단지성의 개념에 의문을 던지는 시간입니다. 집단을 부정적으로 바라보는 견해를 제시하여 학생들이 기존에 가지고 있던 개념을 뒤집어보는 것입니다. 말하자면 인지갈등 전략을 통해 학생들의 흥미를 높이고 배움의 깊이를 더하려는 것입니다. 인지갈등 전략이란 기존의 개념과 다르거나 반대되는 사례를 제시해 학생들이 인지적 비평형 상태에 도달하게 하여 학습의 흥미와 효과를 높이는 방법입니다.

저는 영어 실력이 부족한 학생들을 위해 지문의 주요 단어와 구문을 먼저 가르쳐줍니다. 그런 후 세부 내용 파악 문제를 풀 때주의할 점과 전략을 소개합니다. 중간 읽기와 역순 읽기라는 저만의 독특한 기술도 학생들에게 알려줍니다. 이제 학생들에게 스스로 지문을 읽고 모둠 친구들과 함께 문제를 풀어보게 합니다.

1 Perhaps the most severe critic of the stupidity of groups was the French writer Gustave Le Bon, who in 1895 published the polemical classic The Crowd : A Study of the Popular Mind. Le Bon was appalled by the rise of democracy in the West in the nineteenth century, and dismayed by the idea that ordinary people had come to wield political and cultural power. But his disdain for groups went deeper than that. A crowd, Le Bon argued, was more than just the sum of its members. Instead, it was a kind of independent organism. It had an identity and a will of its own, and it often acted in ways that no one within the crowd intended. When the crowd did act, Le Bon argued, it invariably acted foolishly. A crowd might be brave or cowardly or cruel, but it could never be smart. As he wrote, "In crowds it is stupidity and not mother wit that is accumulated." Crowds "can never accomplish acts demanding a high degree of intelligence," and they are

"always intellectually inferior to the isolated individual."

Q1. 글의 내용과 일치하지 않은 것은?

① 구스타프 르봉은 집단을 신랄하게 비판하는 사람 중에 한 사람이다.

② 르봉은 19세기 민주주의가 부상하는 현상에 아주 놀랐다.

③ 르봉은 대중을 고유한 정체성과 의지를 가진 유기체라고 생각했다.

④ 르봉은 집단은 항상 구성원의 의도대로 움직일 수 있다고 생각했다.

⑤ 르봉에 의하면 대중은 항상 개인보다 어리석다.

한 모둠에서는 벌써 지문의 내용을 가지고 토론 아닌 토론이 벌어집니다.

"야, 그러니까 르봉은 집단을 별로 안 좋게 생각하는 것이지?"

"안 좋게 생각하는 정도가 아니라 일반인들을 개, 돼지로 보는 것 같은데?"

"야, 그건 좀 지나치지 않냐?"

다른 모둠에서도 심상치 않은 이야기가 오고 갑니다.

"대중이 어리석다고 했으니 국민들을 무시하는 것이잖아."

"그게 아니고 사람들이 우르르 몰려서 어리석게 행동하는 경우가 많으니까 그런 것 아냐?"

"따지고 보면 왕따도 사람들이 모여서 집단적으로 한 개인을 괴롭히는 거지. 집단이 충분히 어리석을 수 있어."

"야, 그것도 사람 나름이지. 보통 대중이라고 하면 이상한 사람들의 모임이 아니라 정상적인 사람들이 모여있는 것이잖아."

"아니지, 대중 속에는 정상적인 사람들도 있지만 솔직히 말하면 범죄자도 있을 수 있고, 이상한 사람들도 있을 수 있잖아."

제가 토론을 하라고 하지도 않았는데 곳곳에서 르봉의 의견에 대해 말이 많습니다. 이러다가는 오늘 수업을 못 할 것 같습니다. 저는 어수선해진 교실을 정리합니다.

"자, 친구들 진정하고 '정말로 박수' 세 번 시작!" 정말로 박수 게임[67]을 활용해 수업 분위기를 진정시키고 난 후 저는 학생들이 '생활과 윤리' 시간에 배우는 니부어의 사회 윤리를 소개합니다.

니부어는 『도덕적 인간과 비도덕적 사회』에서, 개인적으로 매우 도덕적인 사람들조차도 자기가 속한 집단의 이익과 관련될 경우에는 비도덕적으로 변한다고 주장했다. 그는 여기에서 개인윤리

---

67) '정말로 박수 게임'은 'Simon Says 게임'에서 아이디어를 얻어 고안한 수업 행동 관리 전략입니다. 거창한 기술은 아닙니다. '정말로'라는 말을 했을 때만 뒤에 나오는 행동 지시를 따르고, '정말로'라는 말을 하지 않았을 때는 지시를 따르지 않는 것입니다.

와 사회윤리를 별개의 것으로 구분했다. 즉 "집단의 도덕과 행동은 개인의 도덕과 행동보다 눈에 띄게 도덕성이 떨어진다"라는 것이다. 마치 정장 차림일 때에는 그토록 점잖던 신사들이 예비군복을 입혀 놓으면 갑자기 유치해지는 것이라든지, 사회적인 지위가 있는 사람일지라도 자기 마을에 혐오시설이 들어서는 일에 대해서는 고래고래 소리를 지른다든지 하는 것과 비슷한 현상이라고 볼 수 있다.[68)]

- 강성률, 『청소년을 위한 서양 철학사』

"아! 선생님, 예전에 배워본 것 같아요, 니부어. 그렇다면 르봉의 생각은 니부어랑 비슷하네요."

"니부어는 수능에도 자주 나온다고 했는데, 그러면 니부어랑 르봉의 말이 맞는 것 아니야?"

"샘, 그러면 이상한 것 아닌가요? 왜 집단이 별로 안 좋다고 생각하는 사람들을 소개하시는 거죠? 저희 오늘 집단지성에 대해 배우는 것이 아닌가요?

"그렇죠. 그런데 선생님도 이 집단지성에 대해 의심이 생겼습니다. 사실 요즘 집단지성이라는 말이 많이 쓰이고 있잖아요. 무엇이든지 함께 하면 좋고, 협력해야 된다고들 합니다. 그런데 '정말 집단

---

68) 강성률, 『청소년을 위한 서양 철학사』, 평단문화사, 2008, 376쪽.

은 항상 좋은가? 그렇지 않는 경우도 있지 않을까?' 이런 생각도 든다는 거죠."

"협동하라는 말은 우리 학교에서 선생님이 제일 많이 쓰시는데요?"

"아, 그런가요?"

학생들의 웃음소리가 한바탕 들립니다.

"그래서 말이죠. 선생님은 진심으로 궁금합니다. 르봉과 니부어에 대한 여러분들의 진짜 생각은 어떤지 말입니다."

"저희는 선생님의 생각이 더 궁금한데요? 협동, 협동 하셨는데 이제는 아닌 것 같다고 하시는 것 같아서……."

"맞습니다. 선생님 먼저 의견을 밝히시면 저희도 의견을 말해보겠습니다."

"그럼, 선생님이 꼭 약속하죠. 이 집단지성 프로젝트가 모두 끝날 때 선생님의 진솔한 의견을 말해주겠습니다. 수업의 흐름상 선생님이 미리 개인적인 의견을 밝히면 수업이 재미가 없어지거든요……. 그러니 일단 여러분들의 의견을 듣고 싶습니다!" 이렇게 해서 수업의 결론을 이야기해버리게 될지도 모를 위기를 간신히 넘겼습니다.

학생들은 모둠에서 친구들과 의견을 나누고 니부어와 르봉이 나눌 법한 가상의 대화도 해봅니다. 이제 집단지성의 힘을 보여주는 실험을 살펴보며 집단이 왜 가끔 잘못된 판단을 내리는지에 대한 비밀을 풀 준비가 다 됐습니다. 저는 심리학이나 광고 계열 진학에 관심 있는 학생들을 위해 대중 심리와 광고를 연관 지어 서술한 고전인 버네이스Edward Bernays의 『Propaganda(프로파간다)』를 소개하며 수업을 마무리합니다.

집단의 힘을
실험으로 증명하다

세 번째 시간입니다. 이번 시간에는 집단에 대한 부정적인 관점을 소개했던 지난 시간과 다르게 집단적 사고의 위력을 보여주는 실험에 대한 지문을 다룰 예정입니다. 물론 이 시간에 수능 출제 유형 중의 하나인 '연결어 추론하기'에 대한 문제 풀이 전략도 배울 것입니다. 이렇듯 주제통합 영어 수업은 언어 기능적인 목표와 함께 주제에 대한 탐구라는 내용적인 목표를 함께 추구합니다.

저는 실험 이야기가 담긴 학습지를 나누어주고 학생들에게 수능형 문제를 풀어보게 합니다. 영어 연결어의 종류와 관련 유형 문제 풀이 기법에 관한 설명이 끝난 후, 모둠원 친구들과 함께 해결해야 하는 과제를 제시합니다.

2 A classic demonstration of group intelligence is the jelly-beans-in-the-jar experiment, in which invariably

the group's estimate is superior to the vast majority of the individual guesses. When finance professor Jack Treynor ran the experiment in his class with a jar that held 850 beans, the group estimate was 871. Only one of the fifty-six people in the class made a better guess. There are two lessons to draw from these experiments. First, in most of them the members of the group were not talking to each other or working on a problem together. They were making individual guesses, which were aggregated and then averaged. Second, the group's guess will not be better than that of every single person in the group each time. In many (perhaps most) cases, there will be a few people who do better than the group. ((A)) there is no evidence in these studies that certain people consistently outperform the group. ((B)), if you run ten different jelly-bean-counting experiments, it's likely that each time one or two students will outperform the group. ((C)) they will not be the same students each time. Over the ten experiments, the group's performance will almost certainly be the best possible. The simplest way to get reliably good answers is just to ask the group each time.

- 『The Wisdom of crowds』 (James Surowiecki, 2005)

Q2. 위 글의 (A), (B), (C)에 각각 들어갈 수 있는 말을 아래 연결어들 중에서 모두 고르면?

유사 관계(AND류) and, in addition, furthermore, moreover likewise, similarly that is, in fact, in other words

대조 관계(BUT류) but, however, in contrast conversely / instead / nevertheless / otherwise

논리 관계(Therefore류) therefore, thus / in short / for example, for instance / as a result

"자, 여러분, 어려운 문제를 푸느라 고생이 많았어요. 모둠 친구들의 의견이 다르기 때문에 서로 이야기하는 과정에서 정답에 접근하는 모둠이 있었는데 이것이야말로 집단지성의 참모습을 잘 보여준다고 생각합니다. 자, 그럼 미션입니다. 미션! 위 실험 과정을 요약하고, 실험 결과가 의미하는 것을 밝히시오! 5분 후에 모둠별로 발표자를 무작위로 지명할 예정이니 모둠 전체가 실험 과정과 그 결과의 의미를 알고 있어야 합니다. 아직 지문에 대한 이해가 미흡한 친구들은 질문을 하고, 이해가 다 된 친구들은 지식을 나누도록 합시다. 기러기 정신! 모두 알고 있죠? 대답을 못하면 개인별 맞춤형 과제가 기다리고 있습니다."

"아, 드디어 올 것이 왔다. 맞춤형 과제! 이번에는 걸리지 않으리. 야, 이것 설명 좀 해줘봐!"

수업 시간 미션 때마다 유독 맞춤형 과제에 자주 걸리는 혁재가 이번에도 걸릴까 봐 불안한가 봅니다. 혁재의 모둠 친구들은 영어는 잘 못하지만 유머 감각이 풍부한 혁재를 좋아합니다. 혁재가 속한 모둠에서 활발한 대화가 오고 갑니다.

"어떤 교수가 젤리빈의 개수를 학생들에게 물어봤는데 결국 집단적으로 맞췄다는 이야기라고 했잖아."

"정확히 맞힌 것이 아니고 추측했다고 했어. 850개인데 870개라고 했다고 하지 않았어?"

"그런데 지문에서 56명 중에 한 명이 더 잘 맞췄다고 그러지 않았냐?"

"야, 그런데 아까 연결어 문제 풀 때 봤잖아. 지금 그게 초점이 아니라고……."

"너무 세세한 것에 집중하지 말자! 요약하고 결론적인 의미만 밝히면 되잖아. 선생님이 요약할 때는 앞과 뒤를 보라고 하셨잖아. 첫 문장이랑 마지막 문장 좀 해석해줘봐!"

"오호, 그것 좋은 아이디어야. 잘 들어봐. 첫 문장 읽고 해석한다."

수업을 하다 보면 영어 기초가 부족한 혁재와 같은 친구들이 있습니다. 한 반에 이런 학생들이 소수라면 교사가 중간중간에 적절한 도움을 줄 수도 있지만 많게는 5~6명이 넘는 반도 있습니다. 이런 경우 모둠 친구들의 도움을 얻어 극복할 수 있도록 특별한 수업 장치를 도입합니다. 바로 무작위 발표와 맞춤형 과제라는 것입니다.

'모르면 물어보고, 알면 가르쳐주어라!'

이 말은 굉장히 상식적으로 들리지만 교실에서는 그런 상호작용이 잘 일어나지 않습니다. 모르는 친구들은 질문을 하는 순간 자신의 무지를 인정하게 되고 부족한 자기를 다시 한번 직면해야 합니다. 많이 알고 있는 친구들이 질문을 하지 않는 친구들에게 알려주려고 하면 잘난 체한다고 비난받기 쉽습니다. 그래서 저는 모르는 친구들이 어쩔 수 없이 질문을 할 수밖에 없게 일종의 구조적인 장치를 도입합니다. 모둠활동 이후에 무작위로 발표를 시키고 말을 전혀 하지 못하는 경우 적극적으로 활동을 하지 않은 대가로 그 친구에게만 특별한 과제를 부여하는 것입니다. 저는 이것을 맞춤형 과제라고 부릅니다. 이렇게 부르는 이유는 학생의 영어 수준에 따라 과제의 종류가 다르기 때문입니다. 초급 수준의 경우 '5개의 새로운 단어를 다섯 번씩 쓰고 암기하기'를, 중급 수준은 '중요 구문이 들어 있는 다섯 문장을 한 번씩 쓰고 해석하기'를, 상급 수준의 경우에는 '복잡한 문장 암기하기' 등을 과제로 내주곤 합니다. 맞춤형 과제를 해온 학생들은 다음 수업 시간에 제가 직접 일대일 인터뷰를 통해 과제 수행 여부를 점검합니다. 보통 해당 단어나 표현을 암기했는지를 꼼꼼하게 질문을 하는 것이죠. 점검 후 미흡하다면 맞춤형 과제를 해야 하는 단어와 문장의 수가 2배씩 계속 늘어납니다. 과제의 양을 늘리지 않기 위해서는 꼭 수업에 적극적으로 참여해야 하며 과제를 할 때는 제대로 해야 하는 것임을 학기 초에 숙지시켜 둡니다.

수업에 상과 벌이라는 행동주의적인 기제를 도입하면 학습의 자율성을 박탈하고, 배움의 내재적 동기를 약화시킬 수 있다는 사실은 익히 알려져 있습니다. 하지만 영어는 외국어이기 때문에 학습의 내재적인 동기를 끌어내기가 어렵고, 일정 부분 암기를 해야 실력이 성장하는 과목입니다. 그렇기 때문에 최소한의 구조화된 장치를 쓰지 않으면 학습을 하기가 어렵습니다.

잘 모르는 학생이 질문하고, 답을 아는 학생은 지식을 나누는 교실 문화를 형성하는 것은 수업의 구조화만으로 성공할 수 있는 과업이 아닙니다. 그래서 저는 3월부터 꾸준히 배움의 철학에 대해서 수시로 이야기하고 강조합니다. 협동과 호혜적 성장의 가치에 대해 이야기하고 생각날 때마다 학생들에게 배움의 철학에 대해 힘주어 이야기합니다.

'배움은 질문에서 시작되고, 대화로 전개되며, 가르침에서 완성된다.'

모르는 것을 질문하지 않으면 배움이 시작되지 않는다는 것, 다른 사람과 대화하지 않으면 배움이 확장되지 않는다는 것, 그리고 가르쳐보지 않으면 배움이 깊어지거나 완벽해지지 않는다는 것을 틈날 때마다 강조합니다. 누구나 부족한 자기와 직면하기 어렵기 때문에 질문을 하는 학생들은 진정한 용기를 가진 친구들이라고 격려합니다. 지식을 많이 가지고 있는 학생들이 친구들과 지식을 나누는 일 역시 훌륭한 것임을 가르치려고 노력하는 편입니다.

다시 교실로 가보겠습니다.

"그럼, 친구들. 먼저 실험을 요약해봅시다. 자, 2모둠 학생이 당첨되었네요. 발표해주겠어요?"

"네, 선생님. 실험은 한 교수가 학생들에게 병 안에 든 젤리빈의 개수를 맞혀보게 하는 것이었습니다. 한 사람이 추측한 것보다 집단이 추측한 것이 실제 개수와 더 가깝다는 것이었습니다."

"잘 발표해주었어요. 그런데 선생님은 갑자기 궁금해지네요. 집단이 직접 추측을 할 수 있나요? 조금 더 정확하게 표현해주면 좋겠어요. 지문에는 조금 다른 표현이 있었던 것 같아요. 혹시 조금 더 보완해볼래요?"

"아, 집단이 추측한 것이 아니라 개인들이 추측한 것의 평균값입니다."

"그렇죠. 정확합니다. 아주 잘했어요."

"그런데 선생님, 집단이 항상 정확한 것은 아니라고도 한 것 같아요."

"맞습니다. 선생님도 지문에서 그런 부분을 읽었어요."

"그러면 뭔가 이상한 것 같은데요……"

"3모둠에서 말한 것처럼 뭔가 이상한 부분이 있는 것 같습니다. 그러면 조금만 더 보충해서 정리해볼 수 있는 모둠이 있을까요?"

"아, 뭔가 부족한데……, 그게 뭔지 모르겠네."

"first, second 이렇게 한 부분이 있는데, 여기 뭔가 있는 것 같은데 해석이 잘 안됩니다."

"좋아요. 그럼 친구들 중에서 그 부분을 해석해줄 수 있는 사람이 있나요?"

"제가 한번 해볼게요. first 부분은 일단 추측을 할 때 서로 이야기를 하지 않고 개인적으로 생각해보았다는 것 같아요. 그러니까 서로 몇 개가 있다고 생각하는지 말은 하지 않고 모두 합쳐서 평균을 구했다고 되어 있어요. 그리고 두 번째는 집단의 평균값이 항상 개인보다 정확하지는 않지만 특정한 개인이 계속 실험을 할 때마다 그 집단보다 더 정확하지는 않았다는 것이 나와 있어요. 아, 그런데 지금 내가 무슨 말을 하고 있는 거지?"

"아, 진짜 머리 아프다."

"아, 알았다. 이렇게 정리하면 어떨까요? 집단보다 추측을 잘하는 사람도 있지만 그 사람도 항상 그렇게는 할 수 없었다. 그러므로 개인의 추정치보다 집단의 평균 추정치가 더 뛰어나다고 할 수 있다."

"오, 대박! 천재인데? 역시 영식이는 스마트함."

"맞아요. 영식이가 아주 스마트하게 잘해주었습니다. 그런데 아까 언급된 first 이후 부분도 조금 더 정리해보면 어떨까요? 영식아, 조금 더 보충해볼래?"

"음, 사실 그 부분이 저도 아직 명확하지 않은데요. 그래도 다시 한번 해볼게요. 집단보다 더 뛰어난 개인이 있을 수 있지만 보통의 경우, 집단의 의견이 대부분 더 정확하다. 이때 집단의 의견이 더 정확하려면 개인들은 서로 이야기를 하지 않고 혼자 생각해야 한다. 근데 이게 맞나? 잘 모르겠어요."

"오호, 아주 좋습니다. 영식이가 보충을 아주 잘했습니다."

"그런데 선생님, 조금 이상한 것 같은데요? 혼자 생각하는 것은 함께 협동하는 것이 아니잖아요. 집단지성은 협동을 해야 하지 않나요?"

"그러니까 말이야. 나도 그 부분 때문에 정리가 명쾌하게 되지 않더라고……." 영식이가 다시 혼란스러운 듯 말을 덧붙입니다.

"선생님, 집단의 의견이 정확하려면 서로 이야기를 하고 토의를 해야 하지 않나요?"

"아, 미치겠네. 그럼 실험의 메시지가 뭐야? 집단의 의견은 좋은데, 서로 이야기는 하지 마라?" 동호와 재혁이도 덩달아 혼란스러운 듯 이야기합니다.

"야, 근데 이야기를 하지 않으면 서로 몇 개가 있다는 것을 모르고 서로 모르면 합산도 못하고 평균도 못 내잖아."

"그렇기는 하지."

"아, 미치겠네. 그럼 이게 무슨 말이야?"

무슨 말인지 도무지 모르겠다는 말들이 이곳저곳에서 들렸습니다. 역시 영어는 어렵다는 말도 들리고, 영어를 다시 정확히 해석하려고 얼굴이 빨갛게 상기되어 있는 친구들도 보입니다. "자, 친구들 진정하세요. 그런데 벌써 시간이 이렇게 되었네요. 여러분들이 지금 마지막에 결국 무슨 말인지 모르겠다고 했죠? 이 실험의 메시지는 이 글만 보고는 쉽게 알기 어렵습니다. 다음 시간에 배우게 될 지문을 읽게 되면 비로소 오늘 지문의 내용이 더 정확하게 이해가 될 것입니다."

"아, 선생님에게 또 속았다. 선생님, 그럼 처음부터 그렇게 말씀을 해주시지……. 어쩐지 뭔가 이상했어."

"아, 또 낚였네. 처음부터 제대로 답을 할 수 있는 문제가 아니었어."

"선생님이 낚시질을 한 것은 아닙니다. 사실 다른 반에서는 답이 나오기도 했어요. 물론 한 개 반이기는 했지만……."

"진짜요?"

"네, 그렇습니다. 하지만 여기 우리 반에서 답을 못 찾았다고 해서 실망할 필요는 없습니다. 시간과 노력을 많이 들이면 들일수록 그 지식은 더 오래 기억된다는 사실, 알고 있죠? 자, 그럼 이 실험의 교훈에서 미흡한 점은 다음 수업 시간에 지문을 읽고 마저 보완해 보기로 하겠습니다. 그럼 이것으로 수업을 마무리하겠습니다."[69]

---

69) 수업 끝에 학습한 내용을 정리하지 않고 미해결 과제로 남기는 것은 전통적인 관점에서 보면 불완전한 수업으로 보일 수 있습니다. 하지만 수업 마지막에 해결해야 할 의문을 남기는 것은 영화의 끝자락에 삽입된 쿠키 영상과도 같을 수 있습니다. 쿠키 영상을 보고 다음 시리즈를 간절히 기다려본 적 있으신가요? 미해결 과제나 의문으로 수업을 마무리하는 것은 그런 효과를 갖고 있습니다.

집단지성이
제대로 발현되려면?

네 번째 시간에는 지난 시간에 해결되지 못한 문제를 언급하면서 시작합니다.

"저번 시간에 깔끔하게 해결되지 않았던 문제가 있었습니다. 집단의 판단이 현명해지기 위해서 사람들이 서로 이야기를 하지 않아야 한다는 것은 어떤 의미일까요? 그 답은 오늘 우리가 함께 공부할 지문에 있습니다. 학습지에 있는 문제 3번을 생각하다 보면 찾을 수 있을 겁니다."

3 The market was smart that day because it satisfied the four conditions that characterize wise crowds : diversity of opinion (each person should have some private information, even if it's just an eccentric interpretation of the known facts), independence (people's opinions are not determined by the opinions of those around them), decentralization (people are able to specialize and draw on local knowledge), and aggregation (some mechanism exists for turning private judgments into a collective decision). If a group satisfies those conditions, its judgment is likely to be accurate. Why? At

heart, the answer rests on a mathematical truism. If you ask a large enough group of diverse, independent people to make a prediction or estimate a probability, and then average those estimates, the errors each of them makes in coming up with an answer will cancel themselves out. Each person's guess, you might say, has two components : information and error. Subtract the error, and you're left with the information.

- 『The Wisdom of crowds』 (James Surowiecki, 2005)

Q3. 집단지성이 제대로 작동되기 위해 필요한 조건들은 무엇인지를 위 글에서 찾아 영어로 쓰시오.

Q4. 위 글에 의하면 수학적으로 볼 때, 수치를 예측하는 상황에서 집단의 평균 추정치는 개별적 추정치보다 대개는 뛰어날 수밖에 없다고 한다. 그 이유를 영어로 서술하시오.

"선생님, 오늘은 제발 깔끔하게 수업을 마무리해주세요. 지난 시간에 뭔가 마무리 안 된 느낌, 그건 화장실 가서 뒤처리를 안 한 바

로 그런 느낌이었습니다. 이번에는 확실히 끝내주시죠!" 혁재의 재치와 유머 가득한 멘트가 교실을 한바탕 뒤집어놓습니다.

"오케이. 알겠어요. 오늘은 깔끔하게 마무리해봅시다. 지문을 읽고 두 문제의 답이 무엇인지 친구들과 함께 고민해봅시다. 영어로 서술하기 어려운 친구들은 먼저 우리말로 써보고 모둠 친구들과 함께 영작해보세요. 어려우면 선생님 노트북으로 와서 구글 번역기나 파파고를 돌려봐도 좋습니다. 하지만 번역기의 경우에는 돌리고 나서 꼭 고쳐 쓰기를 해야만 합니다. 모둠 내에서 해결하기 어려우면 다른 모둠으로 원정을 가도 좋고, 그래도 힘들면 선생님께 도움을 청하세요. 자, 그럼 미션 시작!"

어려운 단어들을 먼저 찾아보는 친구들, 답을 쓱쓱 써내려가는 친구들, 교탁으로 와서 번역기를 돌려보는 친구들, 공부 꽤나 한다는 친구에게 바로 찾아가는 친구들……. 굉장히 어수선하게 수업이 진행되고 있습니다. 시간이 조금 지나자 이곳저곳에서 제게 지원을 요청합니다.

"선생님, decentralization은 사전을 찾아봐도 나오지 않는데요? 철자가 틀린 것은 아니죠?"

"네, 물론 철자가 틀린 것은 아닙니다. 합리적인 추측을 해보는 것은 어떨까요? de가 '반대'를 나타내는 접두사 역할을 한다고 하면 centralization의 뜻을 가지고 추측해볼 수 있겠지요?"

"de를 빼고 일단 보라는 말씀이시죠? 일단 찾아볼게요. 아~ 선생님 있어요."

"오케이!"

시간이 지나고 난 후 문제에 대한 학생들의 답을 칠판 나누기를 통해 공유합니다. 3번 답을 먼저 살펴봅니다.

"3번을 맞히지 못한 모둠은 없는 것 같습니다. 물론 decentralization과 aggregation을 어떻게 우리말로 이해하느냐는 조금 어려울 수 있죠. 우리가 전문 번역가는 아니기 때문에 번역서에 나온 용어를 빌려 설명해볼게요. decentralization은 분산화, aggregation은 통합화라고 합니다. 집단지성이 잘 발현되기 위한 네 가지 조건을 정리하면 분산화와 통합화, 그리고 다양성diversity, 독립성independence인 것이죠. 그렇다면 우리는 여기서 저번 시간에 해결되지 못한 문제를 생각해 볼 수 있습니다. 서로 이야기를 하지 않는다는 것은 위 네 가지 특성 중에 어떤 것과 관련이 있을까요?"

"다양성 아닐까요?"

"아니, 독립성인 것 같은데?"

"꼭 하나만 말해야 하나요? 저는 둘 다 해당되는 것 같습니다."

"오호, 좋습니다. 아주 좋아요. 제가 하나만 이야기하라고 하지는 않았으니 두 개 모두 이야기한 점이 아주 좋습니다. 엄밀하게 따져보면 집단 내에서 '서로 이야기를 하지 않는다'는 것은 다양성과 독립성, 이 두 가지 특성 모두와 관련이 있습니다. 자, 그럼 다양성이 구체적으로 무엇인지 살펴볼까요? 혹시 설명해줄 수 있는 친구 있을까요?"

"괄호가 있는 부분을 보면 알 수 있을 것 같습니다. 집단의 모든 사람들이 개인적인 정보를 가지고 있어야 한다는 것입니다. 비록 그 정보가 사실과 다른 이상한 것이라도 말이죠!" 경환이가 용기 있게 잘 정리를 해냅니다.

"Great Job! 경환, 아주 좋아요. 그럼 독립성은 어떤 것일까요? 다른 친구가 한번 설명해주면 좋겠네요. 오, 그래요. 민수가 한번 해볼까?"

"네, 이것도 역시 괄호 부분을 해석하면 될 것 같아요. 생각이 주변 사람들의 의견에 의해 결정되지 않는 것을 의미합니다."

"Good! 좋습니다. 잘했어요. 그럼, 여기서 우리는 '서로 이야기를 하지 않는 것'의 온전한 의미를 이제 알 수 있을 것 같습니다. 누가 한번 정리해볼까요? 혁재야, 우리 모두를 위해 설명해볼 수 있을까? 틀려도 괜찮으니까 한번 해보자!" 저는 일부러, 손을 들지도 않은 혁재를 불러봅니다.

"아, 잘 모르겠는데요."

"자, 혁재야. 잘 들어봐! 샘이 경환이와 민수의 말을 다시 정리해줄게. 다양성은 모든 사람들이 개인적인 의견을 가지고 있어야 한다는 것이고, 독립성은 주변 사람들의 의견에 의해 자신의 입장이 결정되지 않는 것이라고 했어. 집단에서 개인들이 이야기를 하지 않아야 한다는 것의 진짜 의미는 뭘까? 선생님이 보기에는 진짜 서로 침묵을 지키고 있으라는 이야기는 아닌 것 같은데 말이야."

"침묵하라는 의미가 아니면 집단지성을 이루기 위해 토의를 할 수는 있으나 사전에 이야기를 해서 뭔가 정해놓지 말라는 이야기일까요? 아니면 이야기할 때 다른 사람들에 의해 휘둘릴 만한 상황을 만들지 말라는 뜻일까요? 아까 다양성과 독립성이 중요하다고 했으니까요."

"바로, 그거야. 샘이 생각한 것과 혁재 생각이 똑같네."

"올~~. 혁재, 대박! 너 어떻게 알았냐?"

"자, 친구들. 혁재에게 박수를……" 혁재가 갑작스러운 박수에 머쓱해하며 웃습니다.

수업 시간마다 영어를 잘하지 못해 난감해하던 혁재가 활짝 웃는 모습을 보니 저 역시 기분이 좋아집니다. 수업 시간에 정말 행복해지는 순간들이 있는데, 혁재와 같은 친구들이 기분 좋게 발표를 하고 슬며시 웃는 모습을 볼 때입니다. 물론 그런 순간이 많지 않아서 문제이기는 한데 수업 시간에 어떻게 하면 이런 친구들이 발표를 하고 기분이 좋아질 수 있을까를 고민하는 것이 저에게는 힘들지만 보람찬 일입니다.

"방금 혁재가 잘 정리해주었습니다. 지난 시간에 본 글에 집단의 판단이 더 정확해지려면 개인들이 서로 이야기를 하지 않아야 한다는 부분이 있었는데, 그 말의 의미는 진짜로 이야기를 하지 말라는 것이 아닙니다. 집단을 이루는 구성원 모두가 주체성을 갖고 자신만의 판단을 내려야 한다는 것입니다. 힘이 있는 누군가의 영향을 받거나, 친한 친구의 의견을 무조건 따라가서는 안 된다는 말이기도 합니다. 집단의 구성원들이 독립성을 갖고 개별적으로 판단할 수 있을 때 사람들의 의견은 다양해질 수 있습니다. 이러한 다양한 의견이 모여 집단의 지혜가 되는 것입니다. 이 과정을 제임스 서로위키는 다양성과 독립성, 통합화라고 불렀습니다."

"그런데 선생님, 대충 이해는 되는데 아직도 분산화가 이해가 잘 안 되는데요?"

"네, 그렇죠. 분산화라는 용어 자체가 이해하기가 조금 어렵죠? 혹시 분산화를 설명해줄 수 있는 친구 있을까요?"

"분산화도 괄호 속에 설명이 되어 있습니다. 사람들이 지역적인 지식에 전문화될 수 있고 지식을 끌어올 수 있다고 되어 있네요. 아, 그런데 지역적인 지식이 무슨 말인지 모르겠어요. 혹시 아는 사람 있냐?" 준서가 기특한 답변을 하면서 질문을 던집니다. 그런데 아무도 대답을 못 합니다. 이럴 때는 제가 도움을 줄 수밖에 없습니다.

"local knowledge에서 local의 의미는 '지역적인'이 아니라 다른 것입니다. 영한사전에는 아무리 찾아도 잘 나오지 않는 뜻입니다. 선생님이 local를 영영풀이로 보여줄게요. 한번 살펴봅시다."

> Local means existing in or belonging to the area where you live, <u>or to the area that you are talking about.</u>
>
> -『Collins Cobuild Advanced Learner's English Dictionary』

"자, 친구들, 여기에서 밑줄 그은 부분 보이죠. 어떻게 나와 있죠? '당신이 지금 말하고 있는 영역에 속하는'이라는 뜻이 있죠? 이렇게 영영사전을 찾아보아야 문맥상 정확한 뜻을 알아낼 수 있는 단어도 있습니다. 학기 초에 선생님이 말한 것을 기억하고 있을까요? 엄밀하게 말해서 영한사전은 번역 사전이고, 진짜 사전은 영영사전이라고 했습니다. 우리가 국어 낱말의 뜻을 모르면 우리말로 설명된 국어사전을 찾듯이 영어 단어의 뜻을 모르면 영어로 설명된 영영사전을 찾아야 합니다. 그렇기 때문에 영어의 수준이 높아지면 결국 영영사전을 보아야 합니다. 선생님은 여러분들이 대학교에 입학해서 공부할 때 즈음에는 영영사전을 볼 수 있으면 좋겠습니다. 그건 선생님이 수업에 들고 다니는 카트에 영한사전, 한영사전과 더불어 영영사전이 있는 이유이기도 합니다."

"아, 이제 이해가 돼요. 지역적인 지식이라는 뜻이 아니고 지금 논의되고 있는 주제에 대해서 지식을 동원하거나 전문가가 되는 것을 의미하는군요. 그렇다면 결국 분산화라는 것은 무엇을 결정할 때 그것에 대해서 개별적으로 공부를 하라는 것인가요?"

"그렇죠. 바로 그겁니다."

"그런데 그런 쉬운 말을 두고 왜 서로위키는 굳이 분산화라는 말을 썼을까요? 분산화는 그 의미가 확 오지 않아요."

"사실 선생님도 처음 이 책을 읽을 때 그게 궁금했어요. 왜 전문성이라는 좋은 말을 두고 분산화라는 말을 썼을까 하는 문제 말이죠. 혹시 친구들 중에 이 이유를 생각해본 사람 있을까요?"

"선생님, 그것은 서로위키만 알 수 있는 것이 아닐까요?"

"그러니까요. 너무 어렵습니다."

"너무 어렵죠? 사실 샘이 작가의 연락처를 알고 있다면 직접 물어보고 싶었어요. 그런데 그건 지금으로서는 힘든 일이니 일단 선생님이 생각한 이유를 말해볼게요. 우리가 의사결정을 내릴 때 힘 있는 사람이나 소수의 전문가들이 정보를 독점하고 이것을 바탕으로 판단을 내릴 때가 있습니다. 독재 정권이 그런 것처럼 말이죠. 그런데 그렇게 된다면 민주적인 결정이라고 할 수가 없죠? 정보의 독점과 권력의 집중화를 막아서 분산시키는 것이 필요해요. 그렇게 되어야만 전문가가 아닌 일반인들도 지식과 정보에 접근해서 전문성을 갖출 수 있는 거죠. 서로위키는 이런 과정들을 생각해서 분산화라는 말을 쓴 것 같아요."

"아, 그럼 분산화라는 말은 독재를 견제하기 위해서 일부러 쓴 것이네요?"

"네, 선생님은 그렇게 생각합니다. 서로위키가 제시하는 집단지성의 네 가지 발현 조건은 선생님 관점에서 볼 때는 민주주의가 제대로 작동하기 위한 조건입니다. 주체적인 생각을 하는 다양한 사람들이 모여 특정한 문제에 대해 심도 있게 공부하고 이를 바탕으로 의견을 모아 결정하는 것, 이것이 민주적인 의사결정 과정 아닌가요? 선생님이 방금 정의 내린 민주적 의사결정 과정에는 서로위키가 제안한 네 가지 요소들이 모두 다 들어 있어요. 선생님은 이러한 서로위키의 관점이 아주 유용하다고 생각해요. 왜냐하면 집단적 사고의 결과가 최선이 아닐 때 그 이유를 설명해줄 수 있기 때문이죠. 우리가 집단지성을 발휘해서 의사결정을 했는데도 결과가 좋지 않다면 네 가지 요소들 중에 한 개 이상이 없었기 때문일 수 있어요."

"선생님, 저희 학급 반 티 정했는데, 반 티가 마음에 안 들어요. 그것도 그런 경우일까요?"

"그럴 수 있죠. 집단적 결정을 하는 다양한 상황에 적용될 수 있을 것 같아요. 가령 학급 반 티를 이야기해볼까요? 우리가 충분한 회의를 해서 반 티를 결정했는데도 왠지 모르게 이상한 반 티가 되었다, 그렇다면 우리는 집단지성을 모으는 과정에서 실수를 했을 수 있습니다. 첫째, 다양한 반 티 후보에 대해 충분히 논의하지 않았을 수 있습니다. 서로위키에 의하면 다양성이 부족한 경우죠. 둘째, 표결에 붙일 때 특정한 사람의 영향을 받아 우리가 독립적으로 생각을 못 했을 수도 있어요. 가령 담임 선생님이나 임원들의 무언의 강요 같은 것이 있었을 수 있죠. 이것은 독립성이 결여된 경우입니다."

"아, 그거네. 선생님, 저희 반은 결국 반장이 추천하는 것으로 되었어요."

"야, 아니거든. 내가 언제 강요했냐?" 반장이 억울한 표정으로 대답합니다.

"내 말은 네가 강요한 것이 아니라, 우리 담임 샘 입김이 작용했다는 거야. 솔직히 학급회의 전에 선생님이 네가 추천한 것이 예쁘다고 하셨잖아. 모르긴 몰라도 선생님이 그렇게 말씀하셔서 애들이 그 반 티를 찍었을걸?"

"오, 그런 일이 있었군요. 그렇다면 이 경우는 독립성이 부족한 경우라고 볼 수 있을 것 같군요. 아, 여기서 중요한 것은 개인적인 취향을 밝혔던 담임 샘의 잘못은 없다는 겁니다. 혹시 오해가 있을 수 있으니 분명하게 이야기할게요. 누구나 개인적인 취향을 표현할 수 있습니다. 여러분들이 담임 샘을 좋아하면 담임 샘 취향도 당연히 존중할 수 있죠. 하지만 중요한 것은 개인적 취향의 다양성과 독립성이 충분히 발현될 수 있도록 해야 한다는 것입니다. 선생님은 여러분들이 누군가의 취향을 따라서 판단하는 것보다 여러분 스스로 모든 것을 결정할 수 있기를 바라는 겁니다. 독립성 이외에도 생각할 수 있는 변수는 반 티에 대한 전반적인 정보가 모든 사람에게 공유가 안 됐을 수도 있다는 것입니다. 이건 서로위키가 말한 세 번째 조건, 분산화입니다."

"선생님. 생각해보니 분산화도 없었던 것 같아요. 투표할 때 반 티를 추천한 사람이 티에 대해 자세히 설명을 안 하고, 그냥 투표했거든요."

"그렇죠. 보통 학급 반 티 정할 때 그렇게 하죠. 사실 선생님 반도 그렇게 했어요. 학생회에서 워낙 빨리 반 티를 알려달라고 하니까, 충분한 설명 없이 표결을 했죠. 앞으로는 회의할 때 안건들에 대한 충분한 정보를 갖고 결정해야겠다는 생각이 들죠? 서로위키가 마지막으로 강조한 점은 '통합화'였습니다. 안건들에 대한 정보가 풍부하고, 독립적으로 생각할 수 있는 상황이라고 하더라도 다양한 의견을 통합할 수 있는 절차가 없다면 모두 헛수고가 될 겁니다. 우리가 학급회의에서 쉽게 사용하는 거수투표 이외에도 무기명 온라인 투표라는 방식도 있고, 사표를 방지하기 위해 하는 결선투표 등의 방법들도 있죠. 의견들을 합리적으로 통합하는 방법에 대해서도 우리는 많이 고민해봐야 합니다."

"오, 정말 그런 것 같아요. 학급회의에서 쓰는 거수투표는 사람들 눈치를 보게 되니까 최상의 방법은 아닌 것 같네요. 야, 우리 이제 거수투표 말고 온라인 투표로 해야겠다. 아, 오늘 뭔가 영어 시간이 아니고 국어 시간인 것 같네요."

"영어나 국어 모두 언어를 다루고 있다는 점에서 비슷하죠. 수업 시간에 언어를 배우는 목적은 서로 다른 생각을 표현하고, 이해하는 것이죠? 선생님은 서로에 대한 이해를 통해 보다 나은 실천을 하게 하는 것이 언어 교육의 궁극적인 목적이라고 생각해요."

"그런데, 선생님. 곧 수업 시간 끝나는데요? 오늘은 깔끔하게 끝내주신다더니 아직 4번 문제와 탐구과제가 남았는데요."

"오, 이런! 이야기에 몰입하다 보니 시간이 벌써 이렇게 되어버렸네요." 저는 이어서 학습지 4번 문제에 대한 해설을 간단히 해주고, 학습지에 있는 탐구과제 [3]을 숙제로 내줍니다. 탐구과제는 앞선 시간에 배운 르봉의 견해를 서로위키의 입장에서 비판해보고, '집단의 판단은 항상 옳은가?'에 대해 정리해보는 것입니다.

위키백과 편집자 되기 : 집단지성을 위한 글쓰기

집단지성 프로젝트 5차시 수업입니다. 이번 시간에는 지난 수업 시간에 내준 과제를 발표하는 것으로 수업을 엽니다. 르봉의 견해에 대해 비판적으로 생각해보고, 집단의 판단은 항상 옳은가에 대한 짧은 글을 써보는 것입니다. 학생들의 발표가 너무 짧다는 인상도 있지만, 이번 수업의 목표가 이 과제를 수행하는 것이 아니기 때문에 과제를 하지 않은 친구들도, 발표 내용이 부실한 친구들도 그냥 너그럽게 봐줍니다. 집단지성의 중요성과 집단적 사고가 현명한 결과를 가져올 때 꼭 필요한 조건들을 다시 간단히 정리해주고 오늘 수업의 본격적인 과제를 제시합니다.

"오늘 우리는 집단지성을 우리들의 삶과 연결 지어볼까 합니다. 인터넷 검색을 하면 자주 접할 수 있는 위키백과의 편집자가 되어보는 활동을 해보는 겁니다."

"선생님, 위키백과가 영어로도 있나요?"

"원래 위키백과는 영어 온라인 백과사전이었어요. 그러다가 한국어 버전도 생겼죠. 영어로 위키백과는 wikipedia라고 합니다. wikipedia라는 말은 wiki와 pedia로 이루어진 말이라고 해요. wiki는 여러 사람들이 협업하여 콘텐츠를 직접 수정할 수 있는 웹 페이지를 의미합니다. '빠른'을 의미하는 하와이 말인 wiki에서 유래했다고 해요. 하와이 공항에 가면 wiki wiki 셔틀버스가 다닌다고 합니다. '빠른 빠른' 버스죠. pedia는 백과사전을 의미하는 encyclopedia에서 왔습니다. 단어가 어렵죠? 다 같이 한번 발음해 볼까요? en-cy-clo-pe-dia! 이렇게 조금씩 끊어서 발음 연습을 하다가 모두 붙여서 하면 쉽게 발음할 수 있습니다."

"그런데 저희가 영문 위키백과에 글을 올릴 수도 있나요?"

"당연히 올릴 수 있습니다. 위키백과 사이트에 가면 위키백과가 이렇게 소개되어 있어요. 'The free encyclopedia that anyone can edit.' 누구나 편집할 수 있는 자유로운(무료의) 백과사전! 어때요? 멋지죠? 아이디를 만들고 로그인만 해주면 됩니다. 오늘은 그 절차를 간단하게 알려주도록 하겠습니다. 학습지를 보세요. 선생님이 굉장히 디테일하게 절차를 소개해놓았습니다." 저는 계정을 생성하고, 표제어를 등록하는 방법, 항목 생성 마법사wikipedia article wizard를 사용하여 편집하는 방법을 알려줍니다.

"그런데, 선생님, 질문이 있습니다. 위키백과에 저희가 무엇을 올리려면 콘텐츠가 있어야 하는데요. 제가 백과사전에 올릴 만큼 지식이 많은 것이 아닌데, 어떻게 하죠? 설마 이것을 수행평가로 하시지는 않으시겠죠?"

"그 문제라면 걱정하지 않아도 됩니다. 우리 모두 위키백과에 올릴 수 있는 콘텐츠를 이미 가지고 있으니까요. 조금 다듬기만 하면 됩니다. 1학기 말 특별 프로젝트로 했던 르네-광주 UCC 제작 활동[70] 기억하고 있나요? 르네-광주라는 이름의 의미도 아직 기억하고 있죠? 부활이나 재생을 의미하는 르네상스에서 따온 '르네Rene'

와 우리가 살고 있는 지역인 '광주'를 결합해서 만들었다는 것을 여러분 모두가 기억해주었으면 좋겠어요. 우리가 했던 이 프로젝트는 집단지성 프로젝트와 만나서 더욱 빛이 날 것입니다. 우리 지역에 대한 콘텐츠를 영어로 제작하여 전 세계 사람들에게 알릴 생각이니까요. 여러분들이 프로젝트를 하면서 다녀온 광주극장, 송정역 시장, 5월 의향길, 펭귄마을과 같은 곳들. 우리가 꼭 기억해야 할 광주 학생항일운동, 5.18 광주민주화운동 등 우리가 보존하고 세계에 알려야 할 것들이 많잖아요. 이런 것들에 대해서라면 우리가 다른 사람들보다 전문가가 될 수 있습니다. 세계인들이 우리 지역에 대해 더 알게 된다면 정말 멋지지 않을까요? 그것이 진정한 의미에서의 르네-광주! 즉 광주의 재생과 부활이라고 볼 수 있는 것이죠. 선생님은 여러분들이 위키백과 편집자 되기 활동을 단순한 수업활동 이상으로 생각해주었으면 좋겠습니다."

"오호, 선생님. 그런 심오한 뜻이……."

"자, 그럼 모둠별로 제출했던 UCC 영상과 영문 소개 글을 보면서 우리 반에서 함께 생각해볼 수 있는 표제어 하나를 선정해볼 겁

---

70) 르네-광주 UCC 제작 프로젝트는 학교 인문사회부에서 주관하는 인문 주간 행사와 연계해 진행했던 주제통합 영어 수업이었습니다. 2학년 전체 학생들이 영어 수업 시간에 브레인스토밍-기획-촬영까지 했던 큰 규모의 프로젝트였습니다. 학생들은 마음이 맞는 친구와 팀을 조직하여 협력했는데, UCC를 제작할 때는 우리말과 영어를 동시에 사용했습니다. 소중하지만 우리 지역에서 점점 사라지고 있는 것들, 자랑스러운 지역의 역사와 문화를 주제로 하는 활동이었습니다. 일부 학생들은 프로젝트 도중에 학생항일운동 UCC 대회에 참가하여 수상을 하기도 했으며, 송정역 시장을 주제로 만든 영상은 해당 시장의 공식 페이스북(facebook) 홍보 콘텐츠로 활용되기도 했습니다.

니다. 학급마다 선정된 주제는 모두 다를 수 있어요. 물론 같을 수도 있죠." 저는 위키백과와 르네-광주 프로젝트를 연결 지어 설명한 후에 학급 친구들이 만들었던 UCC 영상과 소개 글을 보여줍니다. 활동에 대한 전체적인 이해를 돕기 위해 르네-광주 프로젝트 안내문의 일부를 보여드리겠습니다.

2학년 영어과 특별 프로젝트(르네-광주 UCC 제작)

테마

1. 상실의 시대 : 우리를 잊지 마세요
   - 광주학생독립운동, 광주민주화운동, 박용철 시인, 이청준 소설가, 정율성 음악가, 임을 위한 행진곡, 기대승, 고봉과 퇴계의 서신 교류 등
2. 광주의 재발견 : 여전히 아름다운지
   - 광주극장, 무등산, 광주천, 풍영정, 월봉서원, 대인시장, 송정역 시장 등
3. 르네-광주 : THE 빛나는 도시를 위하여
   - 광주에서 잊혀지거나 사라지고 있는 것들 중에 지켜야 할 것

※ 위 테마에 속하지 않더라도 '광주'와 연계된 자유 주제 가능

작품분량 및 형식, 제출 방법

- 5분 내외 영상 창작물 + UCC 보고서(영문 해설 포함 양식은 선생님 카페 공지사항에 탑재)

- 카페 게시판에 올릴 것(10M를 초과하는 영상의 경우에는 메일로 제출

※ 본 프로젝트는 인문사회부에서 시행하는 인문 주간 특별행사와 연계한 행사입니다.
본 과제를 제출하면 인문사회부에 별도의 영상 제출 없이 자동으로 UCC 공모전에 응모됩니다.

"자, 지금까지 우리 학급에서 만든 영상들과 보고서를 모두 검토해봤습니다. 여러분들의 박수와 환호를 통해 투표를 해봤는데, 송정역 시장을 다룬 팀의 작품이 단연 압도적 인기를 끌었네요. 그러면 송정역 시장을 소개하는 보고서[71]를 다시 한번 보면서 어떤 내용을 위키백과에 올리면 좋을지 함께 생각해봅시다." 저는 학생들에게 보고서 내용을 다시 보여주면서 어떤 내용이 포함되면 좋을지 물어봅니다.

"선생님, 송정역 시장의 위치와 찾아가는 방법은 꼭 있어야 할 것 같습니다."

"네, 그리고 송정역 시장의 역사도 있었으면 좋겠어요."

"또아 식빵과 계란밥도 좋을 것 같습니다."

71) 송정역 시장의 UCC 영상과 보고서는 다음 링크에서 볼 수 있습니다. [영상 http://tiny.cc/act9uz, 보고서 http://tiny.cc/fdt9uz]

"모두 좋은 아이디어들입니다. 그럼 이제 남은 시간 전부를 활용해서 모둠별로 위키백과에 올릴 영문 자료를 만들어봅시다. 선생님 컴퓨터로 인터넷 검색을 해도 되고, 카트에 있는 사전들도 써도 좋습니다." 이렇게 해서 '위키백과 편집자 되기' 프로젝트가 시작되었습니다. 수업 시간이 부족해 영문 자료를 만드는 작업을 끝내지 못했던 학급도 있었고 모두 완료한 학급도 있었습니다.

위키백과에 표제어를 최종적으로 등록하고 편집하는 작업은 참여하고 싶은 사람만 할 수 있도록 자율에 맡겼습니다. 표제어를 개인적으로 등록하고 그 장면을 캡쳐해 가져오면 학생들의 교과세특에 기록해주었습니다. 표제어를 등재하려면 위키백과 시스템의 인증 절차를 거쳐야 합니다. 그 과정이 시간이 꽤 걸리기 때문에 등록 결과는 바로 볼 수 없었습니다. 하지만 인증을 기다린 끝에 여러 성과들이 있었습니다. 참고 자료 인용이 한 편도 없거나 내용이 너무 주관적일 경우에는 등록에 실패한 경우도 있었습니다. 결국, 송정역 시장은 표제어로 생성될 수 없었지만 다른 표제어들의 경우 위키백과에 당당히 실렸습니다. 광주읍성Gwangju Castle, 광주학생독립운동Gwangju Student Independence Movement, 광주민주화운동Gwangju Uprising, 광주극장Gwangju Theater 등이 대표적입니다.[72] 학생들이 영문 위키백과에 내용을 올리고 나서 뿌듯해하던 표정들이 아직도 눈에 선합니다.

집단지성 프로젝트는 교내 영어 쓰기 대회와 연계시켜 진행되기도 했습니다. 영어 쓰기 대회 일정이 프로젝트가 진행되던 시기와 맞물려 있었기 때문에 지금 배우고 있는 내용을 주제로 하면 시너지 효과가 일어날 것으로 생각했습니다. 때마침 공론화위원회를 통해 사회적으로 탈핵이 이슈화되었던 시기였고, 과학 시간에는 지진과 원전에 대한 문제를 공부하고 있었던 때였기 때문에 시기적으로 아주 적절했습니다.

영어 쓰기 대회 문제는 학생들의 진로 계열[73)]에 따라 두 가지로 구분하여 출제했습니다. 인문 계열 학생들에게는 정치학적 입장에서 '숙의민주주의의 특성'과 '공약 실천과 관련된 딜레마 상황의 해결'을 주제로 글을 써보도록 했습니다. 자연 계열의 경우에는 정치적인 측면보다는 과학기술적 측면에서 원자력 에너지 문제에 접근할 수 있도록 문제[74)]를 출제했습니다. 다음은 쓰기 대회 문제의 일부입니다.

인문 계열 문제

다음 신고리 5, 6호기 건설과 심의민주주의에 관한 글을 읽고 답

72) 수업을 할 당시에 영문 위키백과에 광주학생독립운동과 광주민주화운동은 이미 표제어가 만들어져 있었습니다. 광주학생독립운동 경우 하위 항목인 'historical significance와 movement map at a glance'를 생성해서 내용을 추가했으며, 광주민주화운동의 경우에는 'aftermath' 항목을 만들었습니다. 각 항목에 대한 영문 위키백과 링크는 다음과 같습니다. Gwangju Castle [http://tiny.cc/ynt9uz], Gwangju Uprising [http://tiny.cc/jot9uz], Gwangju Theater [http://tiny.cc/sot9uz], Gwangju Student Independence Movement [http://tiny.cc/8ot9uz].

73) 이 시기에는 문·이과 통합교육과정이 실시되기 전이었기 때문에 인문 계열과 자연 계열이 분리되어 있었습니다.

74) 문제지는 다음의 링크에서 pdf 파일로 확인할 수 있습니다. [http://tiny.cc/xau9uz]

하시오.

1. 전통적 민주주의와 심의민주주의의 차이를 영어로 서술하시오. [40점]
2. 만약 본인이 대통령이라면 공론화위원회의 권고를 수용할 것인지, 아니면 대선 후보 때의 공약을 그대로 지킬 것인지에 대해 영어로 논술하시오. [60점]

자연 계열 문제

다음 신고리 원전 5, 6호기 건설과 관련된 신문 사설의 일부를 읽고 답하시오.

1. 공론화위원회의 최종 결정과 결정에 대한 근거를 찾아 영어로 서술하시오. [40점]

2. 우리나라의 여러 가지 상황을 고려해볼 때 원자력 에너지 발전소를 존속시켜야 할지 아니면 폐기해야 할지에 대하여 자신의 입장을 영어로 논술하시오. [60점]

문제를 출제하고 나서도 과연 학생들이 영어로 글쓰기를 잘할 수 있을까 걱정이 되었습니다. 하지만 학생들 대부분이 너무나 훌륭하게 글을 써주었습니다. 물론 채점 기준에 부합하지 못한 글들도 일부 있었지만, 교사인 저도 다시 그 문제에 대해 생각하게 만드는, 수준 높은 글들도 보였습니다. 제 걱정은 기우였던 것이죠. 아마도 과학 수업과 영어 수업을 통해 어느 정도 기본적인 지식이 있었던 상태였기 때문에 성공적으로 글을 쓸 수 있지 않았을까 싶었습니다. 우수작으로 선정된 영어 에세이는 그해 학교 교지에 수록해서 학생들이 자신의 성공 경험에 대해 자신감을 가질 수 있도록 격려했습니다.

저의 오래된 고민으로 시작된 집단지성 프로젝트! 돌이켜 생각해보면 그 프로젝트를 통해 성장을 한 사람은 학생들이기보다는 바로 저였던 것 같습니다. 수업을 통해 민주주의에 대한 저의 내밀한 고민을 해결할 수 있었고, 집단지성의 중요성을 다양한 차원에서 깨달을 수 있었으니까요. 프로젝트가 모두 끝나고 난 후, 저는 저도 모르게 이렇게 혼잣말을 했었습니다. "혼자 가면 빨리 갈 수 있지만, 함께 가면 멀리 갈 수 있다." 제가 학생들에게 항상 강조했던 그 말이 더욱 깊은 의미로 마음에 새겨졌던 것입니다.

학생들의 수업성찰과 기록

"항아리 안에 있는 젤리빈의 개수를 짐작하는 실험이 특히 놀라웠습니다. 다수가 짐작한 수의 평균을 내게 되면 실제 개수와 비슷해진다는 것 말입니다. 다수가 배려를 통해 의견 차이를 줄여가면 개인보다 더 정확한 정보를 얻을 수 있다는 깨달음을 얻었습니다. 협동학습을 더 열심히 해야겠습니다." - 김○권

"영문 위키백과의 항목 히스토리를 보면 수정된 사항이 굉장히 많았습니다. 수많은 사람들이 힘을 모아 끊임없이 수정한 결과, 결국에는 '누구나', '쉽게' 이해할 수 있는 '정확한' 정보로 바뀐다는 것이 놀라웠습니다. 그 어느 백과사전보다 위키백과가 더 좋은 이유인 것 같습니다." - 선○엽

"여러 명이 모여 집단을 이루면 이점만 있을 것이라고 생각했었습니다. 하지만 중우정치처럼 부작용이 발생하여 집단이 한 사람보다 어리석게 될 수 있다는 점이 흥미로웠습니다." - 조○식

"다수의 사람들이 모여 지식을 공유하며, 협력하고 경쟁을 하는 과정을 통해 최선의 결과물이 나오는 것, 이런 집단지성이 우리 생활 곳곳에서 나타난다는 점이 인상적이었습니다. 이기적인 태도가 아닌 서로

협력하는 기러기 정신을 길러야겠습니다. 우리는 하나의 공동체입니다." - 민○환

"경쟁 사회에서 살아남기 위해 나 자신을 챙기는 것도 중요하지만 남과 어울리며 함께했을 때 개인 이상의 결과가 나오고 가치가 있다는 것을 깨달았습니다." - 박○헌

"집단지성이 발현될 수 있는 조건의 충족 여부에 따라서 집단적 사고가 현명해질 수도 있고, 어리석은 결과를 낼 수도 있다는 점을 알았습니다. 집단지성의 발현 조건을 우리나라 민주주의의 실현 조건과 연관지어 생각해볼 수 있었습니다." - 양○서

"사실 위키백과뿐만 아니라 기업과 같은 법인, 4차 산업혁명 시대에서 일어나는 전방위적인 융합 현상은 모두 집단지성과 관련이 있는 것 같습니다. 사회 발전이 이루어지려면 결국 구성원들의 협력과 원활한 소통이 중요함을 배울 수 있었습니다." - 정○감

"집단의 힘은 개인의 합 이상으로 강하다는 것을 다시 알게 되었습니다. 동시에 집단적 사고가 편견에 사로잡히지 않고 공정함과 건전함을 갖추기 위해서는 각 개인이 최선을 다해야 한다는 것을 배웠습니다." - 표○훈

"집단지성에 대해 들어보기는 했었지만 자세히 알고 있지는 못했습니

다. 집단적인 사고가 중우정치와 같은 것이 되지 않고, 집단지성으로 발현될 수 있다면 그것이 가진 잠재적인 힘이 무궁무진함을 배울 수 있었습니다. 작년의 촛불혁명이 생각나기도 했습니다." - 최○호

다음은 집단지성 프로젝트를 끝내고 난 후 기록한 교과 세특 일부입니다.

Ⓐ '집단지성 프로젝트'에 참여하여 집단지성의 정의, 역사적 기원 및 발현 조건에 대해 학습하고 영어 원서 'The Wisdom of Crowds(James Surowiecki)'에서 관련 부분을 발췌하여 읽음. 특히, 수치를 예측하는 상황에서 집단의 평균 추정치가 개별적 추정치보다 뛰어난 수학적 이유를 분석적으로 발표하여 인상 깊었음. 또한, 집단지성에 대한 실천 활동으로 '영문 위키백과 편집자 되기' 프로젝트에 참여하여 '르네-광주 프로젝트'의 결과물을 활용하여 Gwangju Castle 표제어 항목을 신설해 지역문화유산을 세계인들에게 널리 알림.

Ⓑ '집단지성 프로젝트'에 참여하여 집단지성의 정의, 역사적 기원 및 발현 조건에 대해 학습하고 영어 원서 'The Wisdom of Crowds(James Surowiecki)'에서 관련 부분을 발췌하여 읽음. 특히 집단지성을 발견할 수 있는 다양한 사회문화적 현상을 토론하는 과정에서 본교에 없었던 매점을 학생, 교직원, 학부모와 연대하여 교육협동조합 방식으로 설립한 사례를 발표한 점이 뛰어남. 또한 집단지성에 대한 실천 활동으로

'영문 위키백과 편집자 되기' 프로젝트에 참여하여 Your Paradise(당신들의 천국) 표제어 항목을 신설해 이청준의 문학 작품을 세계인들에게 널리 알림.

Ⓒ '집단지성 프로젝트'에 참여하여 집단지성의 정의, 역사적 기원 및 발현 조건에 대해 학습하고 영어원서 'The Wisdom of Crowds(James Surowiecki)'에서 관련 부분을 발췌하여 읽음. 특히, 집단지성을 발견할 수 있는 다양한 사회문화적 현상을 발표하는 과정에서 신고리 5, 6호기 공론화위원회를 숙의민주주의와 연결시켜 생각한 부분이 훌륭함. 또한, 집단지성에 대한 실천 활동으로 '영문 위키백과 편집자 되기' 프로젝트에 참여하여 Gwangju Uprising 표제어에 Aftermath 항목을 신설해 5.18 기록관과 세계기록유산으로 등재된 민주화운동 기록물에 대해 세계인들에게 널리 알림.

위 세 가지 사례는 학업 역량과 전공 적합성을 동시에 보여주면서 자신이 살고 있는 지역과 연관된 활동을 통해 학생이 성장한 모습을 보여주었다고 할 수 있을 것입니다. 실제로 Ⓐ와 Ⓒ 제자는 교과세특의 기록에서 연관성을 찾을 수 있는 수리통계학부와 정치외교학과에 각각 진학했습니다. 물론 저는 그 친구들이 해당 학과에 진학할 수 있었던 것이 영어 수업 때문이었다고 생각하지 않습니다. 하지만 제 수업이 그 친구들의 꿈과 관련된 다양한 경험 중의 하나를 의미 있게 제공했다고 믿고 있습니다.

수업 정보+

집단지성 프로젝트 수업을 준비하기 위해서는 집단지성이라는 개념부터 공부를 해야 했습니다. 일상에서 자주 듣고 많이 사용하는 집단지성이라는 말의 의미를 저부터 잘 모르고 있었구나, 하고 깨닫는 순간이었습니다. 집단지성이라는 말이 원래는 개미에 대한 곤충학자의 연구로부터 나왔다는 사실도 처음 알게 되었습니다. 집단지성 프로젝트를 준비하는 내내 끊임없는 발견과 성장의 기쁨을 느낄 수 있었습니다. 학생들에게 관련 개념들을 보다 알기 쉽게 설명해주기 위해서 구정화의 『청소년을 위한 사회학 에세이』와 제임스 서로위키의 『대중의 지혜』를 적극적으로 참조했습니다. 수업을 준비하면서 도움이 되었거나 수업 시간에 사용한 자료의 정보는 다음과 같습니다.

인터넷 자료(영상, 기사 등)

1) 'Benefits Of Traveling In Groups'(벨기에 공공버스 회사 The Line의 광고)

- 관련 활동 : 집단지성 프로젝트 동기유발 영상

영상 링크

http://tiny.cc/bum9uz

2) "Korea Experiments With Deliberative Democracy" (Korea Herald, 2017.10.24.)

- 관련 활동 : 영어 쓰기 대회 지문 자료 ①

기사 원문 링크

http://tiny.cc/ti1etz

3) "About Denuclearization" (Korea Times, 2017.10.24.)

- 관련 활동 : 영어 쓰기 대회 지문 자료 ②

기사 원문 링크

http://tiny.cc/4k1etz

4) 교내 영어 쓰기 대회 문제지

- 관련 활동 : 위 자료 ①, ②를 활용해서 만든 글쓰기 대회 문제지

pdf 파일 링크

http://tiny.cc/xau9uz

단행본

1) 백욱인, 『디지털 데이터, 정보, 지식』, 커뮤니케이션북스, 2013.

- 관련 활동 : 집단지성에 관한 배경지식 익히기

- 설명 : 커뮤니케이션과 관련된 10가지 주제어를 알기 쉽게 설명한 책입니다. 집단지성의 정의를 간명하게 이해하기에 좋은 책입니다.

2) 구정화, 『청소년을 위한 사회학 에세이』, 해냄, 2011.

- 관련 활동 : 집단지성에 관한 배경지식 익히기
- 설명 : 고등학생들이 배우고 있는 사회문화와 관련된 주제들을 조금 더 심도 있게 이해할 수 있는 책입니다. '집단사고와 집단지성'에 관한 흥미로운 이야기가 담겨 있어 학생들이 주제에 보다 쉽게 접근할 수 있습니다.

3) Surowiecki, J. (2005). The Wisdom of Crowds. New York, NY : Anchor Books.

- 관련 활동 : 영어 고전을 통해 집단지성 이해하기
- 설명 : 영어 독해 지문을 만들 때 사용한 서로위키의 저작입니다. 학생들이 흥미를 가지고 있을 만한 실험 이야기가 들어 있어 아주 좋습니다. 번역본은 랜덤하우스 코리아에서 출간한 『대중의 지혜』(홍대운, 이창근 역)가 있습니다.

4) 피에르 레비, 『집단지성: 사이버 공간의 인류학을 위하여』, 권수경 옮김, 문학과지성사, 2002.

- 관련 활동 : 집단지성에 관한 배경지식 익히기
- 설명 : 컴퓨터 네트워크가 지금처럼 촘촘하게 구축되어 있지 않았을 때 사이버 공간에 대한 예언적인 성찰을 바탕으로 네트워크상의 집단지성을

개념화한 책입니다. 철학적인 내용을 번역한 책이라서 학생들과 함께 읽기에는 힘들다는 단점이 있습니다. 심도 있는 독서를 갈구하는 학생들이 있다면 아래의 최항섭(2009)의 논문과 함께 읽어볼 것을 추천합니다.

학술자료

1) 양미경, 「집단지성의 구현을 위한 협력학습의 원리 탐색」, 『교육방법연구』 23(2), 2011, 457-483쪽.
   Michelle Commeyras, Lisa Lang, Amy Jo Evers, 「Writing for Wikipedia: Teaching: An Authentic Writing Experience」, 『순천향 인문과학논총』 31(1), 2012, 159 -176쪽.

- '위키백과 편집자 되기' 활동은 이 두 논문에서 영감을 얻어 만들어진 활동입니다. 외국의 경우 위키백과를 글쓰기 교육의 수단으로 활용하는 경우가 많은데, 우리나라에서는 그렇게 활발하게 활용되고 있지 않습니다. 위키백과를 활용한 글쓰기와 관련된 논문들이 지금은 많이 나와 있지만, 수업을 준비할 당시에는 이 논문이 유일했습니다. 위키백과로 수업을 구상하고 계시다면 국내에서 찾을 수 있는 가장 최근의 학술자료인 아래 논문과 함께 일독을 권합니다. 정태영, 「위키백과를 활용한 대학생 영 어 쓰기 평가」, 『English Language Assessment』 15(2), 2020, 197 -214쪽.

2) 최항섭, 「레비의 집단지성 : 대중지성을 넘어 전문가 지성의 가능성 모색」, 『사이버커뮤니케이션학보』 26(3), 2009, 287-

322쪽.

- 레비의 집단지성 개념을 간단하게 살펴보고 싶다면 일독하면 좋을 자료입니다.

3) 윤은호, 「집단지성 및 백과사전의 한계, 그리고 미래: 위키백과와 집단지성 위키들을 중심으로」, 『한국사전학회 학술대회 발표논문집』 (2), 2012, 81 -90쪽.

- 위키백과의 출현으로 대두된 다양한 쟁점들을 기존의 백과사전과 비교하면서 흥미롭게 정리해볼 수 있는 논문입니다. 주제 중심 수업을 처음 구성했을 때에는 학생들과 토론 수업을 해보려고 했었습니다. '브리태니커 vs 위키백과'와 같은 대결구도를 만들어 기존의 백과사전과 위키백과의 차이점을 논의하고 지식의 '정확성'과 '전문성'을 논쟁점으로 만들어보려고 했었는데 아쉽게도 하지 못했습니다. 언젠가는 꼭 한번 다뤄보고 싶은 활동입니다.

5

영어 수업으로 세상을 바꿀 수 있을까?

범교과 주제통합 프로젝트, 참여와 실천

"이제 여러분은 이 수업에서 스스로 생각하는 법을 다시 배우게 될 겁니다. 여러분은 단어들과 언어를 음미하는 법을 배울 겁니다. 누가 뭐라고 하든, 말과 생각은 세상을 바꿀 수 있습니다."

- 존 키팅

영화 〈죽은 시인의 사회〉에서 존 키팅은 말과 생각이 세상을 바꿀 수 있다고 했습니다. 상상만 해도 가슴 벅차고, 즐거운 일입니다. 불가능하다고 생각하기보다는 가능하다고 믿고 싶습니다. 이런 믿음으로 저는 해마다 어떻게 하면 학생들에게 세상을 바꿀 수 있다는 희망을 줄 수 있을까를 고민합니다. 이때마다 제 머릿속을 스치는 영화가 하나 있습니다. 바로 〈아름다운 세상을 위하여*Pay It*

Forward〉입니다.

영화에서 유진 시모넷Eugene Simonet은 중학교 사회 교사입니다. 학생들과 만나는 첫 수업 시간에 그는 학생들에게 어려운 숙제를 던져줍니다. 바로 '이 세상을 바꿀 수 있는 아이디어와 그것을 실행에 옮길 방법 생각하기'입니다. 알콜 중독자인 어머니와 함께 살고 있는 트레버Trevor라는 학생은 이때 멋진 생각을 해냅니다. 일종의 선행 릴레이라고 부를 수 있는 방법입니다. 우선, 세 명의 사람들에게 대가를 바라지 않고 선행을 실천합니다. 그럼 그들은 도움을 준 사람에게 보답을 하는 대신에 또 다른 세 사람을 무조건적으로 도와줍니다. 이렇게 하다 보면 선행을 하는 사람들이 기하급수적으로 늘어나게 되어 결국 사회가 아름답게 변할 것이라는 것이 트레버의 생각이었습니다. 트레버는 이러한 방법을 '보답하기Pay It Back'가 아니라 '미리 선행하기Pay It Forward'라고 부릅니다.

이 영화에서 인상 깊은 장면은 또 있습니다. 어려운 숙제를 내준 시모넷에게 트레버가 아주 당돌한 질문을 하는 장면입니다. "그렇다면 선생님은 지금까지 세상을 바꾸기 위해 무엇을 했죠?" 그때 시모넷은 이렇게 대답합니다. "매일 아침을 잘 먹고, 학교에 나와 이렇게 너희들에게 숙제를 내주지." 처음 이 장면을 봤을 때는 그의 무력한 대답을 대수롭지 않게 넘겼습니다. 하지만 교사가 되고 나서 이 영화를 다시 봤을 때, 이 장면을 새롭게 해석할 수 있었습니다. 시모넷은 트레버처럼 세상을 직접 바꾸지는 못했지만 학생들을 바꿀 수 있었다는 것이죠. 학생들에게 영감을 주어 세상을 바꾸는 일. '참여와 실천' 프로젝트는 시모넷처럼 학생들에게 영감을 주어 세상을 바꾸기 위해 기획했던 프로젝트입니다.

수업 디자인

'참여와 실천' 프로젝트는 처음부터 범교과 주제통합수업의 형태로 기획되었습니다. 그해에 제가 학년부장을 맡고 있었기 때문에 학년 선생님들과 협력해서 교육과정을 구성하기가 상대적으로 수월했던 것으로 기억합니다. 전체 수업을 디자인하기 위해 제일 먼저 필요했던 것은 함께할 선생님들을 찾는 일이었습니다. 학생들을 위해 함께해주실 수 있는 선생님들을 가능한 한 많이 모으기 위해서는 평소 친분이 있는 선생님들뿐만 아니라 전체 선생님들에게 교내 메신저를 통해 알리는 과정이 필요했습니다. 교직원 전체를 대상으로 이런 종류의 메시지를 보내는 건 쉽지 않은 일이었습니다. '그냥 친한 선생님들과 해도 되지 않을까? 굳이 학교 전체에 알릴 필요가 있을까?' 이런 생각이 들 때도 있었습니다. 그러나 막상 메시지를 보내고 나서 여기저기서 생각지도 못했던 응원과 지원을 받을 수 있었습니다. 뜻하지 않게 예산 지원을 받기도 하고, 그동안 몰랐던 새로운 동료를 얻게 되기도 합니다. 두려움과 주저함이 얼마 지나지 않아 보람으로 바뀌는 경험을 하게 되면 이런 초대의 글도 용기를 내서 눈을 딱 감고 보낼 수 있게 됩니다.

'참여와 실천'으로 초대의 말

"정치에 참여하기를 거부함으로써 받는 벌 중의 하나는 자신보다 못한 사람의 지배를 받는 것이다. One of the penalties for refusing to participate in politics is that you end up being governed by your inferiors."

- 플라톤

"당신이 누구인지 알고 싶은가? 그렇다면 묻지 말고 행동하라! 행동은 당신이 누구인지를 가장 잘 규정해준다. Do you want to know who you are? Don't ask. Act! Action will delineate and define you."

- 토머스 제퍼슨

올해는 5.18 광주민주화운동 38주년이 되는 해입니다. 지난 체육의 날 행사에서 학생들과 함께 '임을 위한 행진곡'을 불렀던 경험은 당분간 잊지 못한 기억이 될 것 같습니다. 올해 1학년부에서는 '참여'와 '실천'이라는 주제로 범교과 주제통합수업을 기획하고 있습니다. 이에 관심 있는 선생님들을 모시고자 합니다. 참여와 실천이라는 주제로 학생들과 함께 나누고 싶은 이야기가 있으신 선생님들을 기다리고 있겠습니다. 아래에 함께 실천할 수 있는 아이디어들을 나열해보았습니다. 이외에도 더 좋은 아이디어가 있다면 언제든지 말씀해주시면 감사하겠습니다.

현재까지 모은 수업 아이디어들

- 참여와 실천을 주제로 한 자율탐구발표 수업
- 참여와 실천을 다루고 있는 영화나 음악 함께 감상하기
- 시민 불복종과 저항권으로서 인권
- 한국을 바꾼 저항의 역사
- 서대문 형무소와 참여적 지식인 (수학여행 연계 주제)
- 세월호와 촛불혁명
- 동아리 활동을 통한 사회 참여

때마침 해마다 5.18 민주화운동과 관련된 수업을 하셨다는 국어 선생님이 계셨습니다. 문순태의 「최루증」이라는 단편 소설을 읽는 수업을 하시는데 올해에도 진행할 예정이라고 하셨습니다. 참여와 실천이라는 포괄적인 주제를 빅 아이디어로 선택한 이유도 다양한 교과 수업의 소재를 서로 결합할 수 있도록 한 것이기 때문에 충분히 연계할 수 있을 것 같다고 말씀드렸습니다. 2학기에는 수업 시간에 온 작품 읽기를 할 계획인데, 학생들이 자유롭게 선택한 도서를 읽고 책 대화를 하는 수업을 구상 중이라고도 하셨습니다. 온 작품 읽기 대상 도서 목록에 참여와 실천을 다룬 책들을 추가하여 진행하면 교과 통합이 훌륭하게 이루어질 것 같았습니다. 이렇게 해

서 이 프로젝트는 국어 교과와 연결이 되었습니다.

얼마 지나지 않아 통합사회를 가르치는 선생님과 이야기할 기회가 있었습니다. 1학년 학생들이 학기 말에 인권을 다루는 단원을 배우는데 거기에 간디의 '소금 행진'과 '시민 불복종'이 나온다고 하셨습니다. 시민 불복종은 사회 참여와 실천의 방법 중 하나이기 때문에 이 또한 프로젝트와 훌륭하게 결합될 수 있을 것 같았습니다. 사회 수업을 하실 때 저항권 개념을 조금 더 부각시켜 다루고, 간디와 시민 불복종을 연결시켜 제시하면 영어 시간에 헨리 소로Henry Thoreau의 『시민 불복종*Civil Disobedience*』을 다루기로 했습니다. 영어 문화권에서 이 책은 최초로 불복종을 개념화한 문헌이라고 알려져 있습니다. 수업 시간에 소로를 학생들과 함께 읽어보면 정말 재미있는 시간이 될 것이라는 생각이 들었습니다.

시간이 지나 과학 교과와도 결합하게 됩니다. 통합과학 단원 중에 환경과 에너지를 주제로 하는 단원이 있는데 '지구를 위한 작은 실천'이라는 제목으로 포스터 그리기와 책갈피 만들기 등 환경 캠페인을 함께 하기로 한 것입니다. 학년부에 함께 근무하시는 과학 선생님께서 마침 과학과 예산이 남아 있는 상황이기 때문에 프로젝트에 예산도 넉넉히 쓸 수 있다고 하셨습니다. 이 프로젝트는 지역사회의 도움도 받았습니다. 자치단체가 주관하는 청소년 인문학(유스 인문학) 프로그램이 있었는데, 학교에서 원하는 인문학 주제를 의뢰하면 해당 분야의 전문가가 학교에 찾아와 맞춤형 특강을 해주는 사업이었습니다. 저는 사업 관련 담당자에게 연락해 저희 학교에서 준비 중인 주제통합 프로젝트에 대해 설명하고, 프로젝트에 맞춰 강의를 진행해줄 수 있는지를 확인했습니다. 대답은 아주 긍정적이었습니다. 이렇게 해서 저희 학교만을 위한 인문학 특강도 열리게 되었습니다. 결국 참여와 실천 프로젝트는 처음에 기획했던 것보다 큰 규모의 프로젝트로 발전하게 되었습니다. 이 프로젝트는 거의 1년 동안 과목별로 시차를 두면서 〈표11〉과 같은 내용으로 진행되었습니다.

〈**표11**〉 참여와 실천 프로젝트 개요

프로젝트, 참여와 실천	 영어 학습지 다운받기 http://tiny.cc/pz4auz
도입 단계	**사회과** • 저항권 개념 익히기 : 시민, 시민 참여, 인권, 저항권 • 역사 속의 저항과 시민 불복종 : 간디의 소금 행진 **영어과** • 음악을 통한 사회 참여 : 레게, 평화를 꿈꾸다 ‘No Woman No Cry’ • 영화를 통한 사회 비판 : 교육에 反하다 〈Captain Fantastic〉
전개 단계	**국어과** • 시민 불복종과 저항권으로 「최루증」(문순태) 읽기 • 참여문학 온 작품 읽기 및 책 대화 - 『소년이 온다』(한강), 『4천원 인생』(안수찬 외), 『1984』(조지 오웰) - 『금요일엔 돌아오렴』(세월호 참사 기록 위원회)

전개 단계	**영어과** • 자율탐구발표 - 참여 예술에 대한 이해 : 밥 말리와 레게, 내가 사랑하는 팝송과 영화 - 저항과 해방을 위한 투쟁 : 미국의 독립 선언문, 안창호와 독립운동 - 시민 불복종의 계보학 : 소로, 간디, 킹, 촘스키 • 고전 함께 읽기 - 세상을 바꾼 책, 소로의 『Civil Disobedience』
	지역사회 • 참여와 실천을 위한 유스 인문학 - 국가 권력과 국가 폭력 : 권력과 폭력의 주체인 국가 - 저항의 역사 : 프랑스 혁명부터 5월의 광주까지 - 민주주의와 시민운동 : 민주사회를 위한 토론
실천 단계	**영어과** • The Change Makers - A Step Forward(지구를 위한 작은 실천 : 과학과 연계) - Write for Change(사회를 바꾸는 작은 실천 : 국어과 연계)
	과학과 • 지구를 위한 작은 실천 : 기후변화와 북극곰, 포스터와 책갈피 제작하기
	국어과 • 세상을 바꾸는 글쓰기 : 건의문, 국민청원문 쓰기
	캠페인 및 모금 활동 • 프로젝트 동아리 모.아.나. - 학교 대표 책갈피 이미지 제작 및 생산 - 캠페인 부스 설치 및 홍보, 모금 활동 - 환경단체(지구의 벗 환경운동연합) 기부

음악을 통한 사회 참여, 밥 말리

"여러분, 통합사회 시간에 배운 간디의 소금 행진 기억나나요? 사회 시간에 여러분들은 시민 참여의 개념과 저항권, 시민 불복종에 대해서 배웠을 겁니다. 자, 이제 그 수업을 이어 받아 영어 시간에는 사회참여적 관점에서 이해할 수 있는 음악과 영화를 감상하고, 소로의 『시민 불복종』이라는 영어 원서를 함께 공부해볼 겁니다. 아마 이 프로젝트는 1학기 끝날 때까지 계속되고, 2학기에도 이어질 것 같습니다. 이번 시간에 다룰 것은 사회참여적 음악입니다. 곧이어 국어 시간에도 참여와 실천을 다룬 수업이 이어질 겁니다. 지금 우리는 '참여와 실천'이라는 교과융합수업을 하고 있다는 것을 기억하세요. 먼저 학습지에 나와 있는 인용문부터 살펴볼까요? 그리스 철학자 플라톤과 미국의 독립 선언문을 기초한 토마스 제퍼슨의 말입니다."

> "One of the penalties for refusing to participate in politics is that you end up being governed by your inferiors."
>
> \- Plato

"Do you want to know who you are? Don't ask. Act! Action will delineate and define you."

- Thomas Jefferson

"플라톤의 문장을 이해하기 위해서는 선생님이 항상 강조했던 본동사를 먼저 찾아야 할 겁니다. 그리고 that이 관계대명사로 쓰이고 있는지 접속사로 쓰이고 있는지를 살펴보세요. 관계대명사라면 '~하는/할' 등으로 명사를 꾸며주는 식으로 해석을 하고, 그렇지 않으면 '하는 것/하기' 등으로 해석을 하면 됩니다. 제퍼슨의 문장은 구조가 간단한 대신 어려운 단어가 있죠? delineate! 자, 그럼 두레별로 협력하면서 문장을 해석해봅시다. 4분의 시간을 주겠습니다. 4분 후에는 발표자 뽑기를 통해 무작위로 발표하겠습니다. 발표가 너무 성의 없으면 맞춤형 과제가 나가는 것 알고 있죠? 그럼 활동 시작!" 맞춤형 과제가 걸려 있기 때문에 모두들 부지런히 움직입니다. 사전을 찾아보는 친구들, 다른 두레까지 원정을 가서 질문을 하는 친구들도 있습니다. 4분이 지나고 발표자 뽑기 프로그램을 통해 선정된 친구에게 해석을 해보도록 합니다.

"선생님, 저희는 아직 단어를 다 못 찾았어요."

"괜찮습니다. 중간에 막히면 선생님이 도와주겠습니다. 할 수 있는 데까지 해봅시다."

"그럼, 제퍼슨 것부터 할게요. '네가 누구인지 알기를 원하는가?

질문하지 마라. 행동하라. 행동이 너를 deline……, 아, 이 단어를 아직 못 찾았어요."

"사실 이 단어는 대학교 수준의 고급 단어입니다. '설명하다' 혹은 '기술하다'의 의미를 가지고 있어요. 보통 어떤 것을 아주 상세하게 설명하거나 기술할 때 쓰는 동사입니다."

"음. 그렇다면 '행동이 너를 설명해주고 정의해줄 것이다.' 이렇게 해석하면 될까요?"

"아주 좋아요. 그럼 해석을 다시 한번 정리해줄래요?"

"'네가 누구인지 알기를 원하는가? 질문하지 마라. 행동하라. 행동은 너를 설명하고 정의해줄 것이다.' 맞나요?"

"정확합니다. action을 행동이라고 해석했는데, 우리가 지금 하고 있는 주제통합수업과 연결시켜 해석하면 '실천'이라고 이해할 수 있을 겁니다. 제퍼슨의 말은 행동과 실천의 중요성을 극적으로 강조하고 있는 거죠. 그럼 이어서 플라톤의 복잡한 문장에 도전해볼 친구가 있을까요?"

아무도 선뜻 나서지 않습니다. 수업의 도입부터 학생들에게 스트레스를 주고 싶지 않아 제가 해석해줍니다. 레게 음악을 즐겁게 배우려고 했는데 처음부터 어렵게 진행하면 안 될 것 같습니다.

"플라톤의 문장은 조금 어려우니 선생님이 해석해볼게요. 빨리 해석해보고 즐겁게 음악을 들어야겠죠? '정치에 참여하기를 거부함으로써 받는 벌 중의 하나는 자신보다 못한 사람의 지배를 받는 것이다.'라고 해석할 수 있습니다. 본동사는 is이고 주어는 one, that은 여기서 관계사가 아니라 명사절을 이끄는 접속사로 쓰였습니다. that 뒤에 완전한 문장이 왔고, 앞에 명사가 없습니다. 이 두 가지 특징을 만족시키면 that은 명사절 접속사로 '~하는 것/하기'라고 번역한다고 그랬죠? 여기서 추가로 알아두면 좋을 단어는 government입니다. govern은 '지배하다'의 의미를 갖고 있는 동사인데, 이 단어 뒤에 명사형 접미사 'ment'를 붙이면 지배구조, 즉 정부가 됩니다. 'end up –ing'라는 숙어도 함께 외워둡시다. '~하는 것으로 끝나다'를 의미하는 숙어입니다."

"아, 어렵네요. 철학자들은 왜 이렇게 말을 복잡하게 하는 건지……. 그냥 '정치에 참여하지 않으면 못난 사람의 지배를 받게 된다' 이렇게 쉽게 말하면 될 것 같은데……."

"그렇죠? 그런데 철학자는 엄밀하게 말하는 것을 좋아하니 말이 길어지고, 문장이 복잡해질 수밖에 없는 것 같기도 합니다. 자, 그럼, 플라톤과 제퍼슨의 말을 종합해볼까요? 플라톤은 정치에 참여하지 않으면 어리석은 사람들이 마음대로 통치를 하게 된다고 했고, 제퍼슨은 한 사람을 규정하는 가장 중요한 것은 행동, 즉 실천이라고 했습니다. 그럼, 이렇게 중요한 참여와 실천을 일구어낸 음악을 배워보죠. 혹시 밥 말리Bob Marley나 레게Raggae에 대해 들어본 적이 있을까요?"

"밥 말리, 레게……. 들어본 것 같기도 하고 그렇지 않은 것 같기도 하고 그러네요."

"레게는 몸을 이렇게 흐느적거리면서 편안하게 들을 수 있는 흥겨운 음악입니다. 강아지들이 제일 좋아하는 음악 장르라는 이야기도 있어요. 집에 강아지를 키우고 있다면 레게 음악을 한번 들려줘 보세요. 선생님도 그런 속설이 진짜인지 궁금하니까요. 그럼, 일단 영상[75]을 함께 볼까요?"

한 자메이카 소녀가 춤을 추고 있습니다. 흥겨운 레게 리듬에 맞춰 흔들거리는 춤사위를 보고 있으면 저절로 기분이 좋아집니다. 춤을 추는 모습에 빙그레 웃음이 지어질 무렵, 영상 위로 자막이 뜹니다. '어떻게 노래를 시작하게 되었나요? 시작이라……. 울음. 그래요, 울음으로 시작되었죠.' EBS에서 제작한 영상, '레게, 평화를 꿈꾸다(지식채널e)'입니다. 영상은 계속해서 레게의 정의와 밥 말리의 생애, 대표곡들과 그가 남긴 말들을 인상적으로 보여줍니다. 학생들은 영상의 내용을 정리한 문장의 빈칸을 채워가며 밥 말리와 레게에 대해 배웁니다. 가령, 다음과 같은 문장들입니다.

말리의 말

"나는 (교육)을 받지 않았다. 대신 (영감)을 받았다. 내가 만약 교육을 받았다면 아마 바보가 되었을지도 모른다. I don't have (education). I have (inspiration). If I was educated, I would be a fool."

75) '레게, 평화를 꿈꾸다(지식채널e)' [http://tiny.cc/4u3auz]

“음악으로 (혁명)을 일으킬 수는 없다. 그렇지만 사람들을 (깨우치고), 미래에 대해 듣게 할 수는 있다.”

‘Get Up Stand Up’의 가사 일부

“Get up, stand up, don’t give up (the fight). Get up, stand up for (your rights!)”

다음 활동은 ‘No Woman No Cry’라는 곡을 듣고 감상해보는 것입니다.

“그럼 이제 불후의 명곡, ‘No Woman No Cry’를 배워보겠습니다. 세 가지 버전을 준비했는데, 어떤 버전부터 들어볼까요? 현대적인 감각으로 듣고 싶으면 버클리 음대 앙상블 버전으로 들으면 되고, 우리나라 레게 가수가 궁금하다면 쿤타 버전으로, 말리를 바로 만나고 싶으면 원곡 버전으로 들어도 됩니다.”

“선생님, 모두 다 들을 수 있는 거죠? 그렇다면 버클리 앙상블 버전으로 듣고 싶어요. 버클리 음대 유명한 학교 아닌가요?”

“야, 우리나라 사람은 모름지기 우리나라 것부터 들어야지, 쿤타요, 선생님.”

“야, 모름지기 원곡으로 먼저 들어야지.”

“알겠습니다. 취향은 모두 다르니까요. 그럼, 거수로 결정합시다.” 저는 결과에 따라 쿤타–말리–버클리 앙상블로 순서를 정했습니다.

학생들은 노래를 연속으로 세 번 들으면서 초점 듣기 활동을 합니다. 제시된 초점 질문은 세 가지입니다.

> Q1. How many times do you hear "No woman no cry"?
>
> Q2. Who do you think is the 'Woman'?
>
> Q3. Put the title of the song into Korean.

1번 질문은 학생들이 쉽게 답을 찾을 수 있었지만 2번과 3번 질문은 만만치 않았습니다. 특히 3번 질문은 상당히 어렵습니다. 노래 제목이 쉬운 단어로 되어 있지만 직역을 하면 쉽게 말이 되지 않기 때문입니다. 모둠 토의를 하고 난 후에 학생들이 제시한 제목은 다양합니다.

> 어떤 여자도 울지 않는다.
>
> 어떤 여성도 울면 안 됩니다.
>
> 여인이 없으면 울음도 없다.
>
> 안 돼요. 여자들은 울면 안 됩니다.
>
> 어떤 사람도 울지 마요.

발표를 들어보니 모든 제목에 일리가 있습니다. 특히 세 번째 제목은 아주 논리적입니다. 영어 속담 중에 'No Pain, No Gain'의 구조에 대입해서 해석을 했다고 합니다. "고통이 없으면 얻는 것도 없다"와 마찬가지로 No Woman No Cry는 "여인이 없으면, 울음도 없다"라는 뜻이라는 것이죠. 학생들도 다들 그 답에 감탄을 했지만, 왠지 모르게 뜻이 이상하다는 눈치입니다. 학생들 모두가 난감해할 때 저는 힌트를 줍니다.

"이 제목을 제대로 이해하기 위해서는 밥 말리가 자메이카 사람이라는 것을 알 필요가 있습니다. 노래 제목이 영미식 영어가 아닌 자메이카식 영어로 되어 있다는 것이죠. 그리고 No Woman No Cry라는 말을 잘 살펴보면, 쉼표나 마침표가 찍혀 있지 않습니다. 자메이카 영어에서 no는 'not … any'의 의미도 있지만 다른 의미도 있습니다. 구두점의 위치와 no의 자메이카식 의미를 추측해봅시다."

힌트를 주고 난 후 다음 시간에 나눠줄 학습지에 수록된 이무영 평론가의 노래 해설을 요약해서 미리 들려주었습니다. 저는 팝송 수업을 할 때 모든 학습지를 한 번에 배부하지 않고, 하나씩 나누어주는 편입니다. 첫 시간에는 노래의 배경과 초점 질문이 들어있는 학습지만 배부하고, 두 번째 시간에 가사와 해설이 있는 학습지를 주는 것이죠. 가사와 해설이 있는 학습지를 미리 나누어주면 학생들의 사고를 촉진시키는 초점 질문에 대한 탐구활동의 재미와 흥미가 떨어지기 때문입니다.

"자, 그럼 함께 생각해봅시다. 칠판에 있는 것들 중에 무엇이 가장 노래의 의도와 맞는 것일까요?"

"네 번째 아닐까요? 아까 구두점의 위치가 중요하다고 하셨으니까 No 뒤에 점을 찍으면 네 번째 제목처럼 될 것 같아요."

"great! 아주 좋습니다. 그런데 뒷부분은 조금 다듬어야 할 것 같아요. 이대로라면 여자들은 울지 않아야 하고, 남자들은 울어도 되는 그런 느낌이니까……."

"그럼, 이건 어떨까요? 안 돼요! 여인이여, 울지 말아요."

"Excellent! 선생님도 그렇게 생각하고 있었어요. 사실 이 노래의 제목은 영어권 사람들 사이에서도 해석이 분분한 부분인데요. 자메이카식 영어를 알면 문제가 쉽게 풀립니다. 이 문장의 올바른 문법적 표기는 'No. Woman, Nuh(=do not) cry.'라고 할 수 있어요. 자메이카인들은 부정형인 'do not'(don't)을 'nuh'라고 씁니다. 그런데 이 'nuh'를 또 한 번 줄여서 'no'라고 쓰기도 합니다. 자메이카인들이 no라고 하면 기존 영어의 no라는 의미와 함께 don't의 의미도 함께 생각해야 하는 겁니다. 그럼 노래 제목을 명쾌하게 이해할 수 있겠죠? '안 돼요(No). 여인이여(Woman), 울지 말아요(don't cry).'가 되는 것이죠."

학교 문법에서는 미국식 영어나 영국식 영어만을 표준으로 삼고 있기 때문에 전통적인 관점에서 보면 자메이카식 영어 문장들은 문법적 오류를 포함한 비문입니다. 하지만 최근 영어 교육계에서는 세계영어World Englishes 혹은 국제어로서의 영어English as Lingua Franca : ELF라는 새로운 패러다임이 주목받고 있습니다. 이러한 패러다임에 의하면 단일 표준 영어One Standard of English라는 것은 없습니다. 영어의 정확성보다는 소통 가능성에 초점을 두고 영어를 사용하는 세계 모든 나라들의 다양한 영어 변이형들을 존중해야 한다는 것입니다. 저는 이러한 입장을 학교 교육에서도 부분적으로 도입해야 한다고 생각해서 수업 시간에 세계영어의 변이형에 대해서도 알려주는 편입니다.[76)]

"이무영 선생님의 해설에 따르면 이 노래에서 woman은 말리의 나라인 자메이카이자 국민들을 상징합니다. 그럼 이 해설을 참고해서 다시 한번 다듬어보겠습니다. '안 돼요, 그대여, 울지 말아요.' 이것이 선생님이 생각하는 이 노래의 적절한 우리말 제목입니다. 여인 대신에 그대라는 말을 쓴 이유는 여인이라는 단어가 자메이카나 국민을 상징하기에는 충분히 포괄적이지 않기 때문입니다. 우리나라의 시 중에 한용운의 「님의 침묵」이라는 시를 알고 있을까요? 여기서 '님(그대)'은 일차적으로 떠나간 이를 지칭할 수도 있지만 궁극적으로는 우리나라를 가리킵니다. 바로 그런 느낌인 거죠."

"오, 선생님. 학창 시절에 혹시 문학 소년이셨나요?"

"한용운의 시는 조금 충격적이어서 잘 기억하고 있어요. 시를 처음 읽었을 때 남녀의 사랑을 다룬 시라고 생각했었거든요. 그런데

---

76) 아쉽게도 우리말로 된 자료는 아직 많이 없습니다. 이 분야에 대한 국내 학자들의 관심이 크지 않기 때문입니다. 이와 관련해서는 다음 논문이 도움이 될 것입니다. [심영숙, 「세계영어에 관한 국내 연구 동향 분석」, 『응용언어학』 36(3), 2020, 99 -125쪽.]

알고 보니 스님이 지은 시이고, 한용운은 우리나라의 대표적인 저항 시인이었죠. 자, 그건 그렇고, 아무튼 그런 맥락에서 이 노래에서는 여인 혹은 여성이라는 말 대신 그대라는 단어를 쓰는 것이 더 좋을 것 같습니다. 그렇다면 이제 자연스럽게 2번 질문의 답도 정확해지겠죠?"

"네, 그렇네요. woman은 자메이카에 살고 있는 여성을 가리키는 말이면서도 자메이카 혹은 자메이카 국민들을 지칭하고 있다고 말할 수 있을 것 같습니다."

"맞습니다. 정확해요. 선생님이 보기에 이 노래를 말리가 처음 만들었을 때는 자신의 어머니를 생각하면서 woman이라고 쓰지 않았을까 싶어요. 밥 말리가 어렸을 때 자메이카는 영국의 식민 지배를 받고 있었거든요. 말리의 가족도 다른 자메이카 사람들과 마찬가지로 궁핍하고 힘든 삶을 살았죠. 그가 살았던 트렌치타운에서는 배고픔을 견디기 위해 매일 쓰레기장을 뒤지는 사람들을 자주 볼 수 있었다고 합니다. 빈곤과 착취가 일상인 그런 삶을 견디기 쉬운 사람이 있었을까요? 말리는 많은 이들의 눈물을 보면서 자랄 수밖에 없었습니다. 그 눈물은 그의 어머니와 아내, 자메이카 형제자매들의 것이었죠. 사실 말리의 밴드 이름도 '울부짖는 사람들The Wailers' 입니다. 그는 노래를 통해 그런 사람들을 위로하고 희망을 이야기합니다. 다음 시간에는 노래 가사를 천천히 살펴보면서 자메이카에서의 힘든 삶이 어떻게 묘사되고 있는지, 그리고 어떤 위로와 희망의 말을 건네고 있는지 살펴보겠습니다." 밥 말리를 다룬 첫 번째 수업은 그렇게 마무리를 했습니다.

두 번째 시간에는 가사와 평론이 담긴 학습지를 나눠주고 노래를 집중적으로 공부했습니다. 첫 시간에 간단히 소개한 이무영 평론가의 해설을 상세히 읽고 이를 바탕으로 가사 하나하나를 우리말로 번역해보는 수업을 했습니다. 그 과정에서 이중 부정 표현과 수의 일치라는 문법을 다루었습니다. 가사에는 영국의 위선적인 제국주의와 이에 영합해 사회적 혜택을 누린 변절자들을 다루는 부분이 있었습니다. 이 부분에서는 우리나라 역사에서 친일과 변절의 문제를 어떻게 바라볼 것인지에 대해 생각해보기도 했습니다. 자메이카의 궁핍한 현실을 어떻게 상징적으로 표현하고 있는지, 그리고 부정적인 현실을 어떤 마음으로 대하고 있는지에 대해 이야기해보는 시간도 가졌습니다. 저는 밥 말리가 음악을 통해 이루고자 했던 꿈과 암울했던 현실을 대하는 그의 태도를 학생들에게 전달하려고 노력했습니다.

영화를 통해
교육에 反하다

밥 말리에 대한 수업이 끝나고 나서는 영화 〈캡틴 판타스틱 *Captain Fantastic*〉을 활용한 수업을 합니다. 수업은 다음과 같은 긴 영어 문장으로 시작됩니다.

> In the forests of the Pacific Northwest, a father(Viggo Mortensen) devoted to raising his six kids with a rigorous physical and intellectual education is forced to leave his paradise and enter the world, beginning a journey that challenges his idea of what it means to be a parent.
>
> - from IMDb

"자, 친구들. 날이 더워지니 시원한 느낌이 드는 영화를 보면서 수업을 할까 합니다. 물론 이 영화도 '참여와 실천' 프로젝트의 일환으로 공부를 하는 것입니다."

"와, 멋지네요. 그런데 어떤 영화인가요?"

"슬라이드에 나온 영어 문장을 해석해보면 알 수 있습니다. 이 문장을 해석할 수 있어야만 영화를 볼 수 있는 거죠. 그전까지는 안 볼 겁니다."

"아, 선생님. 그런 법이……."

"여기 있죠. 자, 고생 끝에 낙이 온다는 말이 있죠? 문장을 집중해서 봅시다. 이 문장은 사실 한 문장입니다. 선생님이 긴 문장을 보면 어떻게 하라고 했죠? 문장 해부술! 문장 해부술을 적용하라고 했죠? 해부술 1단계, 본동사를 찾아 주부와 술부를 분리한다. 2단계, 수식어로 보이는 것은 모조리 찾아 괄호로 묶는다. 3단계, 수식어를 제거하고 뼈대를 보며 구조를 파악한다. 해부술 3단계 모두 기억하죠?"

"아, 문장 해부술 이야기만 나오면 정말 힘들어지는데……"

"야, 불평 그만하고 시작해보자! 빨리 해석을 끝내야 영화 수업을 할 것 아냐."

"자, 잡담은 이제 그만하고 문장 해부를 시작해봅시다. 두레별로 협력하면 더 빨리 할 수 있습니다. 모둠장들은 다른 모둠원이 모두 해석할 수 있도록 적극적으로 도와주세요. 5분 후에 두레별로 해석해보겠습니다. 이 문장을 제대로 이해한다는 것은 분사와 관계대명사 그리고 수동태를 제대로 알고 있다는 뜻입니다. 모두 예전에 배웠기 때문에 그동안 배운 것을 정리할 수 있는 좋은 기회가 될 겁니다. 미리 힌트를 주자면 이 문장에는 두 개의 분사구가 있습니다. 첫 번째 분사구는 명사를 수식하고 있는 형용사구이며, 두 번째는 시간 부사절 역할을 하는 분사구문입니다."

"선생님, 힌트가 더 어려운데요?"

재치 있는 친구의 말에 교실이 웃음바다가 됩니다. 하지만 이내 분위기가 진정되고 학생들은 문장 해석을 하기 위해 집중합니다. 저는 발표한 학생들을 도와 문장을 해석해주면서 한 학기 동안 배웠던 분사와 수동태, 관계대명사를 다시 한번 정리해줍니다. 뒤이어 씨네21에서 발췌한 비평문과 예고편으로 영화 수업을 시작했습니다. 〈캡틴 판타스틱〉은 홈스쿨링, 사회주의, 권력 비판, 에스페란토어(국제공용어), 촘스키의 날 등 흥미진진한 이야깃거리를 가득 포함하고 있습니다. 영화의 주요 장면들과 의미 있는 대사들이 나오는 영상들을 함께 공부하면서 두 가지 활동을 했습니다.

Discussion 1

Let's say you can decide what you should learn in your school. What is it that you don't/do want to learn? Why ?

Answer :

I DON'T Want to Learn ______________________

I DO Want to Learn ______________________

첫 번째 활동은 학생들이 교육과정을 결정할 수 있다면 어떤 것을 배우고 싶은지 토론해보는 것입니다. 영화 속 등장인물인 아버지 벤(이하 캡틴)처럼 숲속의 작은 학교를 만든다고 생각해보고 교육적으로 중요한 것이 무엇인지 근본적으로 성찰해보는 것이죠. 캡틴처럼 독서토론이 중요하다는 친구들도 있고, 외국어가 중요하다는 친구들도 있습니다. 영화에서처럼 사냥과 호신술은 꼭 가르치고 싶다고 이야기하는 친구도 있었습니다. 심지어 음악은 절대 배우고 싶지 않다는 의견도 있었습니다. 음악은 감상하고 즐기는 것으로 충분한데 이론으로 가르치기 시작하면 음악을 싫어하게 된다는 것입니다. 수업 시간에 했던 이 활동은 교내 영어 쓰기 대회 문제로도 연결이 됩니다.

영어 쓰기 대회 문제 일부

자신이 영화 〈캡틴 판타스틱〉 속 아버지나 어머니라면, 아이들에게 홈스쿨링으로 가르치고 싶은 것들이 무엇인지 두 가지 이상 구체적으로 밝히고, 그것들을 아이들에게 가르치고 싶은 이유가 무엇인지 영어로 서술하시오.

교내 쓰기 대회를 하면서 놀라웠던 점은 학생들의 생각이 수업 때보다 훨씬 더 깊어졌다는 것이었습니다. 수업 시간에는 단편적인 아이디어만 들을 수 있었는데 대회에서 접한 학생들의 답은 학교 교지에 실어도 될 만큼 깊이 있는 글들이었습니다. 죽음에 대한 철학 교육, 좋은 친구를 사귀고 좋은 관계를 맺는 방법, 자연의 아름다움을 감상하는 방법, 긍정적 사고방식을 기르는 법, 사회적 불평등을 해소하는 방법 등 창의적인 글들이 가득했습니다. 학생들의 글을 채점하는 수고로움보다 글을 읽는 즐거움에 빠져 시간 가는 줄 모르고 평가를 했던 기억이 납니다.

두 번째 활동에서는 학교 교육과 홈스쿨링을 객관화시켜 비판적으로 접근해보았습니다. 학생들에게 제가 던진 질문은 다음과 같습니다. "우리가 학교 교육을 통해서 얻은 것과 잃은 것, 캡틴의 가족들이 얻은 것과 잃은 것은 무엇일까요?" 이 영화는 제도권 교육을 불신하는 아버지가 자연 속에서 아이들을 가르치는 대안적 교육 방식을 다루고 있습니다. 돌이켜보면 저 역시 제도권 교육에 대한 불만이 가득했던 학창 시절을 보냈던 것 같습니다. 하지만 한 번도 그런 불만을 학교에서 이야기해본 적이 없었습니다. 자퇴를 하지 않고 학교를 무사히 졸업한 것이 신기할 따름입니다. 저는 제자들도 혹시 이런 고민은 없는지, 대안적인 교육을 받거나 학교를 떠나고 싶은 마음은 없는지 궁금했습니다. 그런 마음이 있다면 허심탄회하게 이야기를 나누고 싶었습니다. 탈학교 청소년들이 늘어나는 이유 중의 하나는 학교가 학생들의 불만에 관심을 기울이지 않기 때문이라고 생각합니다. 불만을 듣고 문제를 해결해줄 수 없다고 하더라도, 불만과 고민을 나누는 것은 의미가 있는 일이라고 생각합니다. 지금 여기의 삶과 학교를 떠난 삶을 비교해보고, 그래도 학교에 남아 있는 것이 어떤 의미를 갖는지 성찰해볼 수 있는 기회가 있다면 학교를 떠나는 친구들이 줄어들 것입니다. 영화의 마지막 장면에서도 캡틴의 가족들은 결국 다시 제도권 교육으로 돌아오는 선택을 합니다.

저의 의도를 학생들이 읽었는지 대부분의 친구들은 제도권 교육에서 잃은 것도 있지만 얻은 것도 많다고 발표했습니다. 홈스쿨링 역시 장점들이 많지만 결국 자연 속에 고립된 삶을 살 것이 아니라면 학교에서 더불어 살아가는 방법을 배워야 한다는 의견들이 주류를 이룹니다. 정말 다행입니다. 학생들이 영화와 수업을 통해 학교를 떠나고 싶은 불만과 고민들을 어느 정도 해소하고 지금 이 자리에서 의미를 찾고 있다는 느낌이 들었기 때문입니다.

진지했던 영화 수업은 이제 유쾌한 팝송 수업으로 바뀝니다.

영화에서 캡틴의 가족이 반복해서 사용하는 관용구가 있습니다. "Power to the People", "Stick it to the Man!". 각각 "민중(시민)에게 권력을", "권위(억압하는 사람)에 저항하라!"에 대응하는 표현입니다. 저는 영어 표현의 문화적 맥락을 설명해주고 난 후 신나는 리듬의 팝송, 'Give More Power to the People(Chi-Lites, 1971)'을 소개합니다. 흥겨운 리듬을 갖고 있지만 노래가 다루고 있는 가사는 의미심장합니다. 노래는 사회경제적 격차와 빈곤의 악순환을 통렬하게 비판하고 있지만 명랑함을 잃지 않고 이렇게 말합니다.

(전략)

굶어서 죽어가는,

잘 알지 못하지만 우리를 미워하면서,

행복을 전혀 누려보지 못한 사람들이 있지요.

만약 당신이 충분히 먹지 못하면 사랑이라는 것을 생각할 수 있을까요?

돌볼 수 있는 시간도 없을 겁니다. 그럼 그게 범죄가 되죠.

음악을 멈추고, 많은 사람들을 죽일 수 있는 권력을 누가 가졌는지 생각해보죠.

그 사람들이 모든 권력을 다 쓰게 되면, 세상은 유령처럼 되겠죠.

그 사람들은 우리가 만족하지 않기 때문에 소리친다는 것을 알고 있어요.

그리고는 우리에게 약속을 하고, 몇 달러 던져주죠.

행복에는 돈이 필요하지 않고, 사랑에도 돈이 필요하지 않다고 하면서 말이죠.

(그런데) 생활비는 점점 더 늘어나네요. 다시 원점으로 돌아왔어요.

결국, 무얼 갖고 있다 하더라도 그냥 갖고 있는 것에나 기뻐하라는 말이죠.

자, 우리 다시 일어나야죠. 그리고 더 많은 것을 쟁취해야죠.

비판을 할 때 항상 무겁고 진중해야 하는 것은 아닙니다. 말리는 'Trenchtown Rock'에서 "One good thing about music, when it hits you, you feel no pain(음악의 한 가지 좋은 점은 때려도 아프지 않다는 것이다.)."이라고 노래했습니다. 때론 예술을 통해 경쾌하고 명랑하게 사회에 저항하는 것이 더욱 효과적일 수 있습니다. 우리나라의 촛불집회도 언제부터인가 촛불시위가 아닌 촛불문화제로 진행되고 있습니다. 저는 학생들과 함께 'Give More Power to the People'을 즐겁게 불러봅니다. 그렇게 해서 음악과 예술을 통해 참여와 실천을 배우는 시간은 마무리되었습니다.

참여와 실천을 탐구하다

참여와 실천 프로젝트의 다음 단계에서는 주제 탐구 발표를 했습니다. 탐구 주제는 참여와 실천과 관련된 지정 주제와 진로와 관련된 자율 주제로 나누어 발표할 수 있게 했습니다. 지정 주제만으로 발표하게 되면 학생들의 개별적 관심이나 흥미를 반영하지 못하기 때문에 수업의 생동감이 없기 때문입니다. 영어 시간에 이미 다루었던 밥 말리와 레게, 통합사회 시간에 학생들이 배웠던 간디와 비폭력 저항 운동도 지정 주제에 포함되어 있습니다.

지정 주제 예시

A. 참여 예술에 대한 이해

1. 내가 사랑하는 영어 노래, 영화 명대사
2. 밥 말리와 레게

B. 저항과 해방을 위한 투쟁

1. 미국의 독립 선언문
2. 안창호와 독립운동

C. 시민 불복종의 계보학

1. 헨리 소로와 시민 불복종

2. 간디와 비폭력 저항 운동

3. 마틴 킹과 흑인 해방 운동

4. 미국의 비판적 지식인, 노암 촘스키

발표는 영문이 포함된 슬라이드 자료를 제작해 5분 이내로 진행하도록 했습니다. 주제에 따라 영어로 발표하기 어려운 경우에는 우리말로 발표할 수 있게 하여 영어를 잘하지 못하는 친구들도 참여할 수 있도록 했습니다. 대신 이 경우에는 발표 슬라이드의 소제목들과 주요 단어들 옆에 영어를 병기하게끔 하였습니다. 발표 자료를 준비할 때는 관련 서적이나 학술논문을 하나 이상 인용하여 정보의 정확성을 높일 수 있도록 했습니다.

학생들의 발표 중에서 도산 안창호 선생을 주제로 한 발표가 깊은 인상을 남겼습니다. 역사에 관심이 많았던 그 학생은 수학여행 때 방문했던 서대문 형무소 역사관에서 안창호 선생을 발견합니다. 그 경험과 연결 지어 항일독립운동의 역사를 '교육으로 나라를 일으키다'라는 제목으로 재조명했습니다. 학생의 발표가 더 의미 있었던 이유는 도산의 이름을 딴 미국의 우체국과 거리를 소개하며, 그의 활약상을 이야기식으로 풀어냈기 때문입니다. 도산의 독립운동과 영어권 국가 이야기를 절묘하게 결합한 이 발표는 영어 시간에 도산을 어떻게 다룰 수 있는지에 대한 영감을 주는 발표였습니다.

수업 시간에 배웠던 밥 말리를 더 깊이 있게 조사해 발표한 친구는 사랑과 평화의 콘서트One Love Peace Concert에서 있었던 정치 지도자들의 악수 장면을 인상적으로 재현하며 음악의 치유적 기능을 주제로 발표하기도 했습니다. "Money is numbers and numbers never end. If it takes money to be happy, your search for happiness will never end(돈은 숫자이고 숫자는 끝이 없죠. 행복을 위해 돈이 필요하다면 행복을 찾는 일도 끝이 없을 겁니다.)."라는 말리의 명언을 인용하며 발표를 마무리할 때에는 학급 친구들로부터 박수를 받기도 했습니다.

가장 기억에 뚜렷하게 남았던 발표는 시민 불복종의 계보를 주제로 한 것들이었습니다. 반전운동가, 현대 언어학의 아버지, '살아있는 미국의 양심' 등으로 불리고 있는 노암 촘스키! 흑인 민권 운동의 지도자이자 전설적인 연설 'I Have a Dream'으로 유명한 마틴 루터 킹! 미국 문학사상 가장 유명한 단편으로 꼽히는 『시민 불복종』과 『월든』의 저자이자 초월주의 사상가인 헨리 소로! 많은 학생들이 선택한 주제는 아니었지만 시민 불복종의 계보를 다룬 학생들의 발표는 아주 훌륭했습니다.

학생들의 발표를 듣고 "진정한 학습은 누군가의 지식 전달이 아니라 스스로의 발견을 통해 일어난다."[77]라는 촘스키의 말이 생각

77) 노암 촘스키, 『실패한 교육과 거짓말 Noam Chomsky on MisEducation』, 강주헌 옮김, 아침이슬, 39쪽.

났습니다. 만약 제가 촘스키나 킹, 소로에 대해 수업을 했어도 학생들보다 더 잘하지 못했을 것이라는 생각이 들었습니다. 다양한 정보를 검색하고 지식들을 체계적으로 배치해서 효과적으로 전달할 자신은 있었지만, 학생들의 발표처럼 울림이 있지는 않았을 겁니다. 정보를 다루는 차원에서는 조금 서툴 수도 있지만 각자 자신의 삶에 의미 있는 정보들을 검색하고, 이를 바탕으로 깊은 울림이 있는 발표를 하는 학생들을 보는 것은 저에게 새로운 배움의 순간이자 기쁨이었습니다. 진실을 말하고 거짓을 밝히는 것이 지성인의 책무라고 했던 촘스키와 글을 쓰는 유일한 목적은 진실을 추구하는 것이라고 말했던 리영희를 비교했던 발표는 저에게 새로운 깨달음을 주었습니다. 킹의 비폭력주의와 촛불집회의 관련성을 설명한 발표는 놀라울 정도였으며, 인종 차별과 성차별의 유사점을 지적한 발표는 거칠었지만 뛰어난 통찰력을 느낄 수 있었습니다. 사회적 약자의 슬픔에 공감하고, 사회에 긍정적인 영향을 미칠 수 있는 글을 쓰는 작가가 되겠다는 어느 친구의 발표에는 숙연해지기까지 했습니다.

주제 탐구 발표를 마치고 나서는 소로의 『시민 불복종*Civil Disobedience*』을 원문으로 읽어보는 수업을 했습니다.[78] 원래는 원문의 주요 부분을 발췌하여 제가 해석해주는 방식으로 진행하려고 했었습니다. 하지만 학생들의 주제 탐구 발표를 듣고 난 후 생각이

---

78) 『시민 불복종』 원문은 파일 형태로 쉽게 구할 수 있습니다. 다음은 하와이 대학에서 제공한 자료의 링크입니다. [http://tiny.cc/fb7auz]

바뀌었습니다. 어렵겠지만 학생들이 스스로 해보는 과정을 통해 성취감을 느낄 수 있을 것 같았습니다. 기대 반 걱정 반으로 시작된 고전 해설 발표 수업은 그렇게 해서 시작되었습니다. 학생들이 공부해야 할 발췌문들은 교육적인 의미와 영어 수준을 고려해서 미리 선별해두었습니다. 학급별로 도전해보고 싶은 학생들의 신청을 받아 팀(2인)을 구성하게 했습니다. 팀별 협의와 조율을 통해 한 학급 내에서 모든 발췌문을 소화할 수 있도록 발표 일정을 짜고 수업을 진행했습니다.

> I think that we should be men first, and subjects afterward. It is not desirable to cultivate a respect for the law, so much as for the right. The only obligation which I have a right to assume is to do at any time what I think right.

"첫 번째 문장을 어렵게 만드는 것은 바로 subject라는 단어입니다. 여러분, subject가 무슨 뜻일까요? 발표한 분께는 제가 미니 초콜릿을 드리겠습니다." 발표를 준비한 지은이는 마치 교사인 것처럼 수업을 주도합니다. 은주는 슬라이드를 넘기면서 발표한 친구에게 초콜릿을 전해줍니다.

"주어요."

"과목이요."

"네, 모두 맞는 말이기는 한데 이 문장에서는 그렇게 쓰이지 않았습니다. 초성 힌트를 주자면 'ㄱ'과 'ㅁ'입니다."

"저요. 국민! 맞나요?"

"네, 맞습니다. 자, 초콜릿을 받으세요. subject의 다양한 뜻을 살펴보면 주어, 과목, 주제, 대상이 있습니다. 하지만 여기서는 국민이라는 뜻으로 쓰였습니다. 그럼 이제 첫 번째 문장은 쉽게 해석할 수 있습니다. '우리는 먼저 인간이어야 하고, 그다음에 국민이어야 한다고 생각합니다.'라고 번역할 수 있습니다."

친절한 수업 진행이 저보다 나은 듯합니다. 지은이는 이어서 assume의 다양한 의미와 'not A so much as B' 구문을 설명하고 원문을 말끔하게 해석합니다. 과연 학생들이 잘할 수 있을까 의구심이 들었는데, 그런 걱정은 기우였습니다. 발표가 끝난 후에는 학생들의 질문을 받고, 제가 발표에 대한 간단한 피드백을 해주었습니다.

"선생님은 지은이가 발표를 너무 잘해줘서 깜짝 놀랐습니다. 여러분들의 수준이 선생님이 생각하는 것 이상인 것 같습니다. 조금 전에 나온 질문에 추가적인 답변을 해보겠습니다. 단어의 뜻이 여러 개인 경우 해당 문맥에서 갖는 의미를 어떻게 알 수 있는지를 질문했었죠? 선생님은 문맥에 맞는 의미를 추론해보는 것이 독해에서 아주 중요한 과정이라고 생각합니다. 의미 추론 과정은 조각 퍼즐을 맞추는 과정과 비슷합니다. 혹시 퍼즐 맞추는 것을 좋아하는 사람 있을까요?"

"아, 조각 퍼즐이요? 심심할 때 하면 시간이 잘 갑니다."

"저는 퍼즐 별로 안 좋아합니다. 선생님!"

"사실 선생님도 퍼즐 맞추기를 그렇게 좋아하지는 않아요. 선생님은 퍼즐보다는 영어 해석이 더 재미있거든요."

"대박! 아마 퍼즐보다 영어가 더 재미있다는 사람은 선생님이 유일할 것 같아요."

"영어도 조각 퍼즐처럼 생각하면 즐거운 게임이 될 수 있겠죠? 우리가 퍼즐을 맞출 때 개인차가 있겠지만 선생님은 3단계 과정을 거칩니다. 1단계에서는 전체적인 그림이 무엇일까 머리에 그려봅니다. 그다음 단계에서는 퍼즐 조각의 위치를 대략적으로 가늠해봅니다. 보통 명확하게 그 위치를 알 수 있는 '모서리 조각'부터 맞춥니다. 마지막 단계에서는 맞춰진 모서리 조각을 기준으로 조금씩 영역을 늘려가면서 조각들을 하나하나 비교해보며 퍼즐을 완성시킵니다."

"오, 마이 갓! 선생님은 퍼즐 맞출 때도 그렇게 딱딱 단계를 맞춰서 하세요?"

"아, 물론 로봇처럼 절차를 따르지는 않지요. 하지만 자연스럽게 그런 단계를 거쳐서 하는 것 같아요. 단어 의미 추론도 그런 과정을 거치면 자연스럽게 체화될 수 있습니다. 1단계, 글쓴이의 전체적인 의도나 주제가 무엇일까를 생각합니다. 2단계, 의미가 분명하게 드러난 단어들을 '모서리 조각'처럼 미리 맞춰두고 의미가 애매한 단어의 '의미 자리'를 빈칸으로 남겨놓습니다. 이때 모서리 조각에 해당하는 것이 해당 단어의 '주변 단어'들입니다. 여기서 핵심은 퍼즐처럼 주변 단어들과 잘 어울리는 의미 조각을 선택하는 것입니다. 이것을 언어학에서는 '연어'(collocation : 단어의 어울림)라고 합니다. 사전을 찾다 보면 그 단어와 함께 어울리는 단어(주로 전치사)가 나와 있는 경우가 있습니다. 3단계, 애매한 단어의 '의미 자리'를 보고 알맞은 품사를 추측한 후 그 품사에 해당하는 뜻을 사전에서 찾아 하나하나 비교해보며 의미 퍼즐을 완성시킵니다."

"아, 선생님. 퍼즐을 맞추는 과정은 이해가 되는데 단어 뜻을 맞추는 것은 아직 이해가 잘 안 되는데요? 뭔가 굉장히 복잡하게 들립니다."

"그럼, 선생님이 subject를 예로 들어 설명해볼게요. 1단계, 이 글의 제목은 시민 불복종입니다. 제목으로 미루어볼 때 이 글들은 사람들이 권력에 저항하거나 법을 따르지 않는 행동을 다루고 있을 것입니다. 2단계, subject라는 단어 이외에 의미가 명확히 드러난 단어들을 해석해서 '모서리 조각'처럼 틀을 만들어둡니다. 여기서는 '나는 생각한다 우리가 먼저 인간이어야 한다고, 그리고 나중에 ~이어야 한다고'가 되겠죠? 문장 구조상 애매한 단어 주위에 있는 '주변 단어'들을 살펴봅시다. 앞에 있는 단어는 be 동사이고, 뒤에 있는 단어는 afterward입니다. 사전을 보고 subject의 연어 중에 be 동사나 afterward가 있는가를 봅니다. 그런데 없습니다. subject는 전치사 to가 연어로 자주 쓰인다고 나와 있습니다. 그럼 3단계로 넘어갑니다. subject의 '의미 자리'는 문장 구조상 보어 자리(be동사

뒷자리)입니다. 보어는 명사나 형용사가 될 수 있는데, and 앞에 있는 men이 명사이기 때문에 subject도 명사 역할을 할 것입니다. 사전을 찾아보면 subject의 의미가 명사, 형용사, 동사로 나와 있습니다. subject가 명사로 쓰일 때 의미를 모두 찾아서 괄호 안에 하나씩 대입해봅니다. 이렇게 해서 결국 국민이라는 의미가 가장 적합한 것으로 선택되는 것이죠."

"와우, 뭔가 멋지기도 하고 복잡하기도 하고……."

"방금 선생님이 설명한 것처럼 체계적인 과정을 통해 모호한 단어의 의미를 추론하려면 많은 연습이 필요합니다. 단어의 의미를 잘 모를 경우에는 이 의미 추론 3단계를 연습해보세요. 의미 추론 능력은 단기간에 길러질 수 있는 것이 아닙니다. 계속 연습을 하면 어느 순간 깨달음의 순간이 찾아옵니다. 언젠가 선생님이 말했죠? 영어 공부는 물을 끓이는 것과 비슷하다고 말이죠? 물의 끓는점boiling point은 100℃입니다. 100℃가 되기 전까지는 끓지 않습니다. 99.9℃가 될 때까지도 말이죠. 하지만 불현듯 100℃가 되었을 때 끓기 시작합니다. 여러분의 영어 실력도 그럴 것입니다. 공부를 아무리 해도 실력이 잘 늘고 있는 것 같지 않을 때가 있을 겁니다. 하지만 노력을 하다 보면 어렵고 긴 문장이 해석되는 순간이 반드시 옵니다. 영어의 끓는점이 오는 것이죠. 그 순간이 오기 전에 포기하지 마세요. 노력을 아주 많이 했는데도 실력이 오르지 않아 포기하려고 하는 바로 그 순간이 어쩌면 99.9℃일 수도 있습니다!"

"오, 선생님! 멋진 설명입니다. 자, 얘들아, 이제부터 영어를 끓여

보자!"

재치 있는 성환이의 말에 교실 곳곳에서 키득대는 소리가 들립니다. 저는 교실을 진정시키고 고전 독해 발표를 계속하게 합니다. 소로의 『시민 불복종』은 subject와 같은 다의어가 본문에 많이 활용됩니다. right와 just가 대표적입니다. 문맥에 따라 명사로도 쓰이고 형용사로도 쓰입니다. 수업을 진행하면서 이 글이 단어 의미 추론 과정을 연습할 수 있는 이상적인 텍스트라는 생각을 했습니다. 학생들의 발표를 모두 듣고 저는 학습지에 나와 있는 마지막 문제를 학생들과 함께 생각해봅니다. '소로가 생각한 이상적인 국가는 무엇인가?'라는 문제입니다. 그는 절대왕정, 입헌군주제, 민주국가의 단계로 정치체제가 발전하고 있다고 말합니다. 이는 개인에 대한 존중이 강화되는 과정입니다. 하지만 소로는 당시 미국의 국가 체제에 만족하지 않습니다. 그는 국가의 모든 권력과 권위는 개인에서 비롯되므로 개인의 권리가 더 철저하게 존중되고 보장되는 사회가 오기를 바랍니다. 저는 국가가 개인의 권리를 부당한 방법으로 침해하는 '참을 수 없는 악intolerable evils'을 저질렀을 때 권력에 저항할 수 있는 것이 시민 불복종의 근본정신이라는 점을 강조하면서 수업을 마무리했습니다.

참여문학과 유스 인문학

영어 고전 독해 발표 수업이 진행되는 동안 국어 시간에는 참여문학 읽기 활동이 이루어졌습니다. 첫 번째 활동은 단편 소설인 「최루증」[79] 읽기입니다. 이 소설은 국가 폭력의 한계, 불복종과 도덕적 책무성, 정의의 문제를 함께 생각해볼 수 있는 작품이라고 합니다. 학생들은 등장인물을 분석하고 줄거리를 정리하는 기본적인 활동을 마친 후 다음 과제[80]들을 수행했습니다. 이 과제 활동은 통합사회 시간에 배운 개념들을 문학 작품을 통해 깊이 있게 이해하는 심화활동의 성격을 갖고 있기도 했습니다.

> 문제1. 통합사회 시간에 배운 시민 불복종의 정당화 조건을 정리해보고, 5.18 민주화운동은 시민 불복종의 범주에서 정당화 가능한지를 서술해보시오.
>
> 문제2. 「최루증」에 나온 대통령 담화문과 위의 제시된 글들을 참

---

79) 월간 『현대문학』(1993년, 7월호)에 수록되어 있는 문순태의 단편소설로 5.18 민주화운동을 다루고 있습니다.

80) 과제 안내 활동지는 다음 링크를 참조하세요. [http://tiny.cc/6fkauz]

고하여 5.18 민주화운동의 역사적 정당성을 사회 참여의 관점에서 논의해보시오.

문제3. 만약 자신이 「죄루증」에 나온 오동섭이라면 오치선의 행위를 용서할 것인지 그렇지 않을 것인지를 시민 불복종과 저항권의 관점에서 논의해보시오.

과제가 끝난 후에는 온 작품 읽기 활동이 진행되었습니다. 온 작품 읽기는 특정한 부분을 발췌해서 읽는 것이 아니라 책 한 권 전체를 수업 시간에 읽고 감상하는 활동이라고 합니다. 학생들이 수업 시간에 읽었던 작품들은 세월호 참사와 관련된 『금요일엔 돌아오렴』(세월호 참사 기록 위원회), 5.18 민주화운동을 다룬 『소년이 온다』,(한강) 그리고 노동 문제를 이야기한 『4천원 인생』(안수찬 외), 권력 문제를 다룬 『1984』(조지 오웰) 등입니다. 학생들은 읽고 싶은 책을 자유롭게 고르고, 같은 책을 선택한 친구들끼리 모둠을 구성했습니다. 학생들이 책의 내용을 바탕으로 만들고 선별한 질문들은 모둠별 책 대화의 주제가 됩니다. 모둠에서 대화한 내용은 보고서로 기록되어 국어 선생님께 제출되었다고 합니다. 다음은 국어 선생님께서 공유해주신 보고서 자료의 일부입니다.

『1984』(조지 오웰) 책 대화

민재 : 처음 이야기할 주제는 '권력은 수단인가, 아니면 순수한 목적인가?'입니다. 먼저 이야기하고 싶은 분은 말씀해주세요.
성원 : 저는 권력을 순수한 목적이라고 생각합니다. 그 이유는 많은 사람들이 권력을 가지기를 원하기 때문입니다. 권력을 원하지 않는 사람이 과연 있을까요?
재환 : 저는 권력이 처음에는 돈이나 명예와 같은 다른 가치 있는 것을 갖기 위한 수단으로 시작하지만 마지막에는 순수한 목적이 되어버린다고 생각합니다. 세계를 지배했던 대다수의 독재자들을 보면 알 수 있지 않을까요? 독재자들도 처음부터 독재자는 아니었다고 합니다. 처음에는 어떤 이념이나 가치를 실현하기 위해 권력을 차지하려고 했다고 하니까요. 하지만 권력을 차지하고 난 후 그 달콤함에 물들게 되면 상황이 바뀌게 되는 것 같습니다. 권력에 대한 욕심 때문에 독재자가 되고, 독재자는 결국 파멸에 이르게 됩니다.
(후략)

『소년이 온다』(한강) 책 대화

(전략)

10. 왜 시민군들은 다가오는 계엄군을 보고도 총을 쏘지 못했을까?

다은 : 시민군들은 계엄군을 용서를 할 수 없을 만큼 수모를 당했지만, 그 사람들도 사실 군인이기 이전에 선량한 대한민국 시민이라고 생각했기 때문이지 않을까? 같은 국민끼리 죽이면 안 되잖아. 그래서 시민들이 군인들에게 자비를 베풀어준 것 같아.

나윤 : 다은이의 말도 일리가 있지만, 군인들 중에 시민군들의 가족이 있었던 것은 아닐까? 시민군의 가족 중에서도 자기 의지와는 상관없이 계엄군으로 불려간 사람이 있을 수도 있다고 생각해. 군대는 상사의 말에 복종을 해야 하니까. 그 시민군이 누군지 알아볼 틈도 없이 총을 겨눴을 거야. 하지만 시민군은 자기 가족이었던 계엄군을 보고 차마 방아쇠를 당기지 못했을 거야.

윤경 : 나윤이의 생각이 정말 창의적이다. 네 말을 들어보니 그럴 수도 있겠다는 생각이 드네. 시민군들이 진정으로 계엄군을 죽이고 싶어서 총을 준비한 것이 아니라 자신을 보호할 수단으로 총을 가지고 있었다고 생각해볼 수도 있어. 사실 처음부터 시민들은 누군가를 공격할 생각이 없었잖아. 비폭력 운동이었으니까. 그런데 선량한 사람들이 부당하게 죽임을 당하거나, 다치는 것을 봤잖아. 먼저 폭력을 행사한 국가 권력으로부터 생명을 지키기 위해 어쩔 수 없이 총을 준비할 수밖에 없지 않았을까 싶어.

(후략)

학생들이 만든 질문과 대화의 수준은 놀라운 정도였습니다. 특히 『1984』와 『소년이 온다』에 관한 책 대화는 아주 인상적이었습니다. 저도 읽어본 책들이지만 학생들이 했던 대화의 수준만큼 제가 깊이 있게 이해하면서 읽었는지 자신할 수 없었습니다. 국어 선생님께서 공유해주신 책 대화 보고서를 모두 읽고 나서 이런 생각이 들었습니다. 책을 읽을 때는 혼자 읽지 않고, 지인들과 함께 읽어야겠다고 말입니다. 국어 시간에 행해졌던 온 작품 읽기와 책 대화 수업은 저에게 깊이 있는 독서 활동이 되기 위해서는 질문 만들기와 대화가 필수적이라는 사실을 깨닫게 했습니다.

국어 시간에 참여문학 읽기 활동이 진행되는 동안 방과 후 시간에는 유스 인문학 특강이 실시되었습니다. 특강을 듣고 싶어 하는 학생들의 신청을 받아 총 5차시의 강좌가 이루어졌습니다. 강좌를 통해 학생들은 참여와 실천이라는 주제를 철학과 역사, 그리고 정치학 분야로 확장해서 배웠습니다. 처음 두 시간 동안에는 국가 권력과 국가 폭력을 개인과 국가의 역학적 관계를 중심으로 재조명해보고, 다음 두 시간 동안에 학생들은 프랑스 혁명부터 5.18 민주화운동에 이르는 저항의 역사를 세계사적 관점에서 배웠습니다. 마지막 시간에는 더 나은 사회를 만들기 위해 지금 여기에서 우리가 할 수 있는 일들을 생각해보고 실천 방안을 모색해보는 시간을 가졌습니다.

변화를 만드는 사람들, The Change Makers

통합사회 시간에서 출발해서 영어 시간과 국어 시간을 거쳐 인문학 특강으로 이어지는 긴 과정은 마지막 수업을 준비하기 위한 예비과정이었습니다. 마지막 프로젝트는 'The Change Makers'라는 제목으로 실시된 융합수업으로 과학과 국어, 동아리 활동이 연계된 특별한 프로젝트였습니다. 이 수업은 한 편의 영상으로[81] 시작됩니다.

"보이지만 보이지 않는 것,
세상을 바꾸는 작은 힘은 무엇이라고 생각하세요?"

"네, 저는 희생이라고 생각합니다."
"신뢰라고 생각합니다."
"감사하는 마음이라고 생각해요."

학생들은 세상을 바꾸는 작은 힘에 관한 시민들의 인터뷰를 보고 난 후 학습지에 영상 내용을 정리해갑니다. 인터뷰를 했던 사람

81) '세상을 바꾸는 작은 힘 (2013년 지식채널e UCC 공모작)' [http://tiny.cc/dv4auz]

들 대부분이 세상을 바꾸는 힘은 '관심'과 '나 자신'에게 있다고 말합니다. 이어서 영상은 자전거를 타고 서울 전역을 돌아다니는 한 학생의 이야기를 전합니다. 8600개나 되는 버스 승강장을 돌아다니고 있는 이 학생의 손에는 작은 스티커가 있습니다. 학생은 그 스티커로 승강장에 행선지 방향을 표시합니다. 이는 승강장에 방향 표시가 없어서 헷갈렸던 자신을 위한 일이기도 하지만 매일 버스를 이용하는 500만 명의 사람들을 위한 일이기도 합니다. 영상은 아름답고 웅장한 음악과 함께 이런 인상적인 글귀로 끝납니다.

'나와 맞닿은 모든 것에 관심을 가지고 실천에 옮기는 힘! 그 작은 힘이, 그 작은 실천이, 곧 내가 어떤 일을 만들어낼지는 아무도 모른다.'

"여러분들은 세상을 바꾸는 힘이 어디에 있다고 생각하나요? 영상은 사회적 관심과 실천이 세상을 바꾸는 힘이 될 수 있다고 말하고 있습니다. 알프레드 아들러Alfred Adler는 사회적 관심을 이렇게 정의했습니다."

저는 칠판에 다음과 같이 적었습니다.

> "To see with the eyes of another, to hear with the ears of another, to feel with the heart of another."
>
> \- Adler

"아들러는 타인의 눈으로 보고, 귀로 들으며, 마음으로 느끼는 것이 사회적 관심이라고 했습니다. 그는 신경증이나 정신병과 같은 정신질환은 물론이고 폭력이나 범죄와 같은 사회 문제를 해결하기 위해서는 이러한 사회적 관심을 길러 건강한 생활양식을 갖게 하는 것이 중요하다고 말했습니다. 선생님은 아들러의 이런 관점에 더해서 '사회적 관심은 세상을 바꾸는 힘이다.'라고 말하고 싶네요."

"그런데 선생님. 아들러가 누구인데 저렇게 멋진 말을 했나요?"

"아들러는 오스트리아 출신의 의사이자 심리학자입니다. 우리나라에서는 아들러 심리학을 알기 쉽게 풀이한 『미움받을 용기』라는 책이 베스트셀러가 되면서 대중적인 인기를 끌었습니다."

"아, 그 책 이름을 어디선가 들어본 것 같아요."

"아직 읽어보지 않았다면 꼭 한번 읽어보세요. 선생님도 아주 좋아하는 책입니다. 그럼, 다시 수업으로 돌아가서 '관심'에 대한 이야기를 해보겠습니다. 뜬금없는 고백일 수 있지만 선생님은 화분을 잘 키우지 못합니다. 간혹 화분을 선물 받을 때가 있는데 대부분 며칠 가지 못해 죽습니다."

"아, 선생님, 그러고 보니 교무실에 있는 화분 다 죽은 것 같은데……."

"맞아요. 그렇죠? 선생님 화분은 아니고 전에 있던 선생님이 두고 가신 것인데 결국 죽었네요. 역시 선생님의 손은 마이너스의 손! 화분이 선생님의 손을 타면 다 죽어요. 아, 이야기가 다른 곳으로 가면 안 되는데……. 자, 아무튼, 그래서 화분을 잘 키우는 지인에게 비법을 물어봤어요. 그런데 별다른 비법은 없고 관심만 주면 잘 큰다는 것입니다. 생각해보니 선생님이 화분을 잘 죽이는 이유도 바로 그것이었습니다. 화분을 키우는 것에 관심을 두지 않았으니 죽일 수밖에 없는 것이죠. 우리가 살고 있는 지구도 혹시 선생님의 화분처럼 되지 않을까요? 과학 선생님과 '참여와 실천' 프로젝트 수업을 준비하면서 내린 결론은 지구와 환경 문제에 대한 사회적 관심을 높이는 것이 중요하다는 것이었어요. 관심을 갖지 않으면 죽어버리는 화분처럼 지구도 우리의 무관심 속에서 점점 죽어가고 있기 때문이죠. 선생님도 올해부터 지구에 관심을 갖기로 했어요. 아들러의 표현을 빌려서 말하면, 지구의 눈으로 보고, 지구의 귀로 듣고, 지구의 마음으로 느껴보기로 한 거죠. 그래서 선생님은 올해 초 몇 가지 결심을 했어요. 종이컵 사용을 최대한 줄여서 숲을 보호하고, 플라스틱 사용을 줄여서 환경오염을 방지하기로 한 거죠. 대기오염과 지구온난화를 줄이기 위해 출퇴근도 차로 하지 않고 있습니다."

"아, 맞다. 선생님, 아침마다 킥보드 타고 출근하시잖아요." 교실 곳곳에서 키득대는 소리가 들립니다.

"맞아요. 아침마다 여러분들의 시선을 강탈하고 웃음 세례를 받는 그 킥보드. 이제 이해가 되나요? 선생님이 차를 타지 않고, 킥보드를 타는 진정한 이유에 대해서? 지구를 위한 작은 실천이었습니다. 그러니 앞으로 선생님의 킥보드를 제발 비웃지 않았으면 좋겠어요."

"아, 저는 선생님 킥보드가 전동 킥보드인 줄 알았는데, 그냥 발로 구르는 초등학생들이 타는 것이라서 웃겨서 그랬어요."

"전동 킥보드에 사용되는 배터리는 제작과 폐기 과정에서 환경을 오염시킵니다. 그리고 전동 킥보드는 무엇보다 선생님이 운동을 할 수 없어요. 지구를 지키면서 운동을 하려면 수동 킥보드가 딱이죠. 이야기가 자꾸 킥보드로 집중되면 안 되니, 다시 수업으로 돌아가죠. 과학 시간과 영어 시간에 여러분들이 수행할 프로젝트는 지구와 환경 문제에 대한 캠페인 활동입니다. 포스터를 그리고 전시해서 기후 위기에 대한 관심을 촉구하고, 책갈피와 볼펜 제작을 통해 성금을 모금하고 환경 단체에 기부를 하는 것입니다."

"오~ 선생님. 재미있겠습니다. 그럼 영어는 공부 안 하는 거죠?"

"영어 공부를 안 하면 그건 영어 수업이 아니겠죠? 자, 학습지를 잘 살펴보세요. 영어 시간과 과학 시간에 할 활동들을 나누어서 정리해놓았습니다." 저는 학생들의 기대를 저버린 채 포스터와 책갈피, 볼펜에 들어갈 우리말과 그에 해당하는 영단어들을 찾아서 공부하게 했습니다. 포스터와 책갈피에 들어갈 영어 글자의 디자인을 위해서 한자 문화권과 영어 문화권에서 사용되고 있는 대표적인 문자 디자인 양식(문자도, Letter Art, Typography Poster)을 소개해주었습니다. 그리고 세계 3대 환경단체(WWF, Green Peace, FOE)의 홈페이지를 방문해 해당 단체에 대한 영문 소개를 바탕으로 어느 단체에 성금을 기부하는 것이 좋을지 학급별로 투표를 했습니다. 대부분은 우리나라 환경 단체인 환경운동연합이 소속되어 있는 FOE에 기부하기를 원했습니다.

〈그림5〉 책갈피 도안

학생들이 디자인한 다양한 책갈피 도안은 우수작을 선별하기 어려울 정도로 다채롭고 멋진 것이 많았습니다. 〈그림5〉는 디자인이 우수하다고 뽑힌 세 개의 도안입니다. 도안은 스탬프 제작 업체에 보내져서 스탬프로 만들어졌습니다. 종이 책갈피 위에 스탬프를 찍으면 예쁜 환경 책갈피가 됩니다. 도안을 스탬프로 만들게 되면 종이 책갈피를 거의 무한대로 만들 수 있기 때문에 좋습니다. 책갈피만으로는 학생들의 참여를 이끌어내기가 어려울 것 같아서 볼펜도 함께 만들었습니다. 볼펜에 새겨질 영문은 학생들이 제안한 글귀들 중에 가장 많은 표를 받은 것으로 선정되었습니다. 최종 선정된 문구는 'SAVE EARTH, SAVE US'였습니다.

환경 캠페인 활동은 포스터 전시와 성금 모금 활동으로 진행되었습니다. 활동 진행을 위해서는 함께할 학생들을 모아 프로젝트

동아리 '모아나'를 구성했습니다. 이 이름은 '모아서 아름답게 나누자'의 첫 글자를 따서 지은 것입니다. 모아나가 제일 먼저 한 활동은 지구와 환경을 위한 기획 전시였습니다. 성금 모금 활동이 시작되기 1주 전, 홈베이스와 교내 복도를 돌며 학생들이 만든 포스터를 전시한 거죠. 그리고 환경을 위한 성금을 모금한다는 홍보 전단지를 만들어[82] 각 학급에 배부하고 학생회 페이스북에도 홍보했습니다. 홍보가 성공적으로 되었는지 학생들의 참여는 열광적이었습니다. 미리 준비한 환경 책갈피와 볼펜 300개가 금방 사라져버릴 정도였으니까요. 모두 모인 성금을 확인해보니 350,980원! 많지 않은 금액이지만 이 성금은 학교 이름으로 환경운동연합에 기부했습니다.

사회를 바꾸는 작은 실천,
Write for Change!

〈○○뉴스〉 "학교 운영위 학생 참여 의무화"…고교생 국민청원 '눈길'

〈○○일보〉 "학교운영위 학생 참여 의무화해달라" 고교 1학년생 초중등교육법 개정 청원 ○○고 ○○○ 양

〈○○드림〉 학운위에 학생 참여, 당연한 것 아닌가요?

---

82) 전단지에는 학생들이 만든 환경 책갈피와 볼펜 사진이 들어있습니다. 전단지 파일은 다음 링크를 확인하세요. [http://tiny.cc/dnoauz]

학생들의 글쓰기 활동이 이렇게 언론의 주목을 받을 수 있을 것이라고는 생각하지 못했습니다. 주제통합수업 '참여와 실천'이 모두 끝난 겨울 방학의 어느 날, 저는 학교에서 전화 한 통을 받게 됩니다. 저희 학교 학생의 국민청원이 언론의 관심을 받아 기사화되었다는 전화였습니다. 이렇게 작은 소란을 만든 수업은 국어과와 함께 진행했던 '사회를 바꾸는 작은 실천' 활동이었습니다. 수업은 1955년 12월의 어느 날, 거리에 뿌려진 전단지 한 장으로 시작됩니다.[83)]

> A Flyer That Changed the The United States of America
>
> This is for Monday, December 5, 1955.
>
> Another Negro woman has been arrested and thrown into jail because she refused to get up out of her seat on the bus for a white person to sit down.

"우리가 매일 쓰고 있는 말과 글이 세상을 바꿀 수 있을까요?

83) 전단지의 전체 내용은 프로젝트 학습지를 참조해주세요.

선생님은 그럴 수 있다고 믿습니다. 우리 모두 잠시 과거로 떠나보겠습니다. 1955년 12월의 어느 날입니다. 미국 앨라배마 주 몽고메리에는 이런 전단지가 뿌려집니다. 전단지는 '이 전단지는 12월 5일을 위한 것입니다.'라는 문장으로 시작됩니다. 이 전단지 한 장을 통해 훗날 미국 사회는 더 나은 사회로 발전하게 됩니다. 오늘 우리는 이 전단지의 내용을 공부하면서 세상을 바꾸는 말과 글의 힘을 이해해보겠습니다. 그러기 위해서는 여기에 적힌 사건을 먼저 알아야 합니다. 교과서 158쪽을 함께 살펴보도록 하겠습니다."

교과서에는 'Small Decision, Big Change'라는 제목으로 몽고메리 버스 사건이 그려져 있었습니다. 그 사건은 무려 381일 동안 지속되었던 몽고메리 버스 보이콧 운동을 촉발시켰고, 결국에는 흑백분리법은 위헌이라는 대법원 판결로 이어집니다. 이를 계기로 미국 사회 곳곳에서 비폭력 시민권 운동이 일어납니다. 저는 학생들과 교과서 지문을 다루고 난 후 전단지를 함께 공부했습니다. 몽고메리 버스 보이콧 운동을 촉발시킨 그 전단지와 로자 파크스Rosa Parks 여사의 작은 결심이 없었다면 지금의 미국 사회는 없었을지도 모릅니다.

"여러분, 생각해보세요. 지금의 미국은 버락 오마바Barack Obama와 같은 흑인이 대통령이 될 수 있는 사회입니다. 하지만 1955년의 미국은 그렇지 못했습니다. 흑인들에게는 투표권조차 없었기 때문입니다. 미국은 엄청난 변화를 일구어낸 것이죠. 흑인들은 버스에 앉지도 못했던 사회에서 흑인도 대통령이 될 수 있는 사회로 변한 것입니다. 이렇게 변화될 수 있었던 결정적인 계기는 무엇일까요? 로자 파크스 여사가 그렇게 행동할 수 있었던 것은 무엇 때문이었을까요? 세상을 바꾸는 작은 실천은 때로는 당연하게 느껴졌던 불공정함을 낯설게 하는 것에서 비롯된다고 생각합니다. 이제 우리는 몇 가지 영상을 통해 불공정한 현실을 낯설게 생각해보고, 이를 개선하기 위한 노력들을 살펴볼 겁니다. 몽고메리 버스 보이콧 운동, 흑인 참정권 운동, 여성 참정권 운동에 대한 영상[84)]입니다."

저는 학생들에게 영상들을 보여주고 우리 일상에서 느끼는 불편함과 문제점들을 적어보게 했습니다. '우리가 당연하게 생각하지만 사실은 불공정한 것들은 없는가?', '문화적으로 용인되고 있었던 차별은 없었는가?'를 생각하게 하는 활동입니다. 그런 후에 저는 오바마 전 대통령의 고별 연설[85)] 중 일부를 받아쓰는 활동을 통해 변화를 위해서는 '참여'와 '결단'이 필요하다는 것을 다시 한번 상기시킵니다.

---

84) 각 영상을 확인할 수 있는 링크는 다음과 같습니다. 몽고메리 버스 보이콧 운동[http://tiny.cc/jw4auz], 흑인 참정권 운동[http://tiny.cc/mw4auz], 여성 참정권 운동[http://tiny.cc/2yoluz]. 〈표11〉에서 영어 학습지를 다운받으시면 수업 내용을 보다 자세히 알 수 있습니다.

85) '눈물 보인 오바마 "평범한 시민이 변화의 힘…국민이 민주주의"' (YTN, 2017.1.11.)' [http://tiny.cc/iz4auz]

President Obama farewell address

"This is where I learned that change only happens when ordinary people get involved and they get engaged, and they come together to demand it. After eight years as your President, I still believe that."

(중략)

"Our Constitution is a remarkable, beautiful gift. But it's really just a piece of parchment. It has no power on its own. We, the people, give it power. We, the people, give it meaning. With our participation, and with the choices that we make, and the alliances that we forge."

이제 학생들은 '세상을 바꾸기 위한 글쓰기' 활동을 준비하게 됩니다. 학습지에 기록했던, 일상에서 발견한 문제점을 개선하기 위한 아이디어를 친구들과 토의해보고, 토의를 바탕으로 설득하는 글을 써보는 것입니다. 이를 위해서는 작문 수업이 필요합니다. 저는 학생들에게 독자를 설득할 수 있는 글이 갖추어야 할 3대 요소를 가르쳐주었습니다. 그것은 근거의 정확성Accurate evidence, 정보의 균형성Balanced information, 사례의 구체성Concrete examples입니다. 저는 이 3대 요소를 앞 글자를 따서 '설득의 ABC'라고 부릅니다. 학생들은 몽고메리 전단지에서 세 요소 중 어떤 것이 부족하거나 충족되고 있는지를 비판적으로 살펴봅니다. 이 과정을 통해 설득을 위한 글을 쓸 때 꼭 포함시켜야 하는 사항들을 사례를 통해 명확하게 이해하게 됩니다.

작문 수업은 비슷한 시기에 진행되고 있는 국어 시간으로 이어집니다. 국어 시간에는 영어 시간에 미처 다루지 못했던, 설득하는 글쓰기의 절차와 개요 작성법을 구체적으로 배웁니다. 학생들은 글쓰기를 직접 경험해봅니다. 국어 시간에는 우리말로 글을 써보고, 영어 시간에는 그 글을 영어로 번역해보는 시간을 갖게 됩니다. 작문 실력과 함께 번역 실력까지 배양할 수 있는 흥미로운 수업입니다. 이 과정에서 학생들은 글쓰기가 세상을 바꿀 수 있는 힘을 가지고 있는지도 가늠해볼 수 있습니다. 저와 국어 선생님은 학생들에게 작성한 글을 온라인상에 실제로 올려볼 것을 권장했습니다. 그렇게 하고 싶지 않은 학생들은 수업 카페에 게시해서 선생님과 친구들에게만 공개할 수도 있습니다.

서두에 이야기했던 '학교 운영위원회에 학생 참여를 의무화해야 한다.'라는 국민청원문은 이런 과정을 통해 탄생하게 된 것입니다. 국민청원문이 기사화되자 지역 의회와 교육청 차원에서도 이 문제를 법률이나 정책적인 차원에서 검토해보겠다고 했습니다. 지역 신문사는 이와 관련된 인터뷰 특집 기사를 실었으며, 해당 학생은 지역 라디오 방송국에 출연하여 학생 참여 문제를 공론화하기도 했습니다. 이 밖에도 수업 카페에 공유된 학생들의 희망 사항은 다양한 분야에 걸쳐 있었습니다. 학교 쉬는 시간의 확대, 교복 자율화,

왼손잡이를 위한 시설 부족 문제와 같이 학생의 일상생활과 관련된 문제들부터 기초생활수급자 확대, 교통 약자를 위한 대중교통 환경 개선 등 사회 취약 계층을 위한 제안들도 있었습니다.

모든 학생들이 요구한 대로 다 바뀌면 좋겠지만 현실은 그렇게 녹록지 않았습니다. 언론과 지역사회의 주목을 받았던 학교 운영위원회 관련 이슈도 그 시기에만 여론이 집중되었을 뿐 시간이 지나자 사람들의 관심에서 멀어졌습니다. 하지만 저는 학생의 작은 노력을 지역사회에서 인지하고 알아주었다는 것에 희망을 갖고 있습니다. 작은 노력에 의해 사회가 한순간에 바뀔 수는 없을 것입니다. 영어 공부에 끓는점이 있는 것처럼 사회 변화도 변화의 임계점이 있는 것 같습니다. 작은 노력이 모여 임계점을 넘어갔을 때 우리가 체감할 수 있을 정도의 변화가 일어날 것입니다. 더 나은 사회를 위해 교육이 희망을 말하는 것을 포기하지 말아야 할 이유도 바로 여기에 있습니다.

학생들의 수업성찰과 기록

"음악과 영화로 했던 수업은 영어를 부담 없이 즐길 수 있어서 좋았습니다. 포스터와 책갈피를 만들 때는 영어 시간이 이렇게 재미있어도 되나 싶을 정도였습니다. 태어나서 처음으로 영어 시간이 기다려지기까지 했습니다. 솔직히 중학교 때에는 영어를 거의 포기했었습니다. 선생님도 친구들도 저를 잘 도와주지 못했거든요. 그런데 지금은 친구들에게 물어보면서 공부를 하니 너무 좋습니다. 처음에는 부담감만 있었던 영어! '이제 나도 할 수 있겠다'라는 생각이 들 때가 많아졌습니다." - 차○영

"〈캡틴 판타스틱〉을 통해 진정한 교육이 무엇인지 고민해봤습니다. 학교 교육과 홈스쿨링을 비교해보는 활동은 정말 좋았어요. 저는 교사가 꿈인데 영화 덕분에 경험과 토론을 통한 학습의 중요성을 알 수 있었습니다. 집에서 영화를 다시 보며 감동적인 대사들을 스크랩해놓기까지 했습니다. 영화 때문에 토론식 교육방법인 이스라엘의 하브루타에 관심을 갖게 되어 다른 수업 시간에 발표를 하기도 했습니다."
- 신○경

"우리의 작은 행동이 지구를 살릴 수 있고, 파괴할 수도 있다는 것을 배웠습니다. 지금부터라도 실천을 통해서 지구를 살려야겠습니다. 양

치 컵 사용, 변기에 벽돌 넣기, 일회용품 줄이기부터 시작하겠습니다."

- 김○곤

"지금까지 학교에서 했던 포스터 그리기 활동 중에 이렇게까지 정성을 들인 것은 처음이었습니다. 제 포스터가 전시되고, 제가 그린 그림이 책갈피로 만들어지고, 그것이 기부 활동에 사용되기까지 하니 너무 뿌듯하고 자랑스럽습니다. 저희가 만든 책갈피와 볼펜을 해외에도 알려서 세계적인 모금 운동을 해보고 싶다는 생각도 했었습니다." - 전○연

"버스 승차 거부 운동과 관련된 전단지를 직접 독해해본 것이 기억에 남습니다. 다른 과목 시간에도 교과서 공부보다 이런 수업을 더 많이 하면 좋겠어요. 이런 수업을 하면 더 흥미가 생기고, 더 깊이 있게 공부할 수도 있고, 기억에도 오래 남는 것 같습니다. 팝송에는 전혀 관심이 없었던 제가 이제는 밥 말리 노래는 말할 것도 없고 다른 팝송들을 찾아 듣고 있네요. 로자 파크스 여사 이야기도 궁금해서 관련 책을 읽어보기도 했습니다." - 문○연

"제가 지구과학 교사가 되어서 가장 하고 싶었던 것 중 하나가 학생들과 지구를 위한 실천 프로젝트를 하는 것이었는데, 선생님과 미리 해보니 너무 좋았습니다. 지구온난화의 심각성을 다시 한번 절감할 수 있었습니다." - 공○연

"작은 말과 행동이 세상을 바꿀 수 있다는 생각이 들었습니다. 소로와 킹은 말로 사람들의 마음을 움직였고, 그 결과 세상도 바뀌었습니다. 작은 행동 하나하나가 모여 세상을 바꿀 수 있다는 믿음이 생겼습니다. 홍콩의 우산혁명, 남아공의 인종 차별 반대 투쟁, 우리나라의 시청료 납부 거부 운동 등 새롭게 조사해서 알게 된 것도 많았습니다. 이제부터는 세상을 바꾸기 위해 조그마한 용기라도 가져보겠습니다."

- 최○림

"영어, 국어, 사회, 과학이 모두 어우러지는 이런 수업은 정말 더 많이 했으면 좋겠습니다. 매시간 깊은 감명을 받아 소름이 돋았습니다. 저는 개인적으로 시민 불복종으로 인해 피해를 받고 있는 사람은 없는지 조사하기도 하고, 실제로 엠네스티가 주관하는 탄원 편지도 써보았습니다. 〈캡틴 판타스틱〉을 보고 외국 친구와 그 나라의 교육 방식에 대해서 이야기도 해봤는데 정말 재미있었습니다." - 최○인

"흑백분리주의를 극복하기 위해 버스 승차 거부를 했던 것이 가장 기억에 남습니다. 만약 이 운동을 한 명만 했었다면 이루어질 수 없었겠지만 많은 사람들이 불편을 견디고 이 운동을 했다는 점이 너무 대단하다고 생각했습니다. 혼자가 아닌 함께라면 무엇이든 바꿀 수 있고, 어떤 것이든 될 수 있다는 희망을 갖게 되었습니다." - 기○연

"수업을 통해 흑인, 여성, 장애인들이 겪고 있는 차별을 진지하게 생각

볼 수 있었습니다. 평소에는 별로 관심이 없었던 문제였지만 생각해보니 의외로 차별은 우리 생활 속에 많이 있는 것 같았습니다. 차별 문제를 줄이기 위해 저부터 노력해야겠다는 생각을 했습니다." - 맹○상

"소로가 생각하는 이상적인 사회는 '개인이 진정으로 존중받는 사회'라는 것을 알게 되었습니다. 그런데 생각해보면 그런 사회는 아직 오지 않은 것 같습니다. 그런 사회를 만들기 위해 지금 이 자리에서 작은 노력이라도 해봐야겠습니다." - 우○민

"여성 참정권 운동이 가장 기억에 남습니다. 지금 우리가 투표할 수 있게 되기까지 희생하신 많은 분들이 있다고 생각하니 감사한 마음이 들었습니다. 그 희생이 헛되지 않도록 앞으로 정치와 사회에 더 많은 관심을 기울이겠습니다." - 손○혜

다음은 '참여와 실천' 프로젝트에 대한 교과 세특의 일부입니다.

Ⓐ 사회 시간에 배운 '시민 불복종'을 추가로 조사해서 '시민 불복종의 문학가, 소로'를 주제로 자율탐구프로젝트 발표를 수행함. 소로의 업적과 영어 명언들을 체계적으로 잘 소개했으며 소로처럼 사람들의 생각을 일깨우는 교사가 되고 싶다는 진로 희망을 발표함. 교과융합수업 '참여와 실천'에 참여하여 '시민 불복종 고전 읽기'와 '흑인 인권 운

동 전단지 읽기' 프로젝트를 수행함. 영문 전단지를 읽고 자신의 언어로 핵심 내용을 요약하는 과정에서 친구들의 의견을 적극적으로 수렴하여 협력적으로 요약문을 완성하고 발표함. 미래에 교사가 되어서도 Rosa Parks, 흑인 인권 운동을 주제로 하는 수업을 하겠다는 계획을 발표하여 호평을 받음. 영어 구문에 관한 풍부한 이해력과 높은 학구열을 바탕으로 뛰어난 교사로서의 자질을 보여줌. 문학에도 관심이 많아 윤동주 시인을 영어로 소개하고 '서시'를 영어로 번역하여 시어의 의미를 구체적으로 잘 설명해 청중들의 큰 호응을 얻음.

Ⓑ 교과융합수업 '참여와 실천'에 참여하여 자신의 진로희망인 교육 분야와 관련지어 '삶을 바꾸는 글쓰기' 활동을 수행함. 학생부종합전형의 문제점을 분석하고 그 대안을 제시하는 깊이 있는 영어 건의문을 작성하여 호평을 받음. 통합사회에서 다룬 '시민 불복종'의 개념을 더 깊게 알기 위해 'Civil Disobedience(Henry Thoreau)'의 주요 구문을 발췌 연구하여 친구들에게 일일교사로서 강의함. right의 다양한 의미를 문맥에 따라 잘 설명했으며, 80년대 방송시청료 납부 거부 운동, 홍콩의 우산혁명 등을 예로 들면서 시민 불복종의 정당화 조건을 추가적으로 설명하여 장래 교육연구자로서 탁월한 잠재적 역량을 보여줌.

Ⓒ 학습 내용에 대한 추수 조사를 통해 궁금증을 해결하는 자기주도적 학습 역량이 뛰어남. 일례로 교과융합수업 '참여와 실천'에서 다룬

환경운동 단체, 팝송, 인물들에 대해 추가 조사하여 학습 두레 친구들과 공유하는 모습을 보여 타의 모범이 됨. 어려운 표현이 나오면 친구들과 질문과 토론을 통해서 해결하는 등 협력학습 능력이 남다름. 자신의 진로희망인 교육 분야와 관련해 '삶을 바꾸는 글쓰기' 활동을 수행하여 두각을 보임. 학생 독감 전염의 심각성을 통계자료에 근거해 분석하고 학교 독감 백신 무료 접종을 정책적 차원에서 실시해야 한다는 주장을 논리적으로 서술하는 영어 국민청원문을 작성해 호평을 받음.

Ⓓ 교과융합수업 '참여와 실천'에 참여하여 '시민 불복종 고전 읽기'와 '흑인 인권 운동 전단지 읽기' 프로젝트를 수행함. 몽고메리 버스 보이콧 운동과 관련한 발표 중에 Rosa Parks 여사가 남긴 말 "We will fail when we fail to try."를 인용하며 차별과 불의에 맞서는 사회참여적 아티스트가 되겠다는 진로 포부를 발표해 박수를 받음. 포부를 밝히는 데에 그치지 않고 '왜 위대한 여성 미술가는 없는가'를 주제로 자율탐구발표를 진행해 뛰어난 진로 탐구 역량을 보여줌. '서양 미술사'(호스트 잰슨) 교재에 위대한 여성 미술가는 왜 한 명도 나오지 않을까, 라는 궁금증을 해결하기 위해 '우리의 이름을 기억하라'(브리짓 퀸 외), '미술의 불복종'(김정락)을 읽고 미술사 서술에서 차별 문제를 제기하고, 다양한 여성 미술가를 소개한 점이 탁월함.

Ⓔ 국어, 영어, 사회, 과학 수업이 연계된 교과융합수업 '참여와 실천'에 참여함. 레게를 통해 사회를 바꾸려고 했던 밥 말리, 사회 비판과

대안적 삶을 다룬 영화 '캡틴 판타스틱'을 함께 배우며 예술을 통해 사회를 바꿀 수 있다는 것을 깨달음. 과학 수업과 실험 시간에 배운 기후변화와 지구온난화에 대한 지식을 바탕으로 사회참여적 예술 활동을 통해 '지구를 위한 실천 모.아.나.' 캠페인 활동을 기획하고 실천함. 영문 포스터, 책갈피와 볼펜 제작 활동 등을 협력적으로 수행하여 환경 문제에 대한 홍보 및 전시, 모금, 환경단체 기부 활동 등을 통해 사회 참여 정신과 실천 의지를 함양함. 특히, 수업 시간에 배운 환경단체들에 대해 추가 조사를 실시하는 과정에서 알게 된 동물보호단체를 위해 캠페인 배지를 자율동아리 시간에 만들어 봉사함.

Ⓕ 사회, 영어, 과학, 국어 수업이 연계된 교과융합수업 '참여와 실천'에 참여함. 저항권과 시민 불복종에 대한 개념을 배우고 사회를 바꾼 예술에 대해 학습함. 영문 책갈피, 포스터와 볼펜 제작 활동을 수행하는 등 사회참여적 예술 활동을 통해 성금 모금 캠페인 '모.아.나.' 활동을 실천함. 환경단체에 성금을 기부했으며 영어 건의문 및 우리말 국민청원문 작성법을 배우고 실제 작문 활동을 하여 사회적 관심과 참여 정신을 함양함. 특히 '학교운영위원회에 학생참여 의무화 법률개정'을 주제로 한 국민청원문은 지역 의회 및 교육청, 언론의 관심과 공감을 받았음. 이 과정에서 실천적 언론인이 가져야 할 뛰어난 역량을 보여줌.

위에서 제시한 사례들은 학생들의 진로 정체성을 구축하는 과정을 영어 시간에 어떻게 구체적으로 기록해줄 수 있는지를 보여줍니다. Ⓐ, Ⓑ, Ⓒ는 교육 계열, Ⓓ, Ⓔ는 예술 계열, Ⓕ는 언론 계열을 전공하기를 원하는 학생들이었습니다. Ⓐ 학생은 국어 교사가 꿈이었는데, 그 바람대로 국어교육과에 진학해서 교사의 꿈을 키우고 있습니다. 언젠가 교단에서 만나게 된다면 함께 참여와 실천 프로젝트를 다시 해보고 싶습니다. Ⓓ 학생은 수업에서 배운 지식을 확장하는 역량이 뛰어난 학생이었습니다. 참여와 실천 수업을 들었던 그해에 그 학생은 독서 활동, 동아리 활동, 학술제 발표, 축제 활동 등을 모두 수업과 연결 지어 관련 지식에 대한 이해를 심화시키는 놀라운 모습을 보여주었습니다. 교과 수업이 비교과 활동과 연결되어 진로 개척 활동으로 이어지면 좋겠다는 생각을 늘 하고 있었는데, 이 학생이 그런 멋진 모습을 잘 보여주었던 것입니다. Ⓕ 학생의 '삶을 바꾸는 글쓰기' 활동은 놀랄 만한 성과를 보여주었습니다. 국민청원 사이트에 올린 글이 지역 의회와 교육청, 언론의 관심을 받았습니다. 학생은 나중에 지역 라디오 방송에 출연하여 학교운영위원회 관련 법률 개정을 촉구하기도 했습니다. 결국 수업이 지역사회를 움직인 것입니다.

제가 좋아하는 간디학교 교가 중에 이런 노랫말이 있습니다. "배운다는 건 꿈을 꾸는 것, 가르친다는 건 희망을 노래하는 것." 제 수업을 통해 학생들이 꿈을 꿀 수 있다면, 그리고 제가 그런 꿈을 이루는 데에 조금이라도 희망을 줄 수 있다면 그보다 보람된 일이 없을 것 같습니다.

🔍 수업 정보+

범교과 주제통합수업 '참여와 실천'을 준비하기 위해서는 학생들이 배우고 있는 통합사회 교과서에 나온 저항권과 시민 불복종의 개념부터 공부해야 했습니다. 개념을 공부하기 위해 관련 문헌들과 논문들을 검토하여 시민 불복종을 실천했던 사람들의 계보(소로-간디-킹-촘스키)를 그릴 수 있게 되었습니다. 학생들이 시민 참여의 개념에 즐겁게 접근할 수 있도록 하기 위해 학생들이 좋아할 만한 참여 예술은 무엇일까 고민하는 과정에서 만난 것이 밥 말리와 레게였습니다. 덕분에 밥 말리를 깊이 있게 공부하고, 그의 노래를 사랑하게 되었습니다. 주제통합수업을 준비하는 동안 느꼈던 희열과 보람은 아직까지 제 마음에 남아 있습니다. 수업의 결과는 더욱 놀라웠던 '참여와 실천' 프로젝트! 다음은 수업과 관련된 주요 자료들의 목록입니다.

인터넷 자료(영상, 기사 등)

1) '레게, 평화를 꿈꾸다'

- 설명 : 밥 말리와 레게를 간단히 소개하는 내용으로, 주제통합수업 도입부에 활용했던 동기유발 영상입니다.

영상 링크 : 레게, 평화를 꿈꾸다(지식채널e)

http://tiny.cc/4u3auz

2) 'No Woman, No Cry'

- 설명 : 음악을 통한 사회 참여의 실례를 보여주기 위해 선택한 밥 말리의 대표곡 영상입니다. 1977년 영국 런던 레인보우 극장 콘서트의 영상입니다. 수업 시간에는 이 영상과 함께 버클리 음대 밥 말리 앙상블과 우리나라 가수 쿤타의 영상도 함께 활용했습니다.

영상 링크 : No Woman, No Cry(Bob Marley, 1977)

http://tiny.cc/rv3auz

영상 링크 : Berklee Bob Marley Ensemble(2017, 미국)

http://tiny.cc/pv3auz

영상 링크 : Kunta(2017, 한국 아리랑 TV)

http://tiny.cc/qv3auz

3) 'Give More Power to the People'

- 설명 : 영화를 통한 사회 비판의 사례를 보여주기 위해 수업자료로 활용한 영화 <캡틴 판타스틱>에 자주 등장하는 영어 표현이 있었습니다. 바로 "power to the people(민중에게 권력을)"이라는 관용구인데요, 영어권 문화에서 이 표현이 어떤 위상과 의미를 갖고 있는지 생동감 있게 설명하기 위해 활용한 팝송입니다. 소울 4인조 그룹 샤이-라이츠Chi-Lites의 대표곡으로, 지금 들어도 신나는 노래입니다. 실제 수업에서는 현대적인 느낌으로 편곡해서 부른 조스 스톤Joss Stone의 영상도 함께 사용했습니다.

영상 링크 : Chi-Lites(1971)

http://tiny.cc/c0pluz

4) 'Civil Disobedience'

- 설명 : 고전 함께 읽기 활동에 쓰인 『시민 불복종』 원문입니다. 영어 문화권에서 워낙 유명한 글이기 때문에 파일을 구하기가 쉽습니다. 아래 링크는 하와이 대학에서 온라인으로 제공하고 있는 자료입니다. 소로에 관한 설명과 마틴 킹의 인상적인 인용구가 있어서 참고하기 좋습니다.

PDF 파일 링크 : University of Hawaii System

http://tiny.cc/fb7auz

5) Change Makers

- 설명 : '세상을 바꾸는 사람들Change Makers' 프로젝트에서는 지구를 위한 실천과 사회를 위한 실천으로 나누어 다양한 활동들을 했습니다. 관련된 영상들의 링크는 다음과 같습니다.

영상 링크 : 세상을 바꾸는 작은 힘 (2013년 지식채널e UCC 공모작)

http://tiny.cc/dv4auz

영상 링크 : 몽고메리 버스 보이콧 (지식채널e, 2009.08.17.)

http://tiny.cc/jw4auz

영상 링크 : 흑인들의 인권 찾기 노력(EBS Clipbank, 2011.11.07.)

http://tiny.cc/mw4auz

영상 링크 : 참정권(EBS Clipbank, 2011.10.29.)

http://tiny.cc/2yoluz

영상 링크 : 오바마 고별 연설, 국민이 민주주의 (YTN, 2017.1.11.)

http://tiny.cc/iz4auz

단행본

1) 안주영, 『희망을 노래한 밥 말리』, 리젬, 2011.

- 관련 활동 : 레게, 평화를 꿈꾸다(음악을 통한 사회 참여)
- 설명 : 밥 말리의 일생과 음악을 집중적으로 다룬 우리말 서적은 아쉽게도 이 책이 유일합니다. 청소년을 대상으로 만들어진 인물 선집 시리즈 중의 한 권입니다. 청소년용이지만 밥 말리의 일생을 중요한 사건과 음악을 중심으로 잘 구성해놓았습니다. 밥 말리의 인상적인 명언들을 참고하기 좋고, 사랑과 평화 콘서트에서 'One Love'를 통해 두 정당의 지도자들을 악수시킨 명장면이 상세하게 묘사되어 있습니다.

2) 앤드류 커크, 『세계를 뒤흔든 시민 불복종』, 유강은 옮김,

2005. 서울 : 그린비 (원저는 2004 출판)

- 관련 활동 : 고전 함께 읽기
- 설명 : 소로의 『시민 불복종』의 핵심적인 부분들이 번역되어 있으며, 시민 불복종의 등장 배경과 사상적 영향력이 체계적으로 정리되어 있는 책입니다. 간디와 킹이 시민 불복종을 현대적으로 계승한 사람이라고 소개되어 있으며 오늘날의 시민 불복종에 대한 홍세화 선생님의 인상적인 해제가 함께 들어 있습니다.

3) 류은숙, 『인권을 외치다』, 푸른숲, 2009.

- 관련 활동 : 고전 함께 읽기
- 설명 : 『시민 불복종』뿐만 아니라 세계인권선언, 미국의 독립선언서, 노예해방선언 등 세계 인권 운동사에서 중요한 문헌들과 사건들을 소개하고 있는 책입니다. 인권의 역사에 관한 입문서로 손색이 없는 책입니다.

4) 로자 파크스, 짐 해스킨스, 『로자 파크스 나의 이야기』, 문예춘추사, 2012. (원저는 1999 출판)

- 관련 활동 : 사회를 바꾸는 작은 실천
- 설명 : 교과서에서 다루어진 몽고메리 버스 보이콧 운동에 관한 글로 시작해서 로자 파크스 여사의 일대기와 흑인 시민권 운동의 약사를 담은 책입니다. 몽고메리 버스 보이콧 운동의 생생한 전개 과정과 킹 목사의 활약까지, 흑인 시민권 운동이 생생하게 그려져 있습니다. 학생들에게도 일독을 권하고 싶은 책입니다.

학술자료

1) 이미란, 「존 롤즈의 시민불복종론에 관한 비판적 고찰」, 한국교원대학교 윤리교육학과 석사학위논문, 2016.

- 고등학교 1학년 통합사회 교과서에서 다루어지고 있는 '시민 불복종'의 네 가지 정당화 조건은 존 롤스John Rawls의 이론을 기반으로 하고 있습니다. 이 논문은 시민 불복종의 개념과 역사를 알기 쉽게 정리하고 있으며, 어떤 맥락에서 롤스가 시민 불복종의 정당화 조건들을 설정하고 있는지를 알 수 있는 논문입니다. 그 조건들이 가지고 있는 한계를 아렌트, 하버마스, 진을 통해 비판하고 있는 부분은 특히 관심을 가지고 읽어볼 만합니다.

2) 심영숙, 「세계영어에 관한 국내 연구 동향 분석」, 『응용언어학』 36(3), 99 -125, 2020.

- 밥 말리의 말과 가사를 인용할 때 자메이카 영어를 그대로 쓸 것인가 아니면 영미식 영어로 고칠 것인가를 두고 고민을 많이 했었습니다. 사실 이 문제는 실제성authenticity이 있는 영문 자료 중에 문법적으로 정확하지 않는 사례들을 수업 시간에 어떻게 다룰 것인가 하는 문제로 연결됩니다. 결국 저는 자메이카 영어를 영미식으로 바꾸지 않고, 수업 시간에 그대로 활용하기로 결정하였습니다. 다양한 세계영어World Englishes의 하나로 자메이카 영어를 학생들에게 소개하는 것이죠. 저의 이러한 결정에는 앞서 각주에서 소개한 ELF 패러다임의 도움이 컸습니다. 최근에 발표된 이 논문에는 ELF 패러다임을 비롯한 세계영어에 관한 국내 연구 동

향이 개괄적으로 정리되어 있습니다. ELF 패러다임에 대해 더욱 상세히 알고 싶은 경우에는 다음 문헌이 도움이 될 것입니다. [Seidlhofer, B. (2011). Understanding English as a Lingua Franca. Oxford : Oxford University Press]

제자들의 편지와 감사의 말

영어로
세계를 향해 나아가기

선생님 수업을 돌이켜보면 모두 색다른 시간이었던 것 같습니다. 첫 수업부터 신선한 충격이었죠. 첫 시간에 배웠던 것은 '기러기 정신'이었습니다. 기러기를 통해 이타주의와 연대를 이야기하는 수업이었습니다. 제게 가장 기억에 남는 수업은 '변화를 위한 노래Song for the Change'를 다룬 수업이었습니다. 우리나라의 '임을 위한 행진곡'과 영어 문화권의 '빵과 장미Bread and Roses'라는 곡을 비교하는 수업이었습니다. 이 수업에서 영어는 단순한 외국어가 아니었습니다. 우리나라와 다른 나라의 문화를 비교하는 수단이었으며, 더 넓은 세계를 이해할 수 있는 도구였습니다. 그 외에도 수업 시간에 일어난 일을 선생님 카페에 일기처럼 적는 '영수실록'은 제가 제일 열심히 참여했던 활동으로 기억합니다. 영수실록을 통해 수업 시간에 다룬 주제들의 역사적 측면을 더 깊이 알아보고 지식을 확장시킬 수 있었습니다. 생각해보면 영수실록 활동은 예비 역사학도가 고등학교 수준에서 할 수 있는 가장 뜻깊은 활동이 아닌가 싶습니다.

우리 삶에서 영어는 어떤 존재일까요? 내신과 대학 입시, 취업을 위해 어쩔 수 없이 공부해야만 하는 과목, 아니면 높은 사회적 지위를 획득하기 위한 수단일지도 모르겠습니다. 저도 한때는 그렇게 생각했던 적이 있었습니다. 하지만 선생님께 영어를 배우고 난 후 제 생각은 달라졌습니다. 제게 영어는 세상을 보는 창문이자, 우리 삶에 대해 성찰해볼 수 있는 도구가 되었으니까요. 제가 자주 들렀던 선생님 수업 카페의 이름이 생각납니다. '영어로 세계를 향해'라는 타이틀을 가지고 있었죠? 이 책을 읽게 된 많은 분들도 저처럼 영어를 통해 세계를 향해 나아갈 수 있는 방법을 알아보는 시간을 가질 수 있게 되길 바랍니다. -채해온(광주제일고등학교 제자, 단국대학교 재학 중)

공교육에 대한 신뢰와 희망

선생님과 함께한 2년 동안의 영어 수업은 일반적으로 떠올릴 법한 '그저 그런 딱딱한 수업'이 결코 아니었습니다. 한편으로는 학생들이 수업에 적극적으로 참여할 수 있는 요소가 많아서 재미있는 수업이었고, 다른 한편으로는 수업의 취지를 곱씹으면서 사회 문제를 돌아볼 기회가 많았던 뜻깊은 수업이었으니 말입니다. 특히 '집단지성 프로젝트'에 대한 기억은 4년이 지난 지금까지도 생생하게 떠오릅니다. 당시 저는 친구들과 함께 '르네-광주' 프로젝트를 진행하면서 '5·18 민주화운동기록관'을 설명하는 영상을 찍었습니다. 영상을 찍으면서 얻은 정보를 요약하여 영문 위키백과에 등재하기도 했습니다. 근현대사와 한국 정치에 관심이 많았던 저에게 이 활동은 잊지 못할 순간으로 남아 있습니다.

저는 선생님의 수업 방식을 통해 새로운 교육에 대한 가능성을 발견할 수 있었습니다. 딱딱하고 일방적인 수업이 대부분인 고등학교에서 모둠 활동 위주의 수업을 진행하고, 다양한 사회적 주제들을 접목시켜 수업하는 것은 쉽지 않을 수 있습니다. 하지만 이렇게 수업을 하게 되면 학생들은 더 적극적으로 수업에 참여하게 되고, 더 오랫동안 기억하게 됩니다. 이러한 방식의 수업이 우리 공교육 체계 속에서 다양한 과목에 맞게 늘어난다면 공교육에 대한 시민사회의 신뢰를 다시 찾을 수 있을 것이라는 희망을 갖게 되었습니다. 그 희망은 현재 대학에서 정치학을 전공하고 있는 제게 공교육과 대학 입시 문제에 대한 관심을 꾸준히 환기하는 동력이 되어주고 있습니다. 제가 갖게 된 공교육 개혁에 대한 희망을 이 책이 여러분께 조금이나마 전할 수 있게 되기를 간절히 염원합니다. -표지훈(광주제일고등학교 제자, 중앙대학교 재학 중)

함께 배우는 즐거움과 사회 참여의 의미

대학에 들어오니 고등학교가 그리워졌습니다. 보고 싶은 친구들도 생각나고 선생님들도 보고 싶습니다. 졸업할 때 제일 아쉬웠던 점이 이제 더 이상 선생님의 강의를 듣지 못한다는 것이었는데, 대학에 선생님 강의가 개설되면 신청해서 듣고 싶을 정도입니다. 그만큼 선생님의 수업은 힘든 수험 생활 속에 기다려지는 단비와도 같았다고 할까요? 이번에는 어떤 주제를 다루실까 궁금해하면서 주말에도 학교에 가서 수업을 듣고 싶을 정도였습니다. 선생님의 영어 수업을 생각할 때면, '배움의 즐거움'과 '사회 참여'라는 말이 생각납니다. 모둠활동을 하면서 친구들과 함께하는 공부의 즐거움을 알아갔던 것이 저의 고교 시절 소중한 추억으로 남아 있습니다. 단순히 영어만 배우는 것이 아니라 사회, 나아가 우리와도 연결 지어 공부하게 해주셔서 수업이 너무 재미있었고 항상 호기심을 가지고 수업에 참여할 수 있었거든요. 특히 '참여와 실천' 프로젝트 수업은 정말 멋진 수업이었어요. 어떻게 영어 수업이 이럴 수 있나 싶었지요. 밥 말리 노래를 함께 부르고, 지구를 위한 포스터와 책갈피를 만들고, 캠페인 활동과 기부까지 정말 하나하나가 모두 뜻깊었어요. 특히 국어 시간과 연계했던 '삶을 바꾸는 글쓰기' 수업은 저의 19년 인생에 있어서 중요한 전환점이었다고 생각합니다. 선생님께서 기획하신 유스 인문학 특강을 통해 학교 운영위원회 구성 요건의 부조

리함을 느꼈고, 어떻게 해야 좋을지 고민하던 중에 국민청원문까지 작성을 해봤습니다. 사회 참여의 의미를 몸소 느낄 수 있었던 소중한 체험이었어요. 이 경험은 앞으로 평생 지니고 갈 든든한 자산이 되었습니다.

지금은 사회학을 공부하는 사회학도이지만, 선생님 수업 들으면서 잠시나마 교육자로서의 꿈을 떠올려보았던 적도 있었습니다. 선생님처럼 학교 공부 이상의 것을 전달해줄 수 있는 사람, 한 사람의 인생에 긍정적인 영향을 줄 수 있는 사람이 되고 싶다고 생각했었거든요. 선생님이 내시는 이 책을 사범대에 다니고 있는 예비교사 분들이 꼭 읽게 되면 좋겠습니다. - 이수영(운남고등학교 제자, 충남대학교 재학 중)

열정과 진심으로 만든
수업의 새로운 방향과 관점

선생님께 고등학교 신입생 오리엔테이션을 받을 때가 어제 같은데 벌써 제가 졸업을 하고 바라던 대학에 다니고 있네요. 선생님께 받은 첫 번째 수업이 아직도 기억납니다. 저희가 희망하는 학교와 학과에 진학하기 위해 준비해야 할 내용을 스스로 조사하게 하셨죠? 다양한 대입 전형과 전형별로 준비해야 할 사항들을 꼼꼼하게 정리해서 특강을 해주신 것이 생각납니다. 그때만 해도 학생부종합전형에 대한 이해도가 낮았었는데, 선생님 특강 덕분에 수험

생활의 올바른 방향성을 찾을 수 있었습니다. 솔직히 저는 공립 고등학교에서는 학업이나 진학 지도를 열정적으로 하시는 선생님들이 없다는 주변 이야기를 듣고 학교에 입학했었습니다. 하지만 선생님을 만나고 난 후 그런 편견이 깨졌습니다. 특히, 선생님께서 주도하신 교과융합수업 '참여와 실천' 프로젝트는 공교육의 새로운 패러다임이자 가능성이라고 생각합니다. 그 수업은 단순히 학생들의 생활기록부를 풍부하게 장식하는 수단이 아니었습니다. 하나의 주제 의식을 바탕으로 국어, 영어, 통합사회, 통합과학 등의 과목이 결합되어 독서, 토론, 글쓰기, 발표, 캠페인 등의 다양한 활동들이 펼쳐지는 그런 수업은 여전히 문제 풀이 위주의 교육이 일반적인 교육 현장에 경종을 울릴 수 있는 멋진 수업이라고 생각했었습니다. 선생님 수업에서 정말 좋았던 점은 또 있었습니다. 공부를 잘하는 학생들이나 그렇지 못한 학생들이나 실력의 차이와 상관없이 모두 수업에 참여할 수 있는 수업 구조를 만드셨다는 겁니다. 다양한 수준의 학생들로 구성되어 있는 학습 두레를 구성하여 서로 도우면서 공부하는 습관을 기를 수 있도록 하셨고, 학습 과제 역시 항상 각자 수준과 필요에 맞게 선택할 수 있게 하셨습니다. 특히, 발표 활동을 할 때 수준 차이에 따라 가산점을 차별화시켜 가급적 실력이 부족한 친구들이 발표할 수 있도록 독려하는 시스템은 아주 탁월했다고 생각합니다. 저는 이런 수업을 단 한 번도 들어본 적이 없었습니다.

심혈을 기울여 만든 수업뿐만 아니라 학생들에 대한 관심도 남다르셨습니다. 저는 선생님 반의 학생이 아니었음에도 선생님의 따뜻한 조언과 격려를 받을 수 있었습니다. 경제학과 진학을 희망했던 문과생이었던 제게 미적분과 심화수학의 중요성을 일깨워주시고, 동아리 차원에서 사회적 경제 초청 특강을 성사시킬 수 있도록 많은 도움도 주셨습니다. 선생님은 지난 3년간의 고된 수험생활을 견뎌낼 수 있게 했던 원동력이셨습니다. 제가 경험한 선생님들 중 가장 기억에 남는 분이 선생님이신데, 이런 선생님께서 수업에 관한 책을 펴내신다는 말씀을 들었을 때 누구보다 반가웠습니다. 저는 이 책이 현직 선생님들뿐만 아니라 더 많은 분들이 읽으셨으면 좋겠습니다. 교단에 계신 선생님들께는 수업 방향성에 대한 새로운 아이디어를 제공할 수 있을 것입니다. 사범대 학생들에게는 교육자가 가져야 하는 철학과 학생을 바라보는 관점을 배울 수 있는 좋은 기회가 될 겁니다. 교육과 관련이 없는 독자 분들께도 이 책은 도움이 될 것입니다. 왜냐하면 선생님께서는 무엇보다 삶을 온전한 방식으로 살아가고 계시는 분이시기 때문입니다. 이 기회를 통해 김치원 선생님께 다시 한번 진심으로 감사하다는 말씀을 드리고 싶습니다.

- 고건(운남고등학교 제자, 서울대학교 재학 중)

이렇게 편지를 써준 제자들이 없었다면 이 책은 세상에 나오지 못했을 것입니다. 이 책은 많은 사람들에게 빚을 지고 있습니다. 수완중, 제일고, 운남고에서 함께 근무했던 동료 선생님들. 책을 쓸 수 있도록 격려를 아끼지 않았던 정미란 장학사님과 김수경 선생님. 원고를 읽고 더 좋은 책이 나올 수 있도록 조언해준 배정원 선생님,

송형석 선생님, 정화용 선생님과 편집부의 최진영 선생님께도 깊은 우정과 감사의 뜻을 전합니다. 글을 쓴다고 많은 시간을 함께해주지 못한 아빠를 이해해준 은우, 준우, 수아. 그리고 무엇보다 책 때문에 집안일을 많이 살피지 못했던 못난 남편을 이해해주고, 글을 읽을 때마다 따뜻한 응원을 해준 나의 절대적인 사람, 최윤미에게 사랑과 감사의 마음을 전합니다.

시시포스의 형벌, 그럼에도 불구하고 포기하지 않기

"지난 30년 동안 학교에서 교사들과 함께 일하며 얻은 결론은 이렇다. 교직이란 인간이 만든 직업 중에 가장 복잡하고 힘들며 경이로운 일이라는 것이다. 자연재해가 일어난 후 응급실에서 의사는 아주 복잡하고 힘든 상황에 직면한다. 30명의 환자들이 동시에 한 명의 의사를 찾는 것이다. 교사들이 매일 교실에서 마주하는 어려움을 다른 직업과 비교할 수 있다면 아마도 이런 종류의 어려움일 것이다."[85)]

-리 슐만(Lee Shulman)

85) Shulman, Lee (2004). The Wisdom of Practice : Essays on Teaching, Learning, and Learning to Teach. San Francisco : Jossey-Bass, p.504.

교육학자 슐만은 교사가 교실에서 마주하는 어려움을 의사가 응급실에서 겪는 어려움에 비유했습니다. 생사가 걸린 응급실 상황과 교실을 비교하는 것은 다소 무리가 있어 보이지만 교직은 그가 말했듯이 확실히 복잡하고 힘든 일입니다. 하루에도 수십 건씩 쏟아지는 교육청 공문을 처리하고, 담당 부서 업무와 담임 업무를 하다 보면 정작 중요한 수업을 준비할 시간도 부족한 것이 일상이기 때문입니다. 이런 상황에서 교사 교육과정을 고민하고, 주제통합 영어 수업을 준비하는 것은 더욱더 어려울 수 있습니다. 고백하건대, 책에 기록된 수업들을 준비하고 실천하는 과정이 쉽지만은 않았습니다. 교과서나 EBS 지문을 그대로 가르치는 것보다 몇 배의 시간과 노력이 들기 때문입니다. 하지만 그렇게 일궈낸 수업들을 하면서 정말 행복했습니다. 수업을 통해 교직 생활 초기에 가졌던 열정을 다시 느낄 수 있게 되었습니다. 학생들과 함께 성장하는 기쁨을 느끼면서 제가 영어가 아니라 삶을 이야기하는 교사가 되고 있다는 생각이 들었습니다. 수업 때문에 다시 가슴이 뛰고 설레기 시작하자 기회만 되면 주제통합수업을 하고 싶어졌습니다.

공부를 잘하는 아이들은 대개 인성이 바르지 못하다는 이야기를 종종 듣습니다. 저는 주제통합 영어 수업이 공부와 인성을 모두 살필 수 있는 수업이라고 믿습니다. 고등학교에서는 공부와 인성을 동시에 추구할 수 있는 수업이 애초부터 불가능하다는 사람들도 있습니다. 공부를 잘하면서도 인격적으로 바르게 성장하는 학생으로 길러내는 것은 우리나라의 교육적 구조에서는 불가능하다는 것입니다. 학업보다는 인격적 성장을 중심에 두고 있는 혁신초등학교는 주변 집값을 상승시킬 정도로 학부모들에게 인기 있는 학교입니다. 하지만 혁신중학교와 고등학교는 학생들도 학부모들도 원하지 않는 비선호 학교가 되고 있습니다. 이러한 현상은 학업적 성취와 인격적 성장이 함께 갈 수 없다는 생각을 명징하게 보여줍니다.

우리나라에서는 공부를 잘하는 학생이 되려면 지불해야 할 기회비용이 있습니다. 바로 인격적으로 성장할 수 있는 시간입니다. 이 시간은 타인을 만나 인격적으로 교류할 수 있는 시간이며, 자신의 내면을 깊이 들여다보고 성찰할 수 있는 시간이기도 합니다. 만약 수업 시간에 수능 문제 풀이 시간을 줄이고, 친구들과 만나 대화할 수 있는 시간을 늘리게 되면 어떻게 될까요? 교과서와 EBS 문제집에 있는 지문이 아니라 교사와 학생들의 삶에서 건져올린 삶의 텍스트를 함께 공부하면 어떻게 될까요? 높은 수준의 학업 성취를 위해 희생시킨 인격적 성장의 시간을 되돌려줄 수 있게 되는 것은 아닐까요?

입시 경쟁의 한복판에서 이런 종류의 시도를 하는 것은 아무런 소용이 없는 일이라고 말하는 사람들도 있을지 모르겠습니다. 사회구조나 입시제도 개혁을 이루어내지 않은 이상 수업을 아무리 개선해보았자 의미가 없을 것이라는 말도 들립니다. 저는 그럴 때마다 시시포스Sisyphus의 신화를 떠올립니다. 그리스 신화에 나오는 시시포스는 산 정상까지 쉬지 않고 바위를 굴려 올리는 형벌을 받았습니다. 하지만 정상까지 올라간 바위는 그 무게 때문에 다시 굴러

떨어지게 됩니다. 아무리 굴려도 다시 떨어질 수밖에 없는 이 형벌 때문에 'the stone of Sisyphus'라는 영어 표현은 '헛고생'을 뜻하게 되기도 했습니다. 어쩌면 주제통합수업과 같은 시도를 아무리 해도 우리네 고등학교는 바뀌지 않을 수도 있습니다. 시시포스는 바위가 다시 굴러떨어진다는 것을 알고 있으면서도 끊임없이 바위를 다시 굴립니다. 그는 이 형벌이 언제 끝날지 모르지만 기꺼이 고통을 감내하고 다시 바위와 함께 산을 오릅니다. 불가능할 것을 알고도 끊임없이 바위를 굴리는 시시포스처럼 절망적 삶 속에서도 지치지 않는 용기를 갖고 바위를 굴리는 일, 이것이 교사로서 제가 해야 하는 일이라고 생각합니다. 바위를 굴리고 굴리면 언젠가는 바위가 닳아서 사라지지 않을까요? 바보처럼 보일 수도 있겠지만 오늘도 저는 바위를 굴려보겠습니다.

사회를 읽는

주제통합 영어 수업

초판 1쇄 발행 2021년 12월 09일
초판 2쇄 발행 2024년 08월 15일

지은이 김치원

발행인 김병주
기획편집위원회 김춘성, 한민호
마케팅 진영숙
에듀니티교육연구소 이문주, 백헌탁
디자인 블랙페퍼디자인

펴낸 곳 (주)에듀니티
도서문의 070-4342-6110
일원화 구입처 031-407-6368 (주)태양서적
등록 2009년 1월 6일 제300-2011-51호
주소 서울특별시 중구 남대문로 117, 동아빌딩 11층
출판 이메일 book@eduniety.net
홈페이지 www.eduniety.net
페이스북 www.facebook.com/eduniety
인스타그램 www.instagram.com/eduniety/
www.instagram.com/eduniety_books/
포스트 post.naver.com/eduniety

ISBN 979-11-6425-110-0(13370)
값은 뒤표지에 있습니다.

문의하기

투고안내

- 이 책은 광주광역시동·서부교육지원청 '선생님의 책을 출판해 드립니다' 사업에 선정된 도서입니다.

- 잘못된 책은 구입한 곳에서 바꿔드립니다.
- 환경 보호를 위해 본문에 재생 종이를 사용했으며 이에 따라 한국간행물윤리위원회의 녹색 출판 인증 마크를 표시했습니다.
- KOMCA 승인필